교회 속의 세상
세상 속의 교회

법학자 김두식이 바라본
교회 속 세상 풍경

교회 속의 세상
세상 속의 교회

김두식 지음

홍성사

차례

머리말

　이 책은 제가 쓰고 싶어서 쓴 책이 아닙니다. 피할 수만 있다면 피하고 싶었던 책입니다. 몇 년 전부터 이 책을 완성해야 한다는 혼자만의 부담은 안고 있었지만, 온갖 핑계를 대며 차일피일 미뤄 왔습니다. 2009년 한 해를 미국에서 보내며 밀린 일들을 마무리할 기회를 얻은 후에도 굳이 이 책을 완성할 생각은 하지 못했습니다. 그러나 이 책에 집중하도록 모든 상황이 저를 구석으로 몰았고, 더 이상 미룰 수 없었습니다. 그래서인지 책을 내놓는 저의 마음은 오히려 평안합니다. 꼭 필요한 몇 사람만 읽고 조용히 사람들 기억에서 사라지는 책이 되어도 다행이고, 많은 사람들이 읽고 좋은 동지들을 얻을 수 있다면 그것도 감사할 따름입니다.

　이 책은 평생을 기독교인으로 살아온 제가 그동안 교회 때문에 느낀 슬픔, 절망 그리고 희망에 대해 이야기하고 있습니다. 이 책의 첫 부분 세 장은 '세상 속의 교회'가 아니라 '교회 속의 세상'이 되어 버린 한국 교회의 '오늘'을 조망합니다. 두 번째 부분 세 장은 교회가 세상에 모든 주도권을 내어주면서 '교회의 교회됨'을 잃게 된 '어제'의 역사를 소개하고 그런 어두운 시대에 '교회의 교회됨'을 지키려 했던 작은 실험들의 공과功過를 탐구합니다. 마지막 세 장은 약자에게 다가갈 수 있도록 '질문을 바꾸는' 교회, 국가와 보험회사에 빼앗긴 교회의 본질을 찾아가는 교회, 실험을 주저하지 않는 교회 이야기를 통해 한국 교회의 '내일'을 모색해 봅니다.

지난 10년간 비교적 진보적인 정치인, 학자, 기자, 시민운동가들로부터 제가 가장 자주 들은 질문은 "당신은 멀쩡한 사람인 것 같은데 왜 아직도 기독교에 남아 있냐?"는 것이었습니다. 다른 한편 제 주변에는 교회의 현실에 절망하여 "도대체 교회를 계속 다녀야 할 이유가 어디 있느냐?"고 묻는 젊은이들이 많았습니다. 이 책은 그 두 부류의 질문자들에 대한 답변입니다. 앞의 친구들은 이 책을 읽고 더 이상 저를 '멀쩡한' 사람으로 생각하지 말아 주시기 바랍니다. 뒤의 친구들은 이 책을 읽고 구체적으로 오늘 당장 교회에서 무엇을 새로 시작해야 할지 함께 고민해 주면 좋겠습니다. 혹시라도 이미 절망하여 교회를 떠난 분들께 이 책이 재도전의 용기를 줄 수만 있다면 더 바랄 나위가 없겠지요.

교회와 국가의 관계는 지난 20년간 저를 괴롭혀 온 골치 아픈 과제였습니다. 법률가라는 제 직업 때문이었지만, 많은 경우 저의 실존이 걸린 개인적인 고민이기도 했습니다. 《헌법의 풍경》이 괴물로 변하기 쉬운 국가와 그 국가를 통제해야 하는 법의 사명을 설명했다면, 《평화의 얼굴》은 '양심에 따른 병역거부'를 중심으로 교회와 국가의 충돌 상황에 대한 해결책을 찾아본 소박한 시도였습니다. 《교회 속의 세상, 세상 속의 교회》는 대통령을 배출한 후 외형적으로 전성기를 구가하고 있지만 실제로는 나날이 영향력을 잃고 있는 한국 교회의 모습을 반성하고, 교회와 세상의 올바른 관계를 모색해 본 책입니다. 앞의 두 책에 비해 제 삶의 무게가 가장 무겁게 실린 '이야기' 책이기도 합니다. 주로 기독교인을 위해 이 책을 쓰기는 했지만, 그동안 꾸준히 제 책들을 읽어 온 독자들은 제가 정말 말하고자 했던 것이 무엇인지 이 책을 통해 비로소 확인하실 수 있으리라 생각합니다. 짧은 시간에 이 책의 요지를 파악하고 싶은 분은 순서와 상관없이 먼저 2장과 8장을 읽어 보시도록 권합니다. 아울러 3장의 일부 내용은 〈복음과상황〉, 〈기독교사상〉, 〈뉴스앤조이〉, 〈당대비평〉 등에 조각 글로 실렸던 것들을 수정 보완한 내용임도 미리 밝힙니다.

책 한 권이 나올 정도로 생각이 정리될 때까지 많은 분들의 도움을 받았습니다. 저의 신앙 여정 동안 영적인 스승, 성경공부 동료, 토론자로 저를 가르치고 섬겨 주신 대천덕 신부님, 박찬목, 박광옥, 박우희, 황진수, 김정치, 전희원, 김동호, 이장호, 홍성건, 문희곤 목사님, 이찬우, 문누가 선교사님, 지강유철 전도사님, 김일수, 김인수, 윤상헌, 김준형, 원재천, 이문원, 류대영, 신은주, 지승원, 이국운, 김대인 교수님, 전재중, 박종운, 김종철 변호사님, 정숙 누나, 수길 누나, 경래 형, 환수 형, 웅희, 종우, 재호, 한신, 충훈, 미희, 규혁, 현철, 환경, 대식, 유덕, 부영, 현경, 상현, 오재, 기진, 정석, 정근, 설아, 유니스 그리고 한동대, 경북대, 높은뜻숭의교회의 여러 청년들에게 감사드립니다. 저는 이분들을 바라보며 신앙의 기본을 배웠고 이 친구들과 이야기를 나누며 '교회의 교회됨'에 대한 저의 생각을 가다듬을 수 있었습니다. 부족한 저에게 기독교 쪽의 글쓰기를 시작할 수 있도록 격려해 주신 〈복음과 상황〉의 서재석 전 편집장님께도 감사드립니다. 이름 없이 빛도 없이

10여 년간 〈복음과상황〉을 지키다 홀연히 후배들에게 자리를 비켜 준 서 편집장님의 뚝심과 수고는 언젠가 반드시 따로 기록되어야 할 의미 있는 헌신이었습니다.

이 책의 출발점이 된 "예수, 갑옷을 벗다" 강좌를 2006년 처음 기획해 준 청어람 아카데미의 양희송, 안정인 선생님과 강좌에 참석해 준 수강생들에게 감사드립니다. 그때부터 시작된 부담감 때문에 이 책을 겨우 마칠 수 있었습니다. 책을 쓰는 동안 연구실을 비롯한 멋진 연구 환경을 제공해 주신 캔자스 대학 비치장애연구소The Beach Center on Disability의 두 분 설립자 러더포드 턴벌과 앤 턴벌Rutherford & Ann Turnbull 교수께도 감사의 인사를 전합니다. 좀 위험할 수도 있는 책을 선뜻 출판하겠다고 나서 주신 홍성사 정애주 대표님과 이현주, 한수경 두 분의 편집자께도 감사드립니다. 제가 무엇을 하든 변함없는 기도와 사랑으로 후원해 주시는 아버지, 어머니, 장인, 장모님, 지연, 희수에게 도 사랑을 전합니다.

2009년 12월

미국 캔자스 대학에서

김두식

1장 교회 속의 세상

우리를
슬프게
하는 것들

세상 속에 있기는 하지만 세상과 구별되어야 하는 공동체가, 어느새 철저히 세속화하여 '교회 속에' 세상의 가치와 기준이 들어오는 역전 현상이 일어나고 있는 것입니다. '세상 속의 교회'가 아니라 '교회 속의 세상'이 되어 버린 세속화된 교회는 날로 그 힘을 축적하여 이제 본격적으로 정치적 발언까지 시작합니다. 세속화된 교회들이 보여 주는 정치적 발언이나 침묵은 언제나 '가진 사람의 편'으로 귀결된다는 점에 문제가 있습니다.

교회 속에 들어온 세상

어려서부터 예수 믿는 가정에서 자라기는 했습니다만, 그래도 제게 기독교인이라는 자의식이 처음 생긴 것은 중학교에 들어가면서부터였던 것 같습니다. 책가방 속에 성경을 넣고 다니며 쉬는 시간마다 꺼내 읽고, 주말이면 대부분의 시간을 교회에서 보냈지요.

대학 1학년 때 선교 단체 수련회에서 상당히 극적인 신앙 체험을 했고, 그때부터 말씀 묵상을 하며 일기를 적었습니다. 절반은 고시생이었지만 나머지 절반은 신학생이라 해도 과언이 아닐 정도로 신학 서적을 탐독하던 대학 시절도 보냈습니다. 그러는 동안 교회 생활은 언제나 제모든 기쁨의 원천이면서 동시에 슬픔의 원천이기도 했습니다. 미국에서 공부하는 동안 기독교 평화주의에 눈을 떴고, 국가와 교회의 관계에 대해 깊이 고민하게 되었으며, 기독교 대학에서 일하면서 '교회의 교회됨' 또는 '교회다운 교회를 만드는 것'이 무엇보다 중요하다는 결론에 이르게 되었습니다. 단순히 공부를 통해 얻게 된 결론은 아니었습니다. 오히려 중학교 때부터 이미 제 마음속에 자리 잡았던 어떤 믿음을 자연스럽게 확인해 가는 시간이었습니다. '나 혼자만 이상한 생각을 하는 것 아닌가? 내가 혹시 이단 아닌가?' 하는 내적인 불안을 국외의 더 많은 기독교 자료들을 통해서 씻어 가는 긴 치유의 여정이었던 것입니다.

저의 마음을 슬프게 했던 것은 예를 들자면 이런 일이었습니다. 중학교 2학년 때쯤, 교회에서 선거를 거쳐 몇 분의 장로님이 선출되셨습니다. 아주 큰 부자는 없었지만 그래도 비교적 안정된 수입이 있는 분들만 장로님이 되셨지요. 선거가 끝난 뒤 중등부 학생들 사이에서는 '환풍기 장로'라는 말이 나돌았습니다. 처음에는 그 말뜻을 알지 못했습니다. 부모님과 같은 교회를 다니지 않았기 때문에 제게는 어른들 사이에 나도는 뒷이야기들을 전해 들을 기회가 없었기 때문이지요. 나중에 친구들에게 들은 바에 따르면, 장로로 선출된 집사님 한 분은 신앙 경력이 짧고 교인들의 지지도 많지 않았지만, 교회 본당에 대형 환풍기를 설치해 준 덕분에 목사님의 지지를 등에 업고 장로가 되었다고 했습니다. 겨우 중학생에 불과한 아이들이었는데도 우리는 그 장로님 앞에서 "안녕하세요"라고 힘차게 인사하고선 뒤에서는 '환풍기 장로'라 비웃었습니다. 교육상으로도 좋은 일이 아니었지요. '환풍기 장로'님도 우리 또래 친구들 중 한 명의 아버지였고, 깊이 알아갈수록 교회에 대한 따뜻한 사랑을 지닌 분이었습니다. 돌이켜 보면, 본인이나 목사님이 무리하지 않고 몇 년 더 기다렸더라도 교인들의 지지와 축복 속에 충분히 장로로 선출될 수 있을 만한 분이었습니다. 안타까운 일이었지요. 어쨌든 거룩한 교회에서 사람을 뽑을 때에도 돈이 나름의 기능을 할 수 있다는 사실은 어린 저에게 큰 충격과 슬픔을 남겼습니다.

이후 교회에서 성장해 가는 동안 저는 여러 직분을 정하는 데 돈보다 더 큰 요소가 있음을 알게 되었습니다. 그것은 바로 사회적 지위였습니다. 사회적 지위에 비하면 돈은 오히려 부차적인 문제였습니다. 그때나 지금이나 변호사인 사람은 교회에서도 똑같이 변호사로 대접받고, 의사인 사람은 교회에서도 똑같이 의사로 대접받습니다. 아무리 신앙 연륜이 짧아도 이른바 '사' 자 돌림 직업을 가진 사람은 쉽게 목사님의 주목을 받을 수 있으며, 교회 의사 결정 구조에도 남보다 훨씬 빨리 접근할 수 있습니다. 사람 사는 곳 어디에나 있는 당연한 일이 아니냐고 하실지 모르지만, 우리나라는 그 정도가 지나칩니다.

10년 전쯤 잘 아는 서울대 교수 한 분을 어느 대형 교회로 인도한 일이 있습니다. 제가 미국에 머물던 때라 직접 교회로 모시고 갈 수 없어 평판이 좋은 교회를 그분께 안내할 수밖에 없었지요. 얼마 후 저는 담임 목사님이 인도하시는 성경공부 모임에 그 교수님이 참여하고 있다는 소식을 전해 들었습니다. 훌륭한 목사님 밑에서 교육받게 되어 정말 다행이라고 생각하면서도 마음 한편에 의문이 생겼습니다. 담임 목사님을 한번 뵈려면 비서를 통해 따로 약속을 잡아야 한다는 손꼽히는 대형 교회에서 어떻게 그 교수님만 그런 특혜를 누리게 되었을까? 나중에 알고 보니 그 교회에서는 새신자 중에 대기업 사장, 명문대 교수, 판검사, 변호사, 의사 등의 직업을 가진 사람들만 따로 모아 목사님이 직접 관리하는 새벽 성경공부 모임을 진행하고 있었습니다. 유명한 담임 목사님이 교인들 중의 일부라도 모아 놓고 직접 성경공부를 인도하는 것은 그나마 다행한 일인데도, 제 마음에는 알 수 없는 슬픔이 남았습니다.

이런 식으로 사회적 지위가 교회에서 말을 하기 시작하면, 나중에는 교회 자체가 신분 상승을 모색하는 장소로 변질되기도 합니다. 교회에 돈, 권력, 명예를 추구하는 사람들이 꼬여 들기 시작하는 것입니다. 1992년 김영삼 장로가 대통령에 당선된 후, 충현교회에 일부 정관계政官界 인사들의 교적 이동 붐이 일었던 것이 그런 예가 될 수 있겠지요.[1] 이명박 정부에서는 고대, 소망교회, 영남 출신들이 힘을 쓴다고 해서 아예 '고소영'이라는 신조어가 만들어지기도 했습니다. 물론 소망교회는 처음부터 색깔이 비슷한 사람들, 일정 '수준' 이상의 사람들만 모여 있는 교회였기 때문에, 꼭 대통령과 선을 대기 위해 사람들이 모였다고 하기는 어렵습니다. 대통령 말고도 친하게 지내면 피차 도움이 될 만한 사람이 워낙 많은 교회이기 때문이지요. 사회적으로 성공한 사람들만 모여 있다 보니 다른 교회보다는 비교적 사회적 지위가 힘을 못 쓰는 교회가 된 셈인데, 이것도 정상이라고 보기는 어렵습니다. 어쨌든 이런 한국 교회 분위기에서 '사회적 지위가 아닌 신앙에 따라 교회 직분이 주어져야 한다'는 원론적인 주장이 힘을 얻기란 매우 힘듭니다.

이런 현상은 교회가 '세상 속에서' 소금과 빛의 역할을 다해야 한다는 사명과는 거리가 있습니다. 세상 속에 있기는 하지만 세상과 구별되어야 하는 공동체가, 어느새 철저히 세속화하여 '교회 속에' 세상의 가치와 기준이 들어오는 역전 현상이 일어나고 있는 것입니다. '세상 속의 교회'가 아니라 '교회 속의 세상'이 되어 버린 세속화된 교회는 날로 그 힘을 축적하여 이제 본격적으로 정치적 발언까지 시작합니다. 물론 기독교의 모든 정치적 발언이 다 잘못된 것은 아닙니다. 어차피 우리의 행동은 어느 정도 정치적일 수밖에 없습니다. 정치에 절대로 나서지 않는다는 약속이나 행동, 심지어는 침묵조차도 때로는 '정치적 발언'일 수 있기 때문입니다. 그러나 세속화된 교회들이 보여 주는 정치적 발언이나 침묵은 언제나 '가진 사람의 편'으로 귀결된다는 점에 문제가 있습니다.

무례하고 공격적인 기독교

사실 요즘 기독교인들은 무섭습니다. 교회를 비판하는 시사 고발 방송이 나가고 나면, 방송국 앞을 점거하고 '기도회'를 여는 기독교인들의 모습을 심심치 않게 볼 수 있습니다. 이명박 정부가 들어선 이후 현격하게 줄어들기는 했지만, 시청 앞이나 대학로를 가득 메우고 '반핵반김', '국가보안법 사수', '한미동맹 사수'를 외치며 인공기나 김정일 초상화를 불태우는 기독교인들의 모습이 우리에게는 더 이상 낯설지 않습니다. 노무현 정부 시절에 기독교인들은 이 땅의 어떤 정치 세력이나 사회운동 세력보다도 과격하고 공격적인 모습을 보여 주었습니다.

익명성이 보장되는 인터넷 공간에서 매일같이 공격적인 네티즌들이 양산되고 있지만, 기독교 관련 사이트들만큼 토론 상대방을 철저하게 짓밟고 가슴을 후벼 파는 곳도 흔치 않습니다. 비기독교인끼리 싸울 때는 최악의 경우에도 이 세상의 목숨만 걸면 됩니다. 그러나 기독교인들은 상대방의 '저 세상' 목숨까지도 끝장내려 하기 때문에 더욱 살벌할 수밖에 없습니다. 기독교인들의 토론을 보다 보면, 자신이 마치 상대방을 지옥으로 보낼 특별한 권한이라도 가진 것처럼 단정적으로 말하는 사람들을 자주 발견하게 됩니다.

불행히도 그런 공격성은 철저하게 비논리적인 독선에서 비롯되는 경우가 많습니다. 기독교인들과의 토론에는 도무지 논리가 통하지 않습니다. 한동안 일부 대형 교회 목사들이 자식들에게 담임 목사직을 세습하는 것이 문제된 적이 있습니다. 세상 사람들은 누구나 그게 잘못된 것이라고 쉽게 말했습니다. 부와 권력을 그런 식으로 넘겨주는 것이 말이 되냐는 비난이 해당 교회를 넘어 기독교계 전체로 쏟아졌습니다. 그러나 정작 당사자들은 끄떡도 하지 않았습니다.

"왜 세습이라는 용어를 쓰느냐, 북한 김일성한테나 쓰는 말을 어떻게 교회에 가져다 붙일 수 있느냐? 그런 표현을 쓰는 것 보니 당신 사상이 의심스럽다. 시골의 조그만 교회에서 후임자를 찾지 못해 아들에게 목사직을 물려주는 경우도 있는데 이것도 세습이라고 욕할 거냐? 목사란 원래 주의 종으로 철저한 봉사직인데, 그 자리를 물려주는 것이 부귀나 권세와 무슨 상관이 있느냐? 교회 내부 사정도 모르는 놈들이 무슨 말이 그렇게 많으냐? 대형 교회일수록 내부 사정이 복잡하여 교회를 창립한 목사님이 은퇴하시고 나서 외부에서 담임 목사를 초빙하면 교회에 혼란이 올 수 있기 때문에 아들 목사님을 통해 그런 일을 예방하자는 것인데 뭐가 문제냐? 교회 내부의 의사 결정 과정도 모두 거쳤다. 미국의 빌리 그레이엄 목사님도 아들에게 조직을 물려주었는데, 그걸 보면 세습은 세계 보편적 현상이기도 하다."

정말 온갖 희한한 논리가 동원됩니다. 교회 재산을 놓고 싸울 때면 법원에 소송을 제기하고, 검찰이나 경찰에 고소·고발을 서슴지 않던 사람들이, 교회 세습 논쟁이 시작되면 "왜 교회 내부의 문제를 교회 바깥에서 떠드느냐, 너희들 때문에 전도 문이 막힌다"고 비난합니다. 이런 이야기들은 비논리라기보다는 아예 논리와 담을 쌓은 '무개념'에 가깝습니다. 그래서 어지간한 강심장이 아니라면 기독교 내부의 논의에는 아예 끼어들지 않는 편이 좋습니다. 경우에 따라서는 '사탄'으로 불릴 각오도 해야 합니다.

무개념에 기초한 기독교인들의 공격성은 기독교 내부에서 다른 사람을 함부로 이단으로 낙인찍는 경향으로 현실화됩니다. 기독교 내부의 토론 과정에는 언제나 '이단'이라는 무서운 함정이 기다리고 있습니다. 이 함정에 걸려들면 그 사람의 사회적 생명은 끝입니다. 치명적 효과를 낳는 이 단어가 마구 남용되는 것도 특이합니다. 조금만 생소한 이야기가 나와도, 반대쪽에서는 금세 "아리우스 이단 아니냐?" "도나투스 이단 아니냐?" 하며 이상한 외국 사람 이름들을 갖다 붙입니다. 해당하는 주장에 구체적으로 반박하지는 않으면서도, 상대방을 한마디로 끝장낼 수 있는 무기가 바로 이단 낙인입니다. 일단 '낙인찍기'가 시작되고 나면, 독자들은 아리우스가 누구인지, 도나투스가 누구인지, 정확히 그들이 왜 이단이 되었는지, 지금 글 쓴 사람이 아리우스와 어떤 점에서 동일하다는 건지, 아무런 고민 없이 무조건 그 사람을 피하게 됩니다. 이런 일을 만들어 내는 데 뛰어난 능력을 보이는 사람들이 이른바 '이단 감별사'입니다.

병아리의 암수를 구별하는 직업에나 사용하는 '감별사'라는 말이, '이단'이라고 하는 공포의 단어와 결합하여 탄생한 것이 '이단 감별사'라는 용어입니다. 이런 이상한 표현을 자기 이름 앞에 자랑스럽게 가져다 붙이는 사람들로 넘쳐 나는 곳이 기독교계입니다. 누구나 '이단 감별사'가 될 수 있습니다. 아무런 자격도 필요 없습니다. 그러나 이런 무자격자들에 의해 한번 이단 낙인이 찍히고 나면 누구도 쉽게 그 낙인을 지울 수 없습니다. 법정에서의 누명은 무죄판결이라도 받으면 벗을 수 있지만, 이단 딱지에는 무죄판결이라는 것이 있을 수 없습니다. 무죄판결을 내려 줄 권위 있는 기관이 없기 때문입니다. 낙인을 찍는 사람들은 있지만, 낙인을 벗겨 줄 사람은 없는 법정에서는 유죄판결만이 가능할 뿐입니다. 신학대학을 다니기는 했지만, 거기서 신학다운 신학을 배우지 못한 사람들일수록 남에게 이단 낙인을 찍는 데 열심입니다. 아리우스에 대해 설명해 보라고 하면, "삼위일체를 부인한 이단"이라고만 대답할 뿐, 단 한 마디도 덧붙이지 못하는 사람들이 남에게 '아리우스 이단' 딱지를 붙이는 것은 한국에서나 가능한 희극이 아닐 수 없습니다. 신학 전공자가 아닌 사람들은 이런 말 한마디에도 주눅이 들어 꼬리를 내리게 됩니다. 그래서 양식 있는 사람이라면 차라리 기독교에 대해서는 처음부터 입을 대지 않는 편이 신상에 좋습니다.

세상 사람들과 전혀 다르지 않을 뿐만 아니라, 공격성 면에서 다른 사람들을 능가하는 기독교인들의 모습은 언제나 저를 슬프게 했습니다. '나는 그렇지 않다'고 믿고 싶지만, 저의 깊은 내면에서 언뜻언뜻 발톱을 드러내는 그런 숨길 수 없는 공격성 때문에 더 슬펐는지도 모릅니다.

평균적 목사들의 초상

신문에서 가끔 "한국 CEO의 평균은 이씨 성을 가진 서울대 출신

50대 남자" 하는 식의 자료를 내놓는 걸 볼 수 있습니다. 제가 그 흉내를 내어 한국 교회를 이끄는 목사님들의 평균적인 모습을 정리한다면 대강 다음과 같습니다.

우선 담임 목사님은 30~40년 전 빈손으로 어떤 지역에 뛰어들어 갖은 고생 끝에 잘 지은 본당과 교육관, 주차장을 소유(?)하게 되셨습니다. 그 결과로 교인들은 교회 건물의 끝없는 증개축 과정에서 미리 약속한 헌금들을 아직도 다 갚지 못한 부담감에 밤잠을 못 이루고 있습니다. 그래도 여전히 목사님은 다른 무엇보다도 물질 축복과 헌금을 강조하시고, 많은 시간을 외부 부흥회에 할애하십니다. 재미있는 것은 우리 목사님이 강사로 나가시는 바로 그 상대방 교회의 목사님들만이 우리 교회 부흥회 강사로 오신다는 점입니다. 이것을 '강단 교류'라고 부릅니다. 교인들에게 다양한 설교를 듣게 한다는 좋은 명분으로 시작된 강단 교류는 어느새 목사님들이 부수입을 챙기는 수단으로 전락했습니다. 목사님들이 서로의 교회를 오가면서, 각각 자기 교회에서 주는 만큼 저쪽 교회에서 받는 방식으로 월급 외의 수입을 올리는 것입니다.

담임 목사님은 총회, 노회에서 상당히 높은 자리를 역임하셨으며 지금도 여전히 교단 정치에 영향력을 발휘하고 계십니다. 교회 안 다니는 사람들은 이게 무슨 말인지 알아듣지도 못할 것입니다. 교회에 무슨 정치가 있나 하시겠지요. 그러나 교회 정치만큼 말 많고 탈 많은 것도 없습니다. 총회장, 노회장 선거 등에서 목사님들이 돈을 뿌리다가 망신당한 일도 비일비재하지만, 이런 폐습은 고쳐지지 않고 있습니다. 최근 감리교 감독회장 선거에서 볼 수 있듯이 세상 법정을 오가며 온갖 추문을 뿌리고 나서도 제대로 해결을 보지 못하는 경우도 있습니다. 그런 선거에 열심인 목사님일수록 이름 뒤에는 대단한 직함을 주렁주렁 달고 계시며, 우리가 들어 보지 못한 미국 대학들의 박사 학위도 여러 개 갖고 계십니다. 미국 가서 공부하는 것을 본 적이 없는데도, 미국 박사가 되니 참 신기한 일이지요.

담임 목사님의 권력은 날로 강해지는 데 반해, 부목사님들의 인생은 갈수록 초라해집니다. 해마다 얼마나 많은 부목사님들이 교회를 거쳐 가셨는지 교인들은 이제 기억도 못할 지경입니다. 파리 목숨에 가까운 부목사님들의 슬픈 해직 스토리에 교인들도 상당히 익숙해졌습니다. 누구는 실세 장로님에게 찍혀서 일 년을 못 넘기고 잘렸다더라, 누구는 담임 목사님 사모님에게 밉보인 것이 결정적인 해직 사유라더라 하는 사연들이 들려오지만, 교인들은 어쩔 도리가 없습니다. 담임 목사님보다 설교를 더 잘하여 교인들의 사랑을 받는 것은 부목사들에게 자살행위와 같습니다. 설교 잘하고 교인들에게 인기가 높다는 소문이 회자되는 순간, 젊은 부목사는 해직 1순위로 올라서게 됩니다. 그렇다고 부목사님들이 독립해서 새로 교회를 개척할 마음을 먹기도 힘듭니다. 이제 한국 교회 신자들은 더 이상 개척 교회를 선호하지 않습니다. 개척 교회를 다니면 받게 될 교회 건축 등의 압력이 불 보듯 뻔하기 때문에 요즘은 누구라도 개척 교회보다는 자리 잘 잡은 대형 교회를 선호합니다.

열심히 하면 언젠가 부목사에서 담임 목사로 올라갈 수 있느냐 하면 그것도 불투명합니다. 이런 평균적 교회의 담임 목사님 아들이나 사위가 거의 예외 없이 미국에서 신학 공부를 하고 있기 때문입니다. 담임 목사님이 나이가 많기 때문에 교인들은 모두 후임 목사님이 누가 될지 걱정이지만, 담임 목사님은 그 문제를 전혀 걱정하시지 않습니다. 걱정을 안 하실 뿐만 아니라 그 문제에 대한 거론 자체를 원치 않습니다. 혹시 거론하시더라도 "하나님이 가장 알맞은 후임을 보내 주실 겁니다"라는 정도의 말씀만 하시지요. 아들이나 사위에게 교회를 세습해 주려는 목사님들 몇 분이 교회 개혁 그룹의 집중적인 비판 대상이 되면서, 노골적으로 세습을 시도하는 움직임은 약화되었지만, 이 문제는 그저 잠시 잠복 중일 뿐입니다. 이미 상당히 많은 교회들이 세습을 마쳤고, 친하게 지내는 목사의 아들을 담임 목사로 영입함으로써 자기 아들의 미래를 보장받는 편법도 유행하고 있기 때문입니다.

전도 폭발, 태신자 초청, 열린 예배, 시커seeker 예배 등등 일반인들은 들어도 무슨 말인지 좀처럼 이해할 수 없는 새로운 프로그램들이 한국 교회에 유행할 때마다 목사님들은 신속하게 그 유행을 수용합니다. 교회마다 강단에 프로젝터가 완비되지 않은 곳이 없고, 목사님 설교가 인터넷으로 방송되지 않는 곳이 없습니다. 정말 빠른 유행 속도가 아닐 수 없습니다. 변화와 유행에 적응하는 속도에 비해 사회 현실이나 교회 개혁에는 아무런 관심이 없는 것도 이런 목사님들의 공통점입니다.

대체로 이런 교회에서는 목사님 부부의 교회 내 발언권이 절대적인 경우가 많습니다. 장로님들도 당회에서는 침묵을 지키지요. 성령님은 '주로' 또는 '완전히' 목사님의 입을 통해서만 역사하시기 때문에 교인들은 '목사님의 말씀=하나님의 음성'으로 받아들이게 되는데, 그 음성이 자주 바뀌는 것이 문제입니다. 어제는 "당장 교회 주차장부터 구입하라"고 말씀하셨던 하나님이 오늘은 "세계 선교관이 우선이니 그 헌금부터 하라"고 말씀하시기도 하고, 그 반대의 경우도 생깁니다. 그 분들이 믿는 하나님은 왜 그렇게 늘 부동산 투기에 목말라 하시는지 알

수가 없습니다.

　그런 목사님의 설교에서 평신도들이 넘치는 은혜를 받기란 쉽지 않
습니다. 듣기 좋은 설교는 있어도 목사님들의 삶이 뒷받침된 설교, 영
혼을 울리는 설교를 들을 기회는 많지 않습니다. 신자들은 오히려 청년
부나 구역 모임 또는 교회 밖에 있는 선교 단체 형제자매들과의 나눔
시간을 통해 많은 은혜를 받습니다. 매일매일의 삶에서 부딪히는 문제
들을 함께 나누는 가운데, 자기 문제의 해결책도 찾을 수 있고 삶을 지
탱할 힘도 얻을 수 있습니다. 설교 시간에는 꾸벅꾸벅 졸다가, 예배 이
후 조별 성경공부 시간만 되면 생기가 되살아나는 경우도 많습니다.

　왜 이런 현상이 생기는 걸까요. 안타깝지만 평균적 목사님들이 삶의
현장에 머물러 본 경험이 없기 때문입니다. 삶의 현장에서 대학생이나
회사원이 매일처럼 부딪히는 문제들에 노출되어 본 적 없는 목사님들
은 록펠러나 카네기 같은 옛날 미국 재벌들의 신앙에 대한 근거 없는
예화들만 늘어놓습니다. 모든 고민에 대해 "기도하라, 말씀 보라"는 정
답을 내놓지만 신자들은 그 정답들 앞에서 알 수 없는 공허함을 느낍니
다. "기도하라, 말씀 보라"는 조언이 잘못되었다는 이야기가 아닙니다.
똑같이 "기도하라, 말씀 보라"는 조언을 하더라도, 자기 삶이 녹아나는
이해와 관용 속에서 말하는 것과 남의 이야기를 녹음기처럼 반복하는
것은 분명히 차이가 있습니다. 저는 신학대학과 신학대학원을 마친 후
바로 목사 안수를 받은 젊은 목사님들과 일반 신자들 사이에 무언가 건
널 수 없는 강이 있다는 걸 자주 느낍니다.

　뭔가 안 통한다고 느끼는 것은 목사님들도 마찬가지인지, "양들과는
말이 안 통한다"고 한탄하는 분들이 적지 않습니다. 왜 이런 괴리가 생

길까요. 목사님들은 아무래도 목사님들과 어울릴 기회가 많습니다. 그래서 목사님들끼리 모이면 주로 교회 부흥, 헌금, 건축, 잘나가는 선후배 목회자 등을 화제로 이야기를 나누게 됩니다. 같은 직업군의 사람들과 주로 대화를 하다 보니, 교인 수나 헌금 액수, 교회 건물 규모 등으로 목사의 성공을 평가하는 이상한 가치관들을 당연한 것으로 받아들입니다. 모든 문제는 목사가 아니라 장로들에게 있다는 식의 확신도 공유합니다. '신학을 한 장로, 헌금도 많이 안 하면서 말만 많은 교수나 선생' 교인들에게 단순한 부담감을 넘어 노골적인 적대감을 보이기도 합니다. 그 분위기에 익숙해지면 이른바 개혁적인 분들도 자기 좌표를 잃기 쉽습니다. 그래서 평신도들 입장에서 보면 당연한 수준의 개혁안을 들고 나오면서도 목사님은 '생사를 거는' 부담감을 느낍니다. 목사님들 사회에서는 그 정도 개혁을 외치는 것도 너무 위험한 일이기 때문입니다.

목사님들이 목사 친구들 사이에서 가치관의 기본을 형성하는 동안, 대부분의 신자들은 불신자들로 가득 찬 세계를 살아갑니다. 이들 평범한 신자들이 주변 사람들과 '헌금, 건축, 잘나가는 목사님들'에 대해 이야기를 나눌 기회란 전혀 없습니다. 목회자와 평신도 사이에 관심의 초점이 다를 수밖에 없는 것이지요. 이런 명백한 관심의 차이 속에서 의사소통은 갈수록 한계에 부딪힐 수밖에 없습니다.

일방통행식의 교회 구조도 문제입니다. 설교자는 내리 설교만 하고, 교인들은 그저 듣기만 하는 구조 속에서 좋은 설교가 나오기란 어렵습니다. 지금의 교회는 일 대 백, 일 대 천, 혹은 일 대 만으로, 한 명은 떠들고 나머지 사람들은 모두 듣기만 하는 영화관식 구조입니다. 예배당 건축 구조도 영화관과 똑같아서 모두가 앞에 있는 강단을 바라보는 식입니다. 그래서 예배 시간 내내 교인들이 볼 수 있는 것은 목사님 얼굴과 다른 사람들의 뒤통수뿐입니다. 이게 너무 당연해서 교인들은 누구도 이와 다른 교회 구조를 상상조차 하지 못합니다. 이런 교회에서 한 명의 지혜는 나머지 전체의 지혜를 압도하고, 한 명이 받는 계시는 나머지 전체가 받는 계시를 압도합니다. 문맹률이 90퍼센트를 넘고 개인이 성경책 한 장도 갖기 힘들던 시절에 만들어진 이 구조가, 문맹률 0퍼센트에다가 모든 개인이 성경을 몇 종류씩 갖게 된 오늘까지 아무런 변화 없이 그대로 이어져 온 것입니다. 종교개혁의 바탕에는 성경 번역과 인쇄술의 발달이 자리 잡고 있었음을 너무 빨리 잊어버린 것이지요.[2]

이런 구조 속에서, 오직 목회가 생업인 목사님들은 주일 예배, 저녁 예배, 수요 예배, 새벽 기도 등 최소한 일주일에 세 번 이상의 설교를 해야 합니다. 그에 반해 삶의 현장에서 무궁무진한 간증 소재들을 만나고 있는 신자들은 자기 삶을 나눌 기회가 거의 없습니다. 그러다 보니 목사님들은 더 아름다운 설교, 감동을 주는 설교를 '만들기' 위해 엄청난 노력을 하게 됩니다. 그 노력의 내용이 무엇이겠습니까? 결국 남이 쓴 예화집, 설교집, 주석집을 읽는 것이 될 수밖에 없습니다. 정 안 되면 거짓말도 하게 됩니다. 남의 은혜를 자기 것처럼 베끼게 됩니다. 자기 경험을 나누는 데는 한계가 있으니까요. 심하게는 몇 년 전 〈타임〉지에 실린 글을 "지난주 타임지를 보니……"라고 인용하는 실수도 생깁니다. 유명 교회 목사님의 몇 년 전 설교를 그대로 베끼다 보니 생긴 웃지 못할 풍경입니다. 그만큼 설교 표절이 생활화되어 있습니다.

이런 영화관식 구조를 유지하도록 도와주는 것이 그냥 읽어서는 이해할 수 없는 성경 번역입니다. 개역개정판이 나오고 나서 그나마 좀 나아지기는 했지만, 여전히 너무 많은 한자어와 조선시대 궁중 드라마를 연상케 하는 '하였더라' 문체는 성경을 자꾸 '읽기 어려운 책' 또는 '누군가의 해석을 필요로 하는 책'으로 오해하게 만듭니다. 유학파 목사님들이 늘어나면서 영어 성경을 인용하는 경우도 엄청나게 늘었습니다. "영어 성경을 보면 ~라고 적혀 있습니다. 이는 ~라는 의미입니다." 좀더 잘난 척을 하려면 아무래도 히브리어나 헬라어를 하나쯤 섞어 넣어야 합니다. 바울이 쓴 '편지'를 도저히 '편지'로 읽을 수 없도록 만들어 놓은 성경, 우리 일상 언어와 완전히 담을 쌓은 성경, 재미있는 역사 이야기도 이해할 수 없는 고어로 변형시킨 성경을 통해 일반인들이 은혜 받기 어려운 것은 당연합니다. 이런 식으로 어려운 성경책을 유지함으로써 누가 유익을 누리게 되는 걸까요. 읽기 어려운 성경은 언제나 이를 해석해 줄 '브로커'가 필요합니다. 말씀을 해석할 권한을 독점한 '브로커'는 그에 따른 권력을 누리게 됩니다. 보수적인 목사들은 이 '브로커' 지위 자체가 하나님으로부터 온 것이라고 단정합니다. 그보다 진보적인 목사들은 이 '브로커' 업무가 의사나 변호사처럼 전문성에서 오는 것이라 말합니다. 그리고 그 전문성을 확인하는 유일한 증거는 신학교 학위라고 주장합니다.

전반적으로 이런 한국 교회 목사님들의 모습은 교회 공동체를 이끄는 지도자라기보다는 중소기업 사장님에 가깝습니다. 자기 손으로 일군 기업에 대한 강한 애착과 소유욕, 그 기업을 자녀들에게 물려주려는 의지, 그리고 그 기업의 방향과 질서는 자기 혼자서 정해야 한다는 권위주의적 태도가 바로 그런 것들입니다. 거기에다가 자기 혼자만 하나님의 음성을 듣는다는 이단 교주 비슷한 태도까지 덧붙여져 교회를 갈수록 웃음거리로 만들고 있습니다. 그리고 이런 일인 독재를 '인본주의'에 대항한 '신본주의'라 부릅니다. 세상에서 유례를 찾아볼 수 없는 목사 1인 중심의 인본주의 시스템을 만들어 놓고, 그것이 하나님의 직통 계시를 받는 신본주의라고 주장하는 것입니다. 이런 태도는 개혁적이라는 목사님들도 크게 다르지 않습니다. 보수적인 교회 지도자들이 교인들을 중소기업의 직원처럼 대한다면, 그나마 진보적이라는 목사님들은 교인들을 중소기업의 고객으로 대합니다. 그러나 그 고객들이 중소기업의 진짜 중요한 결정에 관여하려 하면, 이런 목사님들도 결국에는 "목회 방침에 도전하지 말라"면서 똑같이 '신본주의적' 태도를 취합니다.

이런 '신본주의' 교회의 모습이 저를 슬프게 하고, 그 모습을 이런 식으로 비판할 수밖에 없는 저의 무능력, 공격성이 또한 저를 탄식케 합니다. 우리가 가진 이 모습이 정말 교회의 유일한 모습일까요? 우리가 꿈꿀 수 있는 다른 교회의 모습은 없는 걸까요?

평균적 기독교인의 초상

그렇다고 목사님들에게만 이 모든 문제의 책임이 있는 것은 아닙니다. 10여 년 전만 해도 전도가 먹혀 든다고 느껴지던 때가 있었습니다. 이른바 '사영리四靈理' 등에 기초한 간단한 복음만 듣고도 예수를 주主로 고백하는 사람들이 적지 않던 시절이었습니다. 그러나 이제 더 이상 그런 손쉬운 회심은 기대하기 어렵습니다. 교회를 안 다니는 사람들도 대부분한 번 이상 전도를 받아 본 경험이 있습니다. 신자들보다 더 그럴 듯하게 창조, 타락, 구속 그리고 십자가의 이야기를 엮어 낼 수 있는 불신자들도 적지 않습니다. 그런 분들께 "왜 예수를 믿지 않느냐?"고 물어보고 조금만 깊이 대화를 나눠 보면, 대개의 경우 예수 믿는 사람들에게 받은 마음의 상처와 실망을 토로합니다. "사람을 보고 예수 믿는 것은 아니지 않느냐"고, "구원은 행위에 있지 않고 믿음에 있다"고 아무리 설득해 봐도 그들의 닫힌 마음은 쉽게 열리지 않습니다. 기독교에 구체적으로 실망할 계기가 없었던 사람들 머리에도 기독교인들에 대한 스테레오타입은 존재합니다. 기독교인에 대한 불신자들의 이미지는 크게 '이기적인 사람들', '말과 행동이 다른 사람들', '독선적인 사람들'로 정리될 수 있습니다. 남 말할 필요 없이, 이는 저 자신의 자화상이기도 합니다.

기독교인들이 '이기적인 사람들'로 평가받게 된 것은 유난히 협동이 강조되는 우리 문화와도 관련이 깊습니다. 명절 중심에 자리 잡고 있는 제사 의식은 음식을 함께 만들고, 함께 먹고, 함께 조상을 섬기는 독특한 전통입니다. 제사뿐 아니라 결혼이나 장례 등 각종 의식도 부조금을 통해 비용을 함께 모으고, 반드시 그 자리에 함께함으로 마음을 모으는 특징이 있습니다. 다른 사람에게 해만 주지 않으면 최소한 욕을 먹지는 않을 수 있는 서구 문화와 달리, 우리나라에서는 이런 자리들에 적극적으로 참여하지 않을 경우 '사람 도리를 다하지 못한다'는 부정적 평가를 받게 됩니다.

이런 우리 문화 속에서 기독교인들은 여러 가지 한계에 부딪힙니다. 기독교인들은 대개 (1) 일요일에는 꼼짝을 못 하고, (2) 부조금 등 돈으로 성의를 표시하는 데 유난히 소심하며, (3) 우리 사회 평균치에 비해 더 '가정적'인 사람들입니다. 주일에 꼼짝을 못 하다 보니 결혼식을 비롯한 경조사 참석이 불가능한 경우가 많고, 수입의 십분의 일 이상을 교회에 내다 보니 돈 씀씀이도 남들보다 조심스럽게 되며, 가정적이다 보니 한밤중에 친구들의 대소사에 뛰어나가지 못합니다. 가족들 사이에서도 제사 음식 만드는 고된 작업에 참여하기를 꺼림으로써 '왕따' 당하기 십상입니다. 예수 믿지 않는 사람들이 기독교인들에 대해 갖는 부정적 인식은 각종 언론 보도보다 오히려 생활 속에서 직접 대하는 기독교인들의 이런 행태에 기반을 둔 경우가 많습니다.

'말과 행동이 다른 사람들'이라는 비판을 들으면 아마도 많은 기독교인들이 억울해 하겠지요. 기독교인들이 비기독교인들에 비해 특별히 더 비윤리적이지는 않을 겁니다. 팔이 안으로 굽는다고, 제가 볼 때 기독교인들의 윤리 수준은 아마도 비기독교인들과 비슷하거나 조금 나은 수준이 아닐까 싶습니다. 그런데도 말과 행동이 다르다는 비판을 많이 듣는 까닭은 무엇일까요? 저는 기독교인들이 대체로 말이 너무 많은 게 원인이 아닐까 조심스레 추측해 봅니다. 행동은 세상 사람들과 별로 다를 게 없는데, 고상한 말을 너무 많이 하는 데 문제가 있다는 것이지요.

좋은 비유가 될지 모르겠지만, 강남의 어느 대형 교회에 다니는 청년이 잘 믿는 여성을 만나 결혼하게 되었다 칩시다. 요즘 많이 문제되는 혼수 관련한 이야기가 양가에 오가게 되겠지요. 대형 교회 권사님인 청년의 어머니는 "혼수나 예단은 걱정하지 마세요. 우리는 그런 것 원하는 집 아닙니다" 하고 고상하게 말합니다. 여자 쪽에서는 그 말을 철석같이 믿고 마음을 놓았지요. 그런데 막상 결혼식이 코앞으로 닥쳐 온 시점에서 이상한 말들이 들려오기 시작합니다. 시어머니 될 권사님이 "신부 쪽에서 우리를 무시한다"는 말을 퍼뜨리고 있다는 것입니다. 뒤늦게 신부 집에는 비상이 걸려, 혼수를 준비하느라 혼이 납니다.

　저는 이런 이야기를 심심찮게 들어 왔습니다. 교회에서 배운 것은 있어서, 머리로는 무엇이 옳은지 알지만 몸이 따르지 못하는 것입니다. 차라리 처음부터 몸이 원하는 대로 말하면 정직하고 편한데 수십 년간 교회 다니며 배운 것이 있는지라 그렇게는 못 하고, 그러다 보니 갈수록 말과 행동의 괴리가 커집니다. 기독교인의 말은 세상 사람들의 기대치를 한껏 높여 놓았는데, 행동이 말을 따라가지 못하고 있는 것입니다. 세상과 똑같은 삶을 살고 있으면서도 괜히 남들과 다른 척하려다 보니 더 나쁜 평을 받을 수밖에 없습니다.

　갈수록 힘을 잃어 가는 데 위기감을 느낀 기독교인들은 더욱 '독선적인 사람들'이 되어 갑니다. 자신감을 잃고 나니 소극적인 자세로 뭔가를 지키는 데 온 힘을 집중하게 된 것이지요. 불행히도 그들이 지키려고 하는 것은 예수님이 가르치신 사랑, 정의, 평화, 자유, 진리 같은 본질적인 것이 아니라 주일 성수, 십일조 등 외형적인 것인 경우가 많습니다. 복음서에 나오는 예수님의 가르침 대신 구약의 율법들이 날로 강조되고, 신약성경보다 구약성경이 설교 본문으로 더 자주 인용되는 현상이 이를 잘 보여 줍니다. 물론 신약의 복음과 구약의 율법은 적대적인 것이 아니며, 복음은 율법의 완성입니다. 그러나 예수 그리스도라는 창을 통해 성경 전체를 해석하는 대신 율법의 틀로 예수 그리스도를 제약하는 일부 설교자들의 태도는 우리 신앙의 근본을 흔드는 위험한 것입니다. '나만 옳고 남은 다 틀리다'는 생각은 결국 단군상 목 자르기와 같은 극단적인 행동으로 표출되기도 하지요. 물신숭배, 목회자 일인 독재, 세습에 의한 독재 권력 이양, 그에 따른 전반적 부패로 상징되는 오늘날 교회의 현실은 비기독교인들이 가진 이런 부정적 이미지들을 더욱 강화합니다.

이기적이고 말과 행동이 다른 데다가 독선적이기까지 한 기독교인들의 자화상은 한마디로 '생명력을 잃은 공동체'로 요약될 수 있습니다. 본질은 다 빠져나갔는데도 여전히 형식을 지키려 하는 기독교인들의 모습은, 퇴락하여 잊혀 가는 양반가의 종손을 연상시킵니다. 사회적 영향력은 완전히 상실한 가운데 한 줌 남은 가문의 명예와 공자님 말씀의 자구 해석에 목숨을 걸고 살아가는 종손의 얼굴, 그게 바로 오늘 우리 기독교인들의 모습 아닙니까. 교회에 가면 얼굴만 뵈어도 숨이 막혀 버릴 것 같은 장로님들을 만날 때가 있습니다. 율법의 생활화와 끝없는 경건성 때문에, 얼굴은 마치 돌부처처럼 굳어 있고 일 년에 한 번도 웃음을 보기 힘듭니다. 그분들의 모습 어디에서도 우리는 예수님이 보여 주신 펄펄 뛰는 생명의 힘을 찾아볼 수 없습니다. 생명력이 완전히 빠져나가 윤기라고는 전혀 없는 교회와 기독교인들의 모습은 북어포나 오징어포 또는 잘 말려진 육포를 연상케 합니다.

공동체가 이렇게 무너져 가는데도, 서점의 기독교 베스트셀러 코너에 가보면 온통 부자 되는 것이 하나님의 축복이라는 이상한 책들만 넘쳐 납니다. 흔하디흔한 처세술 책 내용에 적당히 성경 구절을 끼워 맞추어 놓은 책들입니다. 기독 청소년들에게 공부 잘하는 방법을 가르쳐 준다는 어떤 책은 유례를 찾을 수 없는 판매 부수를 기록합니다. 이 정도면 뭔가 잘못된 게 아닐까요?

문제는 많은데 대책은 없어 보입니다. 이런 교회의 현실을 알고 나서 슬픔과 탄식을 느끼지 않을 기독교인이 몇 명이나 있을까요? 이런 슬픔과 탄식 속에서 대부분의 신실한 기독교인들은 침묵하는 길을 택합니다. 기도 외에는 해법이 없다고 느끼는 까닭이지요. 그러다 보니 교회 문제에 대한 침묵은 신실한 기독교인의 가장 중요한 표지처럼 자리 잡았고, 교인들은 갈수록 개인화, 파편화되어 갑니다. 교회 문제에 대해 교회에서는 절대 이야기하지 않는 독특한 문화가 자리 잡게 된 것입니다. 저는 그 문화를 깨기 위해 이 책을 썼습니다. 애통을 함께 나누는 것으로 이야기를 시작하기로 결심했습니다. 그런 슬픔을 느껴 본 적이 없는 분들은 지금 조용히 이 책을 덮으셨으면 좋겠습니다. 현재의 교회 또는 교회 생활이 너무 만족스러운 분들은 당분간 그 행복을 더 깊이 누리시기를 권합니다. 이 책은 훨씬 나중에 읽으셔도 괜찮습니다. 저는 지금 애통하는 분들과 함께 희망을 이야기하고 싶습니다. 그분들과 함께 다음 책장을 열도록 하겠습니다.

2장 비전과 욕심

방향을
거꾸로
잡은 교회

어느 날부터인가 한국 교회에는, 시험 합격이나 승진 등의 개인적인 성공이 곧 하나님의 영광이라는 신성모독적 가치관이 독버섯처럼 자리 잡기 시작했습니다. 이때 하나님의 영광을 결정하는 기준은 세상에서 성공을 가늠하는 기준과 정확히 일치합니다. 세상에서 더 잘되고 더 높이 올라가는 만큼, 딱 그만큼 하나님께도 영광을 돌리게 되는 것입니다. 이와 같은 기준의 일치는 '세상 속의 교회'에서 생명력을 앗아간 대신 '교회 속의 세상'을 번성케 만들었습니다.

나의 영광은 하나님의 영광?

매년 수능 시험 때가 되면 교회마다 자녀의 합격을 기원하는 부모님들로 넘쳐 납니다. 자녀가 끔찍한 입시 지옥에서 해방되고 좋은 대학에 진학하여 미래를 보장받는 것은 우리나라 모든 학부모의 오랜 소망이지요. 하나님뿐 아니라 부처님과 공자님도 아마 이 시기를 전후해서 가장 바쁘실 겁니다. 기도의 대상은 비록 달라도, 수험장 철문 앞에 고개숙인 부모님들의 표정과 자세와 마음은 거의 똑같습니다.

저도 교회에서 이런 기도를 받으며 성장한 사람입니다. 큰 시험을 앞두고 있을 때마다 목사님은 제 머리에 손을 얹고 이렇게 기도해 주시곤 했습니다. "두식 형제가 이번에 큰 시험을 치르게 되었습니다. 시험에서 좋은 결과를 얻어 하나님께 영광 돌리고 사람들에게는 은혜가 되게 도와주십시오." 어릴 때부터 좀 삐딱했던 저는 대학 입시를 앞두고 이런 기도를 받으면서 '합격해야만 하나님께 영광이고, 불합격은 하나님께 망신인가' 하는 생각을 했습니다. 고민은 있었지만 '교회 다니는 내가 좋은 대학에 합격하면 예수 믿어 성공했다는 소문이 나서 전도에 도움이 되리라'는 식으로 대충 정리하고 시험을 치렀지요.

사법 시험 때도 똑같은 기도를 받았습니다. 한 방에 시험을 끝내지 못해 하나님께 '누'가 된 적이 있기는 했어도, 그럭저럭 너무 늦지 않은 나이에 '하나님께 영광을 돌리고' 저의 시험 여정은 막을 내렸습니다. 그 과정에서 여러 차례 하나님의 음성을 듣는 특이한 경험도 했지요. 거의 기적에 가까운 합격이었고 성적도 좋았기에, 가끔 이런 이야기를 간증할 기회도 있었습니다. 당연히 저는 이런 간증이 하나님께 영광을 돌리는 길이라고 생각했습니다. 제 이야기를 듣고 힘을 얻었다는 고시생들의 감사 인사도 많이 받았습니다.

그러나 간증을 마칠 때마다 이유를 알 수 없는 불편함이 마음에 남았습니다. 무엇보다 저는 제 간증을 듣고 예수 믿기로 결심했다는 사람을 만나 본 적이 없습니다. 제가 전하고자 한 것은 시험 준비 과정에서 들었던 "너는 내 것이라"는 하나님의 음성이었는데, 사람들은 '예수 잘 믿으니 고시 붙더라'는 껍데기만 받아들였습니다. 그런 청중들을 볼 때마다, 저보다 더 열심히 공부했고 신앙심도 훨씬 좋았지만 사법 시험에 합격하지 못한 많은 선후배의 얼굴이 떠올랐습니다. 간증하고 다닐 때는 잘 몰랐지만, "내 인생이 이렇게 잘되었으니 너희도 이렇게 되고 싶으면 예수 믿으라"는 메시지가 우리 사회에서 먹혀들지 않게 된 것은 이미 오래전의 일이었습니다. 무엇보다 예수님 이후의 성경에는 어디에도 고시에 합격했거나 고위 공무원이 되었거나 사업에 성공한 것이 간증거리가 된 적이 없습니다. 그런 걸로 하나님께 영광을 돌린 사람도 없지요.

지금도 어딘가에서 많은 사람들이 제가 그랬던 것처럼 "나를 높여 하나님께 영광 돌리게 해달라"는 기도를 드리고 있을 겁니다. 수능, 각종 고시, 임용 시험, 취직 시험 등이 대표적인 예가 되겠지만, 이런 기도는 승진, 사업 성공, 국회의원 당선, 건강 등의 영역으로도 무한 확장됩니다. 이런 기도를 통해 우리의 성공은 하나님의 영광이 되고, 우리의 실패는 하나님의 망신이 되어 왔지요. 하나님이 영광 받으시기 위해 기독교인들을 많이 도와주신 까닭인지, 교회에는 실패한 사람보다 성공한 사람이 훨씬 많아 보입니다. '사람의 성공을 통해 영광 받으시는 하나님'은 어느덧 하나의 신학이 되어 교회 안에 뿌리를 내리게 되었지요. 그런 분위기가 워낙 강하다 보니 실패를 경험한 사람들은 마치 무슨 큰 죄라도 지은 듯이, 교회에 남아 있기가 무척 힘듭니다.

최근에 주로 하나님께 영광을 돌리는 사람들은 연예인들과 운동선수들입니다. 우리는 각종 시상식에서 하나님께 공개적으로 영광을 돌리는 멋진 영화배우들을 만날 수 있고, 축구 골대에 골이 꽂힐 때마다 기도 세리머니로 하나님께 감사드리는 건강한 운동선수들도 볼 수 있지요. 저도 기독교인인지라 이런 연예인이나 운동선수를 보면 무조건 호감을 갖습니다. 심지어 제가 연기 못한다고 흉보던 탤런트가 시상식에서 "하나님께 영광 돌린다"고 말하는 걸 들으면, 저는 당장 "어쩐지 겸손해 보이더라"는 식으로 말을 바꿉니다. 하도 여러 번 그런 일이 있다 보니, 아내와 딸은 시상식에서 그렇게 말하는 기독교인이 있을 때마다 이렇게 말합니다. "애고, 아빠가 또 말 바꾸기 할 때가 되었네."

문제는 '하나님의 영광'이 앞서 살펴본 것처럼 취직이나 입학 시험의 성공을 통해 하나님께 '돌릴' 수 있는 것이냐는 데 있습니다.

하나님의 영광은 1차적으로 '나타난 영광', 즉 하나님이 가지고 계신 무게, 탁월함, 훌륭함을 의미하는 것입니다.[1] 이 영광은 누가 하나님께 드릴 수 있거나, 우리가 뭘 한다고 해서 양적으로 늘어날 수 있는 성질의 것이 아닙니다. 하나님 자신의 본성에 속한 문제이기 때문입니다. 한순간에 지나가는 영예, 명성, 허영 등과는 반대되는 개념이라고 할 수 있지요. 물론 인간은 이러한 하나님의 영광을 보고 자연적으로 찬송과 감사와 순종을 드리고, 때로는 그분을 위해 고난도 받게 됩니다. 이것이 바로 하나님을 영화롭게 하는 것입니다. 신약성경에서의 영광은 언제나 예수 그리스도의 죽음, 부활, 승천, 중보 사역을 통해 나타나는 하나님의 권능과 지혜와 사랑으로 연결되고 있습니다.[2] 구약이든 신약이든, 세상에서 뭘 잘함으로써 얻게 되는 명예와는 반대되는 개념의 영광을 이야기하고 있는 것이지요.

그런데 어느 날부터인가 한국 교회에는, 시험 합격이나 승진 등의 개인적인 성공이 곧 하나님의 영광이라는 신성모독적 가치관이 독버섯처럼 자리 잡기 시작했습니다. 이때 하나님의 영광을 결정하는 기준은 세상에서 성공을 가늠하는 기준과 정확히 일치합니다. 세상에서 더 잘되고 더 높이 올라가는 만큼, 딱 그만큼 하나님께도 영광을 돌리게 되는 것입니다. 이와 같은 기준의 일치는 '세상 속의 교회'에서 생명력을 앗아간 대신 '교회 속의 세상'을 번성케 만들었습니다. 우리가 철저하게 세상의 기준에 따라 "하나님, 제가 이번 시험에 꼭 합격해서 하나님께 영광 돌리게 해주세요"라고 기도할 때, 막상 하나님은 뭐라고 대답하실까요? 혹시 "네가 그 영광 돌리지 않아도 나의 영광은 충분하단다"라고 말씀하시지는 않을까요? "네가 정말 원하는 것은 뭐니?" 하고 물어보실지도 모릅니다.

물론 기독교인이 된다는 것은 하나님의 자녀가 되는 것을 의미합니다. 아버지는 속이 뻔히 들여다보이는 우리의 꼼수에도 불구하고 우리를 사랑하십니다. 그래서 '내가 잘되고, 내가 성공하고, 내가 잘난 척하고, 내가 망신당하지 않는 것'이 우리 속마음인 걸 뻔히 아시면서도 우리의 기도를 들어주실 것입니다. 그러나 이런 식으로 우리 속마음을 숨기는 기도를 계속하는 것은 우리의 영혼을 위해 좋지 못합니다. 가장 치유가 어려운 거짓은 '자기 자신을 속이는' 것이기 때문입니다. 다른 사람들 앞에서 포장된 거짓 비전을 선전하며 자기가 마치 하나님의 영광을 위해 사는 것처럼 착각하다 보면, 나중에는 아예 자기가 원래 어떤 사람이었는지를 잊어버리게 됩니다. '여전히 이기적인 인간이지만 성령 안에서 이웃을 위해 자기 자신을 내어주고자 노력하는' 기독교인의 정체성을 상실하게 되는 것입니다. 자기가 누구인지를 잊고 나면, 결국 언제나 자기를 위해 남을 희생시키면서도 전혀 어색함을 느끼지 않는 위선적 기독교인만 남습니다. 그게 우리 모두의 모습입니다.

개인적인 성공이 곧 하나님께 영광이 된다는 생각은, 성공하지 못한 사람들이 교회에 발붙일 수 없도록 만들었습니다. 이른바 명문 대학에 합격한 사람은 하나님께 영광을 돌리고 교회에서도 환영받지만, 시험에 실패하여 정작 위로가 필요한 사람들은 하나님의 영광에까지 누를 끼친 사람으로 평가절하됩니다. 우리 주변에 너무 많은 사람들이 스무 살도 되기 전에 이런 좌절을 맛보고 있습니다. 그 좌절을 경험한 사람들은 다시 하나님께 영광을 돌릴 수 있을 때까지 잠수를 타게 되지요.

재수 끝에 하나님께 영광을 돌리고 화려하게 부활한다면 다행이지만, 모두가 그런 행운을 누릴 수는 없습니다. 시험에 실패하거나, 직장을 잃거나, 암에 걸린 사람은 가장 먼저 '도대체 교회에 어떻게 설명해야 하나?'부터 고민하게 됩니다. 그리고 많은 사람들이 사람들의 눈을 두려워하며 교회를 떠납니다. 그래서 교회에는 늘 성공한 사람들만이 넘쳐 납니다. 성공한 사람들만이 넘쳐 나는 교회를 과연 '교회'라고 부를 수 있을까요.

나의 비전은 하나님의 비전?

같은 맥락에서 요즘 한국 교회에 넘쳐 나는 '비전' 설교에 대해서도 이야기를 나눠 보고 싶습니다. 비전 설교에는 몇 가지 양식이 있습니다. 일단 성경에서 크게 성공한 인물 한 명을 뽑아 그와 관련된 본문을 읽습니다. 여기에 주로 선발되는 선수들은 요셉, 모세, 다윗, 다니엘과 같은 구약의 민족 지도자들로, 최소한 왕이나 국무총리까지는 올라간 사람들입니다. 예수님은 이런 설교에서 명함도 못 내밀 때가 많지요. 이런 선수들 중에서 가장 자주 인용되는 인물은 꿈 때문에 인생 초반에 엄청나게 고생한 요셉입니다.

요셉은 어릴 때, 형제들과 함께 밭에서 곡식 단을 묶는데 요셉의 단은 일어서고 형들의 단은 요셉의 단을 둘러서서 절하는(창 37:7) 이상한 꿈을 꿉니다. 그리고 그걸 형들에게 이야기했다가 미움을 받아 이집트로 팔려 가게 되지요. 목사님들은 요셉이 꾼 꿈을 흔히 '비전'이라고 해석하고, 청년들에게 높은 비전을 가지라고 권고합니다. 나중에 요셉이 이집트의 국무총리가 되고, 기근에 쫓긴 형들이 요셉의 도움으로 살게 되는 것이 바로 이러한 비전의 성취라는 것입니다. 이쯤에서 슬쩍 마틴 루터 킹 목사님의 그 유명한 연설 "나에게는 꿈이 있습니다I have a dream"를 집어넣기도 합니다. 킹 목사님이 말하는 흑백 통합의 위대한 꿈이 비전의 예라는 것입니다.

그러고는 요셉의 품성 이야기로 넘어가지요. 이집트로 팔려 가 바로의 친위 대장인 보디발의 집에서 종노릇을 하게 된 요셉이 보디발 아내의 유혹을 이겨 내고 모함을 받아, 감옥에서 꿈 해석장이 노릇을 하다가 국무총리로 발탁되는 과정이 바로 요셉의 충성스러움과 신실함을 보여 준다는 얘깁니다. 그래서 청년들에게도 그런 충성스러움과 신실함을 가져야 한다고 권면합니다. 요셉이 보디발의 집에서 종노릇하는 동안, 보디발의 전폭적인 신임을 얻어 가정 총무까지 된 것을 예로 들어 그는 자기 일에 성실한 사람이었음에 틀림없다고 단정하기도 합니다. 그래서 일단 비전을 가지면 거기서 멈추지 말고 자기 일에 충실해야 한다고, 힘들다고 포기하지 말고 비전을 붙잡고 끝까지 기도해야 한다고 가르칩니다.

요셉만으로 성실성의 예가 충분하지 않다고 생각되면, 다윗이 등장하기도 합니다. 다윗은 블레셋 장군인 골리앗을 돌멩이 하나로 물리친 성경의 영웅이지요. 키가 3미터에 이르는 이 거인을 한 방에 날린 사건의 배경으로는, 일찍이 양떼를 지키다가 어린 양을 물어 가는 사자나 곰을 쫓아가 쳐 죽인 다윗의 목동 경험이 거론됩니다. 아마도 다윗은 목동 시절부터 늘 물맷돌 던지는 연습을 했을 것이며, 그 결과 물맷돌을 정확히 골리앗의 이마에 맞춰 죽였으니, 우리도 그렇게 훈련을 계속해야 한다는 얘기입니다. 우리 시대의 물맷돌 던지기 훈련은 과연 무엇이냐, 당연히 공부입니다. 그러니 공부를 열심히 하자, 대충 이렇게 이어지는 것이지요. 모세가 이집트 왕의 궁전에서 뭘 했겠느냐, 공부밖에 더 했겠느냐, 다니엘은 어떠냐, 바벨론의 포로가 되어 느부갓네살의 궁전에서 열심히 공부하지 않았느냐, 여러분도 실력을 쌓아야 한다. 이런 예는 얼마든지 덧붙여질 수 있습니다.

마지막으로 "할 수 있거든이 무슨 말이냐. 믿는 자에게는 능히 하지 못할 일이 없느니라"(막 9:23), "내게 능력 주시는 자 안에서 내가 모든 것을 할 수 있느니라"(빌 4:13) 같은 몇 개의 성경 구절만 추가되면 완벽한 하나의 시나리오가 완성됩니다. 앞의 말씀을 하신 예수님은 십자가에 달려 돌아가셨고, 뒤의 말씀을 하신 사도 바울은 참수형을 당해 죽었다는 사실은 전혀 언급되지 않습니다. 한국 기독교인들이 가장 좋아하는 구절임에 분명한 "내게 능력 주시는 자 안에서 내가 모든 것을 할 수 있느니라"라는 말씀 바로 앞에는, 복음을 전하며 죽을 고생만 계속한 바울이 "나는 비천에 처할 줄도 알고 풍부에 처할 줄도 알아 모든 일 곧 배부름과 배고픔과 풍부와 궁핍에도 처할 줄 아는 일체의 비결을 배웠노라"(빌 4:12)라는 고백이 나옵니다. 고난을 삶의 당연한 부분으로 받아들이는 말씀입니다. 그러나 이런 말씀까지도 '바울은 풍부와 배부름에 처하는 삶을 결코 부인하지 않았다'는 근거로 활용합니다. 율법학자나 관료로서 보장된 길을 버리고 고난의 길을 자처한 바울의 삶은 쏙 빼놓고 "바울도 그렇게 말했으니 우리에게 중요한 것은 비천이냐 풍부냐가 아니다"라고 말하는 것은 매우 위험한 발상입니다. 자신의 말이 부유함을 정당화하는 데 이용되고 있다는 사실을 안다면 바울 선생님은 땅을 치며 통곡할 것입니다. 그러나 무슨 상관입니까? '비전-노력-능력-성공'으로 이어지는 완벽한 시나리오가 이미 완성되었으면 그만 아닙니까? 어차피 마음에 드는 성경 구절을 앞뒤 없이 가져다 쓰고, 그 결과 세상을 살아갈 힘과 용기만 얻으면 되는 것 아니겠습니까?

이쯤 되면 청년들은 수첩에 "일단 높은 비전을 갖자. 무슨 비전을 가질까? 나도 국무총리?"라고 적은 다음, 요셉과 다윗처럼 충성스럽고 신실하게 공부를 열심히 해야겠다는 결심을 다지게 됩니다. 저도 이런 청년들 중의 한 사람이었습니다. 정말 좋은 이야기들이지요. '비전을 가지고 공부를 열심히 하자.' 어디서 많이 듣던 소리 아닙니까? 정확히 학교에서 선생님들이 하시는 말씀과 똑같은 것입니다. 교회라고 전혀 다르지 않습니다. 교회 안에 들어온 세상이 이미 교회를 잡아먹어 버렸기 때문입니다. 교회에서 이런 가르침이 횡행한 것이 어제 오늘의 일도 아닙니다. 30년 전 저의 소년 시절에는 부흥목사님들이 교회를 찾아와 "소년들이여, 야망을 가져라! Boys, be ambitious!"를 외치셨습니다. 1876년에 시작된 일본 삿포로 농학교의 초대 교장 윌리엄 클라크 William Clark가 학교를 떠나며 남긴 이 말을, 저는 성경 말씀인 줄 알았을 정도입니다.

이 좋은 이야기들에 시비 걸 사람은 아무도 없습니다. 그러나 문제는 위에서 말하는 성경 속의 어떤 이야기도 '비전을 갖고 열심히 공부하라'는 메시지를 담고 있지 않다는 것입니다. 우선 요셉은 능동적으로 '비전'을 가진 적이 한 번도 없습니다. 그는 수동적으로 '꿈'을 꾸었을 뿐입니다. 수동적으로 꾸는 꿈과 능동적으로 갖는 비전은 분명히 다릅니다. 백 보 양보하여 그가 비전을 가졌다고 칩시다. 그렇다면 그가 가진 비전의 실체는 무엇입니까? 목사님들은 요셉이 가진 비전의 실체를 이야기하지 않습니다. 그냥 비전을 가졌다는 것만 강조할 뿐입니다. 형들을 자기 지배하에 두는 것이 요셉의 비전이었을 리는 없습니다. 이집트의 국무총리가 되는 꿈을 가졌을 리도 없습니다. 그렇다면 '비전의 사람' 요셉은 도대체 어떤 비전을 가지고 있었던 것일까요. 그걸 설명할 도리가 없기 때문에 그럴듯하게 빌려 오는 것이 바로 마틴 루터 킹 목사님의 비전인 것입니다. 이런 왜곡은 우리 청년들을 병들게 합니다.

하나님은 요셉에게 명확한 꿈을 꾸게 하셨습니다. 하지만 그것은 하나님과 요셉의 관계에서 일어난 일이지, 모든 기독교인에게 일반화될 수 있는 것이 아닙니다. 그런 일반화 덕분에 기독 청년들은 하나님이 주시지도 않은 꿈을 꾸게 되었습니다. 아니, 꾼 적 없는 꿈을 꾸었다고 믿게 되었습니다. 어떤 사람은 국무총리의 꿈을, 어떤 사람은 변호사, 의사, 교사의 꿈을 갖습니다. 각자 기도하고 꿈을 갖고 그걸 믿기만 하면, 그게 바로 하나님이 주신 꿈이라고 생각하는 것입니다. 이렇게 각자 갖게 된 꿈의 배경에 정말 하나님이 계실까요.

요셉은 한 번도 "민족의 지도자가 될 비전을 달라"거나 "국무총리가 될 꿈을 달라"고 기도하지 않았습니다. 비전을 달라고 기도하는 것도 인간이고, 그렇게 비전을 받아 열심히 노력해서 그 비전을 이루는 것도 인간이고, 그 비전을 이룬 덕분에 잘 먹고 잘 사는 것도 인간이라면, 하나님이 주도권을 쥘 여지는 조금도 남지 않습니다. 이런 생각이 극단에 이르면 자기 목적을 위해 하나님을 종처럼 부리는 수준에 이르게 됩니다.

요셉이 보디발의 집에서 신임을 얻은 이유는 그가 성실했기 때문이 아닙니다. 성경은 그 이유를 다음과 같이 설명합니다. "여호와께서 요섭과 함께하시므로 그가 형통한 자가 되어 그의 주인 애굽 사람의 집에 있으니 그의 주인이 여호와께서 그와 함께하심을 보며 또 여호와께서 그의 범사에 형통하게 하심을 보았더라"(창 39:2-3).

목사님들은 이 구절을 이렇게 설명합니다. 물론 하나님이 함께하셨기 때문에 요셉이 형통한 것이었지만, 그렇다고 요셉이 아무것도 안 했겠냐고, 아무 일 안 하고 놀기만 했겠냐고, 분명히 최선을 다했기 때문에 그렇게 잘된 것 아니겠냐고. 물론 요셉이 성실했겠지요. 그러나 요셉이 형통한 사건에 대한 가장 권위 있는 설명은 바로 성경의 한마디뿐입니다. "여호와께서 요셉과 함께하시므로." 이걸로 충분합니다. 여기에 뭔가를 자꾸 덧붙이려는 시도는 위험합니다. 하나님이 주인이 되어 이끌어 가는 역사를 자꾸 인간의 노력의 결과로 바꾸려는 것이기 때문입니다.

다윗은 어떻습니까? 다윗이 열심히 노력해서 골리앗의 머리에 돌멩이가 정통으로 맞은 것입니까? 결코 아닙니다. 저는 중학교 2학년 때 매우 재미있는 경험을 한 적이 있습니다. 여름 수련회에서 촌극을 준비하며 우리 조는 다윗과 골리앗 이야기를 무대에 올리기로 했습니다. 어쩌다 보니 제가 다윗 역을 맡았고, 덩치 좋은 중3 형이 골리앗 역을 맡았지요. 그런데 제가 다윗 역을 맡고 나자 큰 문제가 생겼습니다. 대사를 외우는 것까지는 그럴듯하게 할 수 있지만, 워낙 운동신경이 둔해서 돌멩이를 형 이마에 맞출 도리가 없었던 것입니다. 그나마 돌멩이라고 준비한 소품은 누가 맞아도 다치지 않을 스티로폼 뭉치였습니다. 고무공도 아니고 스티로폼이라니, 굳이 실험해 보지 않더라도 스티로폼으로 과녁을 적중한다는 것이 얼마나 어려운 일인지 아실 겁니다. 너무 가

벼워서 엉뚱한 곳으로 날아가기 십상이니까요. 친구들도 모두 저의 형편없는 체육 실력을 알고 있었기에 당연히 아무 기대도 하지 않았습니다. 결국 제가 공을 던지면 형은 무조건 쓰러지기로 '합'을 맞췄습니다.

그때 제가 열심히 외우던 대사가 이렇습니다. "여호와의 구원하심이 칼과 창에 있지 아니함을 이 무리에게 알게 하리라. 전쟁은 여호와께 속한 것인즉 그가 너희를 우리 손에 넘기시리라"(삼상 17:47). 바로 다윗이 한 말이지요.

이 멋진 말과 함께 스티로폼을 날렸을 때, 저는 제 눈앞에 벌어진 기적(?)을 보았습니다. 스티로폼은 정확히 골리앗 형의 이마로 날아갔고 형은 거기 맞아 쓰러진 것입니다. 허! 정말 숨 막히는 순간이었습니다. 그 형이 돌에 맞아 쓰러진 것은 아니었지만, 어쨌든 저를 놀라게 한 것은 스티로폼이 정확히 형의 이마를 향해 날아갔다는 사실이었습니다. 아무도 주목하지 않았지만, 그 짧은 순간은 제 삶에 큰 영향을 끼쳤습니다. 누가 뭐라 하든 저는 다윗이 결코 자기 실력으로 골리앗을 죽인 게 아니라는 확신을 가졌습니다. 성경도 그렇게 기록하고 있습니다. 여호와의 구원하심은 칼과 창에 있는 게 아니었습니다. 다윗이 잘나서 주어진 결과가 아니었습니다. 모든 게 그저 은혜였을 뿐입니다.

열심히 공부하라는 가르침은 이른바 '전문인 사역'의 강조를 통해 더 강화되기도 합니다. 90년대 이후 한국 기독교계에서도 '텐트메이커 tentmaker'라는 표현이 갑자기 힘을 얻기 시작합니다. 사도행전 18장 3절을 보면, 사도 바울이 브리스길라와 아굴라 부부와 함께 살며 천막 만들기를 생업으로 했다는 내용이 나옵니다. 천막을 만드는 사람, 즉 텐트메이커의 출발점이 바로 바울인 셈이지요. 원래 유대 전통은 랍비로 성장할 젊은이들에게 육체노동 기술을 가르쳤으므로 바울이 천막 만드는 기술을 가진 것은 별로 신기한 일도 아니었습니다. 그는 아무에 게도 폐를 끼치지 않으려고 밤낮으로 일하면서 하나님의 복음을 전했 습니다(살후 3:8 참조).

바울의 예는 제2차 세계대전 이후 각국의 반미, 반서구, 반기독교 감 정이 고조되고, 주로 이슬람 지역에서 기독교 선교사를 받아들이지 않 으면서 선교 전략 차원에서 재조명되기 시작합니다. 선교사로 비자를 받을 수 없으니, 바울이 텐트메이커로 직접 일해 돈 벌면서 사역한 것 처럼 전문적인 일거리를 가지고 선교지에 들어가자는 것입니다. 여기 까지는 얼마든지 좋을 수 있습니다. 그런데 시간이 지나면서 이런 목적 이 어떻게 변질되었습니까?

'선교지에서 목사는 안 받는다더라. 선교를 하려면 전문적인 지식과 일자리가 필요하다. 그러니 선교사가 되려면 전문인이 되어야겠다. 대 표적인 전문직은 바로 의사다. 주께서 내게 의사가 되라는 비전을 주셨 다. 기도하고 의사가 되자. 열심히 공부하자.'

저는 이런 논리 전개를 통해 의사의 꿈을 가진 많은 젊은이들을 알고 있고, 대학 입시에서 그 꿈이 좌절되어도 몇 번이고 의대에 도전한 젊 은이들도 알고 있습니다. 반면에 막상 의사가 된 후 처음 꿈을 이어가 는 사람은 거의 본 적이 없습니다. 그런데 천막장이가 의사 직업으로 바뀌게 되는 과정이 재미있지 않습니까? 선교가 정말 최종 목적이라면 왜 그 나라에 가서 막노동을 하거나, 철공소에서 일하거나, 자동차 정 비사가 될 생각은 하지 않습니까? 의사가 되고 싶어서 선교사를 미끼 로 하나님의 은혜를 구하는 것입니까, 아니면 정말 선교사가 되고 싶어서 의사를 지망하는 것입니까?

성경에 나오는 인물 중에는 누구 한 사람, 자기 노력으로 열심히 일해 더 높은 자리에 올라간 사람이 없습니다. 성경은 원래 그런 사람, 그런 이야기에 관심이 없기 때문입니다. 요셉이 국무총리가 되고, 모세가 민족을 이끌게 되고, 다윗이 왕이 되고, 다니엘이 예언하게 된 것은 자기가 소망해서, 비전을 가져서, 열심히 공부해서 그리된 것이 아닙니다. 심지어 그들 중 누구 하나 그런 높은 자리에 올라가게 해달라고 기도한 사람조차 없습니다. 누가 국무총리를 할지, 누가 민족의 지도자가 될지를 선택한 것은 언제나 하나님이었습니다. 이걸 오해해서는 안 됩니다.

성경에서 환상과 꿈, 당연히 중요한 소재입니다. 분명히 그런 것이 있습니다. 비전과 관련하여 자주 인용되는 요엘서 2장 28절은 "그 후에 내가 내 영을 만민에게 부어 주리니 너희 자녀들이 장래 일을 말할 것이며 너희 늙은이는 꿈을 꾸며 너희 젊은이는 이상(비전)을 볼 것"이라고 말하고 있습니다. 그러나 이 구절은 "비전을 보게 해달라고 기도하라"거나, "비전을 가져라"는 목표를 말하고 있지 않습니다. 비록 미래에 있을 일이기는 하지만, 이 구절은 사실을 말하고 있는 것입니다. 목표 설정이 아니라 어느 시점에 일어날 생생한 사건을 이야기하고 있는 것입니다. 이런 날이 있으리라고 하나님이 말씀하신 것과, 우리 마음대로 이런 날이 임하였다 '치고' 마구 비전을 받는 것은 차원이 다릅니다.

이 예언이 이미 예수 그리스도의 사역과 교회를 통해 이루어졌다고 해서, 우리 마음대로 마구 이상을 보아도 된다는 뜻은 결코 아닙니다.

요엘서의 예언이 성취된 예로 평가받는 초대교회에서는 누구도 로마의 지도자가 되거나 의사, 변호사, 교수 등 전문직으로 나가는 비전을 갖지 않았습니다. 그들은 가난했고, 목숨을 걸고 복음을 전했으며, 대부분 비참한 최후를 맞았습니다. 왜냐하면 초대교회 사람들은 성경에서 이야기하는 당위*Sollen*와 성경이 선언하는 사실*Sein*을 분명히 구분했고, 그 가르침에 정확히 따르고 있었기 때문입니다. 그들은 예수님의 가르침을 따라, 그 걸어가신 발자취를 따라 끝없이 낮아지는 길을 선택했습니다.

예수님이 분명하게 보여 주신 방향은 아래를 향한 것이었습니다. 일찍이 헨리 나웬이 말한 것처럼 그리스도의 길이 세상의 길과 다른 것은 그 방향성입니다.[3] 세상은 언제나 올라가라고 말하고, 더 높이 올라간 그곳에서 삶의 의미를 찾을 수 있다고 말합니다. 예수님은 우리에게 계속 낮아지라고 말씀하십니다. 그분은 요즘 교회에서 가르치듯이 "더 높이 올라가야 더 많이 베풀 수 있다"는 복음을 전한 적이 한 번도 없으십니다. 그렇게 살지도 않으셨습니다. 정말 이상하지 않습니까? 요즘 목사님들이 가르치는 복음에 따르자면 예수님은 처음부터 로마 황제로 세상에 오시는 것이 가장 편했을 겁니다. 가장 높은 자리, 가장 영향력이 큰 자리에서 한 방에 전 세계를 복음화하실 수 있었을 테니까요.

그게 너무 유치한 방법이라면, 갈릴리의 가난한 동네에서 태어나 민중을 이끌고 조금씩 자기 몸을 높여 가면서 지지를 얻는 길도 괜찮았을 겁니다. 로마 군대의 백부장, 천부장이 되고 전쟁에서 승리하며 그 과정에서 생사고락을 같이한 동료들을 이끌고 로마제국을 뒤집는 것도 멋진 그림입니다. 실제로 많은 로마의 장군들이 그런 경로로 로마 황제가 되었습니다.

그러나 예수님은 그 길을 택하지 않으셨습니다. 그런 방식의 복음화란 있을 수 없기 때문입니다. 로마 황제가 어느 날 갑자기 "오늘부터 우리는 모두 기독교인이다"라고 선언했다 칩시다. 그러면 그날로 로마제국 전체가 복음화된 것입니까? 전혀 그렇지 않습니다. 복음은 한 사람한 사람의 마음 문을 두드리고 그 부르심에 응답한 사람들이 모여 공동체를 이루는 방식으로 겨자씨를 키워 가는 것입니다. 어느 날 황제 한사람이 마음을 바꾸는 식으로 모두가 기독교인이 되는 것은 있을 수도없고 있어서도 안 되는 복음 전파 방식입니다.

더 높이 올라가야 더 많이 버릴 수 있다?

"더 높이 올라가야 더 많이 베풀 수 있고 주主의 일을 더 많이 할 수있다"는 세상 복음이 진짜 복음을 대체하면서 생긴 특이한 현상이 진로에 대한 청년들의 과도한 고민입니다. 제 연구실에 상담하러 오는 학생들, 특히 기독교인 학생들의 고민은 딱 두 가지입니다. 하나는 이성교제고, 다른 하나는 진로입니다. 물론 이 두 문제는 모든 청년의 고민이므로 그 자체로는 별로 이상할 것이 없습니다. 기독 청년들의 고민이잘못된 전제에서 시작되었다는 점이 문제일 뿐이지요.

많은 청년들이 진로에 관한 '하나님의 뜻'을 알고 싶어 합니다. 이들이 생각하는 하나님의 뜻은 하나님이 자신을 위해 준비하신 유일한 진로 또는 직업을 찾아내는 것을 의미합니다. 그리고 그 유일한 진로 또는 직업을 찾아내지 못하면 하나님이 내 인생을 막아 엉망으로 만들지도 모른다는 깊은 불안에 휩싸여 있습니다. 특히 사법 시험처럼 성공 확률이 낮은 도전을 앞둔 학생들은 더욱 그렇습니다. 그래서 때로는 점쟁이처럼 용하다는 '예언의 은사'를 가진 목회자들을 찾아 헤매기도 하고 표적을 구하기도 합니다. 진로 문제를 고민하고 있다지만 막상 알고 싶은 것은 '내가 이런 어려운 시험을 준비해서 과연 붙겠느냐?'는 미래에 대한 보장입니다. 점 보러 가는 사람의 심리와 전혀 다를 것 없는 마음 상태입니다. 주변에 예언의 은사를 가진 목회자나 권사님이 아무도 없으면 성경의 기드온처럼 하나님께 표적을 구하기도 합니다. "내일까지 만약 무슨 일이 생긴다면 그게 고시 공부를 시작하라는 하나님의 뜻인 줄 알겠습니다." 그런데 아무 일도 생기지 않습니다. 그러면 또 다른 표적을 구합니다. 이번에는 좀더 발생 확률이 높은 사건을 기대합니다. 앗, 이번에는 하나님의 응답이 있습니다. 고시 공부를 시작합니다. 그런데 실패합니다. 그리고 좌절합니다.

저도 청년 시절에 이런 불안과 좌절을 겪었습니다. 대학 4학년, 사법 시험에 불합격했을 때는 신학을 해야 하는 것이 아닌지 심각하게 고민했습니다. 예수원에 가서 신부님께 기도를 받기도 했습니다. 검사를 선택할 때도, 그만둘 때도 매일 성경 말씀을 읽으며 하나님의 뜻을 구했습니다. 검찰청에 사표를 내고 난 뒤에는 그 사실을 전혀 모르던 어떤 여직원이 "어제 참 이상한 꿈을 꾸었어요. 김 검사님이 어딘가 멀리 떠나더니 하늘에서 오는 것이 분명한 오색영롱한 음식을 들고 오더라고요"라는 이야기를 전해 주어 용기를 얻기도 했습니다.

미국 유학을 마치고 한국으로 귀국할 때는 "세상 누구도 '내가 김두식을 키웠다'고 자랑하지 못할 것이다. 김두식을 키운 것은 사람이 아니라 나 하나님이기 때문이다"라는 하나님의 음성을 들었습니다. 그래서 누구에게도 저의 일자리 부탁을 하지 않고 '어디든지 가장 먼저 일자리를 제안하는 곳으로 가겠다'는 아주 손쉬운 결정을 내렸습니다. 나름대로 누구보다 더 자주, 누구 못지않게 박진감 넘치는 결정을 하면서 살아온 셈입니다. 그런 과정을 통해 남에게 부탁하거나 빽을 쓰는 세상의 방법보다, 그냥 조용히 하나님의 도우심을 기다리고 손을 놓는 편이 훨씬 좋은 결과를 낳기 마련이라는 교훈도 얻었습니다. 진로 선택에서 모험을 한 만큼 더 재미있는 인생길이 열리는 것도 경험했습니다.

그런데 5년 반을 일한 기독교 대학을 떠나며 제 인생을 다시 돌아보니, 그동안 저를 고통스럽게 했던 선택의 과정이 실은 하나도 걱정할 일이 아니었습니다. 사법 시험에 떨어졌어도 제 삶은 복 받은 인생이었을 겁니다. 검사를 그만두었기 때문에 훨씬 자유로운 삶이 된 것은 사실이지만, 잘 버텨서 검사를 계속했더라도 제 인생은 충분히 행복했을 겁니다. 미국에서 귀국할 때 저에게 일자리를 제안한 기독교 대학, 기독교 로펌, 사회복지재단 중 어느 것을 선택했더라도 제 삶은 충분히 의미 있었을 것입니다. 왜냐하면 어느 직장을 다니느냐, 얼마나 높은 자리로 올라가느냐, 얼마나 뜨고 인정받느냐는 것은 기실 하나님의 뜻과는 아무 상관도 없는 일이기 때문입니다. 그리고 무엇보다 저의 아버지 되신 하나님은 어차피 저에게 좋은 것을 주기를 원하셨기 때문입니다.

성경 인물 중 누구도 어떤 직장을 갖는 것이 하나님의 뜻인지 고민하지 않았습니다. 신분 변화가 자유롭지 못했던 성경의 시대에 비해 현대 사회에는 직장이 많아지고 선택이 자유로워졌다고 해서 달라질 것은 없습니다. 하나님의 뜻을 분별한다는 것은 어떤 직장을 가야 내가 행복

할지를 점치는 식으로 찾아가는 것이 아닙니다. 하나님은 어떤 직장을 가라는 식으로 좀처럼 분명하게 응답하지 않으십니다. 표적을 통해 그 길을 보여 주시는 일도 없습니다. 성경에 나오는 그런 응답들은 대개 민족을 살리거나 교회의 운명이 달린 특별한 경우에 주어진 것입니다. 혼자 비전을 갖는 것이 위험한 만큼이나 혼자 예언이나 표적을 받는 것도 위험한 일입니다. 세상 모든 사람이 고민 끝에 어렵게 결정하는 일을 기독교인이라고 해서 하나님의 말씀 한 방으로 뚝딱 해결하려는 것도 교만입니다. 그리고 무엇보다 하나님의 뜻은 대부분 예언이나 표적보다 훨씬 선명한 방식으로 이미 계시되어 있습니다. 어디서 그걸 알 수 있느냐고요? 바로 성경에서 알 수 있습니다.

성경은 "~을 하라"는 수없이 많은 하나님의 뜻을 담고 있는 책입니다. 가장 대표적인 하나님의 뜻은 여러분도 이미 잘 알고 있습니다. "네 마음을 다하고 목숨을 다하고 뜻을 다하여 주 너의 하나님을 사랑하라"(마 22:37)는 것과 "네 이웃을 네 자신과 같이 사랑하라"(마 22:39)는 것입니다. 예수님은 이 두 계명으로 하나님의 법과 선지자들의 가르침을 잘 요약하셨습니다. 이웃을 사랑하라는 간단한 계명도 고린도전서 13장을 묵상하게 되면 정말 가슴이 답답해지는 어려운 과제입니다. 성령의 도우심 없이는 도무지 인간의 능력으로 할 수 없는 일입니다. 예언도 방언도 지식도 이 사랑을 넘어설 수 없습니다. 그런데 예수님은 이웃뿐 아니라 원수도 사랑하라고 말씀하십니다. 이보다 더 명확한 하나님의 뜻과 명령이 있을 수 없습니다. 그런데도 우리는 인생의 계획과 불명확성 앞에서 고민하느라, 정작 명확하게 주어진 하나님의 뜻과 명령을 고민할 여유가 없습니다.

돌이켜 보면, 제 삶의 모든 선택이 다 그러했습니다. 제가 사법 시험을 준비하든 말든, 합격하든 불합격하든, 그 결과보다 중요한 것은 그 과정에서 원수를 사랑하고 이웃을 위해 저 자신을 내어 주는 일이었습니다. 그런데 그때는 합격이 너무 중요해서 이웃을 돌아볼 여유가 없었습니다. 시험 불합격, 실직, 실연 등으로 고통받는 형제자매들을 돌아봐야 할 때마다 시간이 아까웠습니다. 누군가 내게 도움을 요청할 때, 한 번도 그것이 하나님의 뜻을 실천할 기회라고 생각하지 못했습니다. 엉뚱한 곳에서 하나님의 뜻을 구하느라 정신이 없었기 때문입니다. 심지어 교회에서도 그런 때는 공부에 열중해야지 사람들을 돌아보아서는 안 된다고 조언하는 분들이 많았습니다. 높은 곳을 향해 달려갈 때는 뒤를 돌아보지 말라는 말씀이었습니다.

사법연수원을 수료하고 판사, 검사, 변호사를 선택해야 할 때도 그중 어떤 것이 하나님의 뜻인지 생각하느라, 정작 어떻게 '공의를 행하고 인자를 사랑하고 겸손히 행할지'를 고민하지 못했습니다. 결국 하나님의 뜻을 찾는다고 포장하기는 했지만, 어느 길이 나에게 세상적으로 가장 좋은 선택인지를 고민했을 뿐입니다. 그 과정에서 내 마음의 중심은 언제나 하나님이 아니라 나 자신이었습니다. 하나님의 뜻은 이 길이냐, 저 길이냐 하는 선택이 아니라 '지금 바로 그 자리에서' 예수님을 따라 사는 삶을 의미한다는 사실을 좀더 일찍 깨달을 수 있었다면, 그런 결정을 내리는 모든 순간이 두려움과 고통이 아니라 희망과 기쁨의 시간이 될 수 있었을 것입니다.

그런데 근본적으로 진로 문제가 우리 청년들에게 그렇게 깊은 고민거리가 된 이유는 어디에 있을까요? 상향성의 욕망이 우리를 지배하고 있기 때문입니다. 더 높이 올라가야 더 많이 베풀 수 있고, 더 많은 걸 가져야 하나님께 영광을 돌릴 수 있다는 생각이 우리 마음을 점령해 버린 것입니다. 더 나아가 '높이 올라가야 많이 버릴 수 있다'는 이상한 믿음까지 생겼습니다. 똑같이 선교사가 되더라도 서울대와 하버드대에서 공부한 사람은 특별한 대접을 받습니다. 더 많은 것을 버렸기 때문입니다. 서울대와 하버드대에서 공부한 분이 어느 날 자기 인생을 다시 돌아보고 선교사의 소명을 확인하여 보장된 교수의 길을 버리고 선교지로 떠났다면, 물론 훌륭한 일이고 가치 있는 희생입니다. 그러나 나중에 그런 멋진 희생을 하기 위해 지금 먼저 서울대와 하버드대에 가려고 노력하는 것은 이상한 일입니다. 지금 이미 선교사의 목표를 가졌다면 거기에 합당한 경력을 쌓는 것이 하나님의 뜻이기 때문입니다.

더 높이 올라가야 더 많이 버릴 수 있다는 믿음이 꼭 우리나라만의 현상은 아닌 것 같습니다. 유명한 복음주의 변증가 프랜시스 쉐퍼의 아들 프랭크 쉐퍼는 《크레이지 포 갓Crazy for God》이라는 책에서 명문 대학 출신들만 선호하던 부모님의 태도를 냉소적으로 묘사합니다. 프랜시스와 이디스 쉐퍼 부부는 세 명의 사위를 모두 케임브리지를 비롯한 세계 최고의 명문 출신들로 맞이하였습니다. 그들은 그런 최고 대학 출신들이 자신들을 통해 라브리에서 예수를 믿게 된 것에 감격했습니다.[4] 명문 대학 출신들끼리 결혼이 이루어지면 프랜시스 쉐퍼는 "이상적인 라브리 커플"이라고 말했습니다. 라브리에서 구원받았을 뿐 아니라 남자는 케임브리지 출신, 여자는 웰슬리 출신이기 때문이었습니다. 이디스 쉐퍼는 그런 커플을 "하나님께 헌신한 최고의 사람들top people serving the Lord"이라고 선언했습니다.[5] 원한다면 무엇이든 될 수 있는 최고 대학 출신들이 하나님께 헌신하면 더 값지다는 생각은 만국 공통인지도 모릅니다. 그러나 끊임없이 '최고'를 입에 올리는 어머니 이디스의 모습이 아들에게는 그리 감동적이지 못했습니다. 남들은 몰랐지만 가장 가까운 곳에 있었던 쉐퍼의 아들은 부모님의 그런 모순을 조용히 지켜보며 부모의 신앙을 떠났습니다. 이걸 남의 일이라고 말할 수 있는 부모가 우리나라에 어디 있겠습니까?

그동안 얼마나 많은 목회자 지망 고교생들이 언젠가는 버릴 학벌을 위해 서울대를 목표로 공부했는지 모릅니다. 이런 'top people'이 하도 많아지다 보니, 목사님들 사이에서도 학벌에 따른 차별이 생겼고, 목표했던 'top people'에 끼지 못한 일반 신학대학 출신들은 자기들끼리 장벽을 쌓아서 이런 'top people'들을 은근히 배제하는 현상까지 나타나고 있습니다. 버리기 위해 올라가자는 기만적인 논리가 너무나 자연스럽게 주류의 입장을 형성하고 있는 것입니다.

잘 안 되면 목회의 길로?

상향성과 직업 선택에 대한 과도한 고민이 낳은 또 다른 부작용도 지적하고 싶습니다. 바로 목회자들이 목회의 길로 들어선 이유를 과대 포장하는 이상한 경향입니다.

미국에서 귀국한 후 거의 10년 가까이 저는 자동차의 라디오 채널을 기독교 방송에 고정하고 살았습니다. 제일 자주 들은 프로그램은 〈새롭게 하소서〉입니다. 평신도들의 신앙 간증도 소개하지만, 아무래도 〈새롭게 하소서〉에 주로 등장하는 분들은 목사님들인데, 목사님들이 출연

하면 사회자는 흔히 "목사님은 어떻게 부름을 받으셨습니까?"라고 묻습니다. 세상의 하고많은 직업 중에 왜 목사를 택했느냐는 질문입니다. 이런 질문의 배경에는 목사가 되는 데는 특별한 '소명calling, 부르심'이 필요하다는 생각이 깔려 있습니다. 물론 특별한 소명이 필요하기는 합니다. 다만 다른 직업들도 모두 특별한 소명이 필요한데, 목사의 소명만 특별한 것으로 강조되는 것이 문제라면 문제겠지요.

특별한 소명을 강조하다 보니, 목사님들의 대답도 특별합니다. 목사직을 선택하게 된 이유 중 으뜸으로 꼽을 수 있는 것은, 세상의 부귀와 영화에 눈이 멀어 이런저런 직업을 전전하며 방탕한 생활을 하고 있는데 어느 날 갑자기 하나님이 질병으로 자신을 치셨다는 내용입니다. 그래서 하나님께 질병을 고쳐 달라고 간절히 기도하면서, 목사가 되어야겠다고 결심했다는 것입니다. 신학을 하고 나서는 질병도 낫고 모든 고통에서 해방되어 만사형통한 삶을 살게 되었다는 이야기가 그 뒤를 잇지요. 교회를 개척하고 오늘과 같은 모습으로 일구어 내기까지 적지 않은 고난과 승리의 드라마가 있었다는 이야기도 곁들여집니다. 대학 입시의 실패, 사업 실패, 가정 불화 등도 자주 언급되는 성직 선택의 동기인데, 내용은 조금씩 달라도 그 이야기들의 공통분모는 인생의 '실패'입니다.

질병과 실패의 이야기에서 양념처럼 자주 언급되는 것이 '서원'입니다. 서원은 하나님께 한 약속 또는 맹세를 뜻합니다. 질병과 사업 실패의 와중에서 간증의 주인공들은 어려서 어머니께서 자신을 목사 시키겠다고 하나님 앞에 서원한 것을 갑자기 떠올리게 됩니다. 어머니가 자식을 하나님께 바치겠다고 서원하게 된 사연도 여러 가지입니다. 마치

한나가 사무엘을 하나님께 바치기로 서원한 것처럼 자식을 못 낳던 어머니가 서원을 통해 아들을 얻어 목사를 시키겠노라 서원한 경우가 있는가 하면, 아들이 갑자기 원인 모를 병에 걸려 어머니가 하나님께 서원하는 기도를 올렸더니 곧 병이 나은 경우도 있습니다. 그런 서원에도 불구하고, 자라면서 목사 되기를 거부하고 세상의 다른 직업으로 나간 아들은 거듭되는 실패 속에서 처음의 그 약속을 기억하게 됩니다. 그리고 눈물로 돌아와 신학을 공부하게 되는 것입니다.

이런 감동적인 이야기들을 너무 자주 듣다 보니, 제 마음 한구석에는 이런 의문이 생겼습니다. '하나님도 참 이상하시다. 당신을 위해 일할 사람 구하기가 얼마나 힘드셨으면, 목회자를 만들기 위해 질병과 사업 실패라는 은혜를 주시는 걸까.' 서원 이야기도 이상하게 느껴졌습니다. 구약성경에는 서원 이야기가 가끔 나옵니다. 적군과 싸우러 나가면서 "이번 싸움을 이기게 해주시면 집으로 돌아갈 때, 가장 먼저 나를 영접하는 사람을 제물로 바치겠다"고 서원한 이스라엘 지도자 입다의 경우가 대표적인 예입니다(삿 11장). 이런 이야기가 다 그렇듯이, 전쟁 승리 후 귀가하는 입다를 가장 먼저 맞이한 사람은 그의 무남독녀였습니다. 입다는 자기 옷을 찢으며 괴로워하지만 하나님과의 약속을 지키기 위해 딸을 제물로 바칩니다. 그러나 성경은 사람을 제물로 바치는 일을 '여호와 하나님 앞에서의 가증한 행위'로 보아 금지하고 있습니다. 어느 부모도 자신의 권위로 자녀를 죽게 내버려 두어서는 안 되었습니다. 자녀를 제물로 바치는 것은 이스라엘을 둘러싸고 있던 이른바 이방 나라들의 잘못된 풍습이기도 했습니다. 따라서 성경에 적혀 있는 이야기가 모두 우리가 따라야 할 '모범'이 될 수는 없습니다. 이 당황스런 이야기를 정당화하기 위해 최근 신학자들은 입다가 딸을 제물로 바친 것이 아니라 평생 처녀로 성막에 봉사하도록 바친 것이라는 해석을 내놓고 있습니다.

요즘도 한국 기독교인들은 극단적인 위기에 몰린 상태에서 이런 서원을 많이 합니다. "대학 입시에만 붙여 주시면 선교사가 되겠습니다." "아들의 병을 낫게 해주신다면 목사를 만들겠습니다." "이번에 저의 범죄가 드러나지 않게 덮어 주신다면 제 집을 바치겠습니다." "이번 사업을 대박 나게만 해주신다면, 수입의 30퍼센트를 교회 건축에 바치겠습니다."

이들이 믿는 하나님은 뭔가 조건을 걸어야지만 그 대가로 소원을 들어주시는 이상한 분입니다. 사람들에게 질병을 주고, 그 질병을 낫게 해주는 대가로 일정한 조건을 받아들인 다음, 나중에 마치 고리대금업자처럼 그 조건을 받으러 다니는 하나님입니다. 3천 년 전 입다의 신앙 행태에서 한 치의 발전도 없는 것입니다. 세상에 이런 왜곡이 어디 있습니까? 이상하게도 우리나라의 하나님만이 기도를 들어주면서 이런 조건 붙이기를 좋아하십니다. 전 세계 어디에서도 그런 조건을 요구하지 않는 하나님이 유독 우리나라에서만 이런 식의 조건 붙은 기도를 더 잘 들어주시는 것은 신기한 일이지요. 내가 손해 볼 어떤 조건을 붙여야 하나님이 기도를 잘 들어주실 것 같은 느낌은 미신이지 기독교 신앙이 아닙니다.

맹세의 폐해를 알고 계셨던 예수님은 이렇게 가르치셨습니다. "또 옛 사람에게 말한 바 헛 맹세를 하지 말고 네 맹세한 것을 주께 지키라 하였다는 것을 너희가 들었으나 나는 너희에게 이르노니 도무지 맹세

하지 말지니……"(마 5:33-34).

하지만 목사님들은 예수님의 이런 가르침과 전혀 상관없이, 지금도 질병과 실패 그리고 서원에 따른 부르심의 이야기를 계속하고 있습니다. 이런 설교를 들으며 젊은 기독 청년들은, 그 목사님에게 만사형통의 새 인생을 주신 하나님의 은혜를 감사하겠지만 다른 한편 알 수 없는 불안에 시달리기 마련입니다. 내 욕심대로 직업을 선택했다가 나중에 저 목사님처럼 하나님의 저주를 받아 완전히 인생 망가진 다음 신학을 하게 되는 것이 아닐까? 살아가는 중에 조금만 어려움에 부딪히면 또 걱정에 빠집니다. 목회를 했어야 할 내가, 내 욕심을 좇아 변호사가 되었기 때문에 이런 어려움을 겪는 것은 아닐까. 고민은 끝이 없습니다.

우리나라 목사님들 사이에 그렇게 흔한 '서원-방탕-질병-신학-만사형통'의 도식은 이상하게도 기독교의 원산지인 서구에서는 그리 널리 통용되지 않습니다. 요즘 우리나라에서 가장 많이 읽히는 서양 기독교 목사나 작가들을 아무나 떠올려 보십시오. 필립 얀시, 존 스토트, 마틴 로이드 존스, 제임스 패커, 리처드 포스터, 레슬리 뉴비긴, 빌 브라이트, C. S. 루이스, 빌리 그레이엄, 누구라도 좋습니다. 그중에 서원하고 딴 길로 헤매다가 질병이나 사업 실패로 목사직을 선택한 사람이 한 명이라도 있습니까? 없습니다. 기껏해야 워터게이트 사건으로 감옥 가는 길에 회심하여 《백악관에서 감옥까지Born again》라는 책을 쓴 찰스 콜슨 정도가 비슷한 범주에 속할 것입니다. 물론 찰스 콜슨의 어머니도 서원 같은 건 안 했습니다.

그렇다면 이 한국적 목회 선택의 뿌리는 어디서 찾을 수 있을까요.

좀 극단적인 비유일지 모르지만, 저는 그 모델을 무속 신앙에서 찾게 됩니다. 우리는 가끔 누가 '무병에 걸렸다'는 얘기를 듣습니다. 주로 여성 잡지에 나오는 소재지요. 멀쩡하게 잘 살던 사람이 갑자기 온몸이 쑤시고 아픈 증상에 시달리는데, 병원에 가도 의사들이 원인을 잡아내지 못합니다. 음식도 제대로 못 먹고 잠도 못 자다가 나중에는 환상까지 보게 되지요. 어찌어찌하여 용한 무당을 찾아가 보니 "최영 장군 신이 내렸다"는 것입니다. 무병은 내림굿을 받아 무당이 되어야만 치료될 수 있습니다. 그런 의미에서 무병은 신의 종으로 선택받았음을 알려주는 일종의 표징인 셈입니다. 최영 장군 신이 하나님으로 바뀌었을뿐, 기본 줄거리는 우리나라 목사님과 무당의 인생 역정이 크게 다르지 않습니다.

어쨌든 이런 특별한 경로로 목사가 된 분들이 은연중에 신도들의 머리에 집어넣은 것이 목사만 '주의 종'이라는 이상한 생각입니다. 따지고 보면 기독교인들 중에 주의 종이 아닌 사람은 한 명도 없습니다. 그런데도 한국 교회에서 '주의 종'은 늘 목사님만을 의미합니다. 그래서 많은 기독 청년들은 대학 입시를 비롯한 약간의 실패 앞에서 과감하게 '주의 종'이 되는 길을 선택합니다. 교회가 요구하는 만큼 충분히 높은 자리에 올라갈 자신이 없어진 젊은이들, 지나치게 높은 목표를 세웠지만 그걸 성취할 수 없게 된 사람들이 "나는 주의 뜻을 따라 이런 하향성의 길을 간다"며 선택하는 것이 목사의 길이 되어 버린 것입니다. 그걸 아는 총명한 목회자 지망생은 자기가 그런 낙오자가 아닌 것을 보여주기 위해 죽어라 '명문대'를 가려고 노력합니다. 다행히 그 노력의 열매를 거둔 사람은 평생 그걸 자랑으로 안고 살아갑니다. 그 열매를 거두지 못한 사람들은 열등감을 감추기 위해 집요하게 학위 사냥을 하며 살아갑니다. 그 결과 한국 교회는 세계 어느 나라보다도 목회자가 많은 나라가 되었습니다. 목회자 공급이 수요를 초과한 것은 벌써 오래전입니다. 이제는 포화 상태가 되어 일자리를 찾지 못하는 목사님들이 넘쳐 나고 있습니다. 그런데도 교회에서 하는 일은 거룩한 일이고, 세속에서의 삶은 그렇지 않다는 식의 고정관념은 바뀌지 않습니다. 그렇다고 '주의 종'을 강조하는 목사님들의 삶이 세속과 담을 쌓은 수도사적인 것이냐 하면 그렇지도 않습니다. 오히려 그런 목사님들일수록 더 적극적으로 돈과 권력을 향해 교회 문을 활짝 열어 놓습니다.

회사원이 되든, 철공소 직공이 되든, 빵집 점원이 되든, 의사·판검사가 되든, 목사가 되든, 그 일은 모두 주님이 맡기신 일입니다. 목사만이 주의 종이 아닌 것은 더 설명할 필요가 없을 정도로 명확합니다. 그런데도 교회에서는 '주의 종'을 섬기라고 말합니다. 그럴 때마다 저는 묻고 싶습니다. "누구요? 어떤 주의 종을 섬기라는 말씀입니까?" 주의 종을 목사로 한정하고, 모세나 엘리야 같은 온갖 구약의 지도자들을 모두 목사와 동일시한 후, 목사에게 대적하는 사람은 고라 자손처럼 저주를 받는다는 식의 가르침을 주는 목사님들은 회개해야 합니다.

당신은 누구세요?

이쯤 이야기하고 나면 이렇게 묻는 사람들이 있습니다. "대부분의 교회에서 비전을 가지고, 더 높은 자리로 가서, 더 잘 사는 사람이 되어서, 세상을 더 잘 살게 만들자고 가르치고 있는데, 그 가르침에 문제가 있다면 도대체 어떻게 살아야 합니까. 비전도 없이, 무조건 더 낮은 자리로 가서, 더 못 사는 사람이 되어서, 세상과 상관없는 삶을 살란 말입니까?" 참 어려운 문제입니다. 맞습니다, 비전을 가지라는 메시지는 청년들에게 희망을 줍니다. 열심히 하면 본래의 나보다 훨씬 나은 사람이 될 수 있다는 목표를 갖게 하고, 용기도 줍니다. 반대로 모든 것이 하나님의 뜻 안에 있다는 가르침은 사람을 참 막막하게 만듭니다. '모든 것이 다 하나님의 뜻 안에 있으므로 인간은 아무것도 안 해도 된다는 말인가, 그래서 도대체 어떻게 살라는 말인가.'

그러나 제 이야기를 듣고 온몸에 힘이 쭉 빠져나가는 것을 느낀 분들께 저는 오히려 되묻고 싶습니다. '그런' 비전이 없어진다고 해서 희망과 용기를 잃는 당신은 누구입니까? 당신의 신앙은 도대체 무엇에 기반을 둔 것입니까? 세상 사람들이 모두 하는 진로 고민을 하나님의 뜻에 맡긴다는 미명하에 무책임하게 내팽개치는 당신은 누구입니까? 당신이 생각하는 하나님의 뜻은 혹시 미신에 기초한 것이 아닙니까? 욕심을 추구하면서도, 그랬다가는 하나님께 벌 받을까 봐 미리 확인받고 싶은 욕망에서 하나님의 뜻을 구하고 있는 것은 아닙니까? 더 이상 자신을 속이지 말고 그 길에서 돌이키십시오.

3장 **진보와 보수**

세상과
똑같은
좌우 대립

진보든 보수든 교회의 회복은 신문이 아니라 성경에서 시작되어야 합니다. 국가를 향해 매일같이 무엇을 해달라고 요구하는 진보 교회가 아니라, 국가가 따라올 새로운 모델을 제시하는 진보 교회가 되어야 합니다. 예수님이 이 땅에 세우신 거룩한 공동체는 세상과 달라야 합니다. '교회의 교회됨'이 세상에 대한 정치적 발언의 출발점이 되어야 합니다. 교회를 떠난 보수와 진보, 세상과 똑같은 보수와 진보의 존재가 하나님 나라와 무슨 상관이 있습니까?

전쟁을 통해 전하는 복음: 고니시 유키나가의 경우

제가 기독교 대학에서 일하던 시절, 신입생 면접이 끝난 후 어느 동료 교수님이 들려주신 이야기입니다. 당시의 면접 질문 중에는 "이라크 전쟁을 어떻게 생각하느냐?"는 항목이 있었습니다. 그런데 그 질문을 받은 어느 학생이 "전도가 잘 안 되는 이라크 지역에 하나님이 미군을 통해서라도 복음을 전하기 위해 일으키신 전쟁"이라고 답변했다고 합니다. 이라크 전쟁의 본질에 대한 이 황당한 해석에 동료 교수님은 입을 다물 수 없었고, "그 이야기는 누구에게서 배운 것인지, 아니면 학생 혼자 생각한 것인지" 다시 묻게 되었다지요. 학생의 대답은 "목사님들에게서 배우기도 했고, 자기 생각이기도 하다"는 것이었습니다. '전쟁을 통해 복음을 전한다.' 참 대단한 발상이 아닐 수 없습니다.

저는 이 이야기를 들으면서 《침묵》으로 유명한 일본 작가 엔도 슈사쿠遠藤周作의 잘 알려지지 않은 소설 《숙적宿敵》을 생각하게 되었습니다. 천하를 통일하여 전국시대를 마감한 도요토미 히데요시豊臣秀吉의 측근으로 조선 침략의 선봉을 맡았던 두 명의 장군, 고니시 유키나가小西行長와 가토 기요마사加藤清正의 평생에 걸친 숙명적 대결을 소재로 한 이 책은 엔도 슈사쿠가 같은 가톨릭 신자인 고니시에 대한 뜨거운 애정을 표현한 소설입니다.[1]

명나라 정벌이라는 거창한 명분 아래 조선에게 길을 터줄 것을 요구하며 조선에 상륙한 일본 침략군 제1군은 사령관인 고니시 유키나가뿐 아니라 병사들 다수도 가톨릭 신자였습니다. 독실한 불교 신자로 주전파主戰派였던 제2군 사령관 가토 기요마사와 달리, 고니시 유키나가는 유화파宥和派로 분류되며 조선과의 빠른 화친을 원했던 것으로 기록되어 있습니다. 승승장구하여 두 달 만에 평양성을 점령한 고니시의 군대는 이 결정적 시점에서 약 한 달 동안이나 공격을 멈춘 채 평양성에 칩거하지요. 고니시의 이런 이상한 행동은 상인 집안 출신으로 전쟁 경험이 없는 그의 한계를 드러냄과 동시에 임진왜란에 소극적이었던 그의 입장을 보여 주는 증거로 제시되기도 합니다. 더 나아가 고니시는 명나라의 심유경과 함께 도요토미 히데요시의 가짜 항복 문서를 작성해서 명나라와 일본의 화의를 유도합니다. 도요토미의 부하로서 도저히 상상할 수 없는 무리한 행동이었지요. 엔도 슈사쿠는 도요토미의 명령으로 어쩔 수 없이 전쟁에 참여하면서도 내심 평화를 원하고 있던 고니시의 고뇌를 보여 주는 데 많은 지면을 할애합니다.

그런 고니시의 초청을 받아 1593년 일종의 '비공식 군종'으로 이 땅을 밟은 최초의 신부가 바로 포르투갈 사람 세스페데스Gregorio de Cespedes였습니다. 1551년 마드리드에서 태어난 세스페데스는 18세에 예수회에 합류했습니다.

　잘 알려져 있듯이 예수회는 스페인 출신의 이그나티우스 로욜라 Ignatius Loyola가 프란시스 하비에르Francis Xavier 등과 함께 1534년 설립한 가톨릭 종단입니다. 프로테스탄트 종교개혁에 맞서서 교황권을 지키는 강력한 수단으로 부상했던 예수회는 초창기부터 세계 선교에 주력했습니다. 프란시스 하비에르는 1541년 인도로 직접 진출하여 선교 8년 만에 무려 10만 명에게 세례를 주는 엄청난 결실을 맺기도 하지요. 그 과정에서 그는 동쪽에 일본이라는 나라가 있다는 소식을 들었고, 1549년에는 동료 몇 사람과 함께 일본에 도착하여 2년 3개월 동안 머물며 약 1,500명의 개종자를 얻게 됩니다.

　세스페데스는 이런 선배들의 전통을 이어받아, 유럽이 한창 종교전쟁으로 정신없던 1577년 예수회 선교사로 일본에 옵니다. 1592년 임진 왜란이 발발하자 고니시 유키나가는 자기 부대원의 다수를 차지하는 가톨릭 신자들을 돕기 위해 예수회 신부들에게 종군 신부 한 명을 보내 달라고 요청하였고, 예수회 부관구장인 고메즈P. Gomez 신부의 명을 받은 세스페데스 신부는 대마도를 거쳐 조선의 웅천성에 도착합니다. 이후 1년 동안 세스페데스 신부는 추위와 질병으로 극심한 고통을 받던 일본군들을 대상으로 복음을 전합니다. 한창 때는 2천 명 이상의 가톨릭 신자 병사들이 세스페데스 신부와 함께 밤마다 미사를 드렸다고 하니 놀라운 일이지요. 낮에는 전쟁터에 나가서 무고한 조선의 백성들을 학살하던 사람들이 밤이면 함께 모여 하나님을 찬양한 셈입니다. 이러한 모습은 군사력으로 자신이 믿는 종교의 전파가 가능하다고 믿은 중세 기독교 스타일의 신앙이 멀리 동방 끝의 일본에도 그대로 이식되었음을 보여 주는 것입니다.

　그러나 당시 일본 본토에서는 이미 도요토미 히데요시가 가톨릭 선교사들에게 추방령을 내린 상태였습니다. 결국 세스페데스는 고니시의 어쩔 수 없는 결정을 받아들여 일 년 만에 조선 땅을 떠나게 되지요. 독실한 가톨릭 신자인 고니시로서는 정치적·종교적으로 피할 수 없는 경쟁자인 가토의 견제를 의식하지 않을 수 없었던 것입니다. 이 전쟁으로 일본에 끌려간 조선인 전쟁 포로들의 상당수가 천주교로 개종하고 이들 중 일부는 사제 서품을 받아 다시 조선에 선교사로 들어오려는 계획을 세우기도 했지만, 1614년 일본에서 시작된 극심한 가톨릭 탄압으로 대부분이 순교함으로써 그런 계획은 실천에 이르지 못했습니다.[2]

　이런 잘 알려진 역사적 사실을 들으면서 기독교인들은 어떤 생각을 하게 될까요? 예수회 신부들의 전도를 받아 일찍부터 독실한 가톨릭 신자였던 고니시 유키나가와 그의 가톨릭 병사들이 전쟁터에서 밤마다 미사를 드렸다고 해서, 십자가 군기를 달고 전쟁에 나섰다고 해서, 가토의 군대에 비해 노략질을 비교적 덜 했다고 해서 우리가 그들을 '할렐루야'로 맞아들일 수 있을까요? 작가 김훈은 이순신 장군의 생애를 그린 소설《칼의 노래》에서 이렇게 적고 있습니다.

　　고니시 부대의 대장 깃발은 붉은 비단 장막에 흰색으로 열십자 무늬를 수놓았는데 그 열십자는 고니시가 신봉하는 야소교의 문양이라고 안위[이순신의 부하]는 보고했다. 임진년에 부산에서 평양까지 북상할 때 고니시는 가마 앞에 열십자 무늬의 깃발을 앞세웠다. 나[이순신]는 그 열십자 무늬의 뜻을 안위의 보고를 통해서 알았다. 인간의 죄를 누군가가 대신 짊어진다는 것이 그 야소교의 교리라고, 안위는 포로의 말을 전했다. 알아들을 수 없는 말이었다. 적의 내륙 기지에 열십자 무늬의 깃발이 세워진 곳이 적장의 위치이며 그 열십자 깃발 언저리가 전투시 화력을 집중시켜야 할 조준점이라고 안위는 보고했다.[3]

복음은 십자가를 높이 든 군대가 칼을 들고 오락가락한다고 해서 전해지는 것이 아닙니다. 십자가 군기를 높이 들든 말든, 고니시 유키나가의 일본군은 우리에게 그저 침략군에 지나지 않았습니다. 고니시의 십자가가 아무리 아름답다고 해도 이순신 장군 입장에서는 쳐부수어야 할 침략자를 상징하는 공격 목표물에 불과했다는 이야기입니다.

이순신 장군의 칼날을 간신히 피해 일본으로 생환한 고니시는 또 한 번의 내전에 휩쓸리게 됩니다. 이번에는 천하를 제패하기 위해 기회를 기다려 온 도쿠가와 이에야스德川家康와 도요토미 가문의 싸움이었습니다. 역사적 결전이었던 세키가하라關ヶ原 전투에서 고니시의 숙적 가토 기요마사는 도요토미의 유지를 배신하여 반대편인 도쿠가와의 동군東軍에 서게 되고, 고니시 유키나가는 망해 가는 도요토미 가문의 서군西軍에 가담하게 되지요. 전투가 도쿠가와 군의 승리로 끝나면서 쫓기는 몸이 된 고니시는 결국 생포되어 처형당합니다. 그런데 생포된 이후 고니시 유키나가는 당시 일본의 무사로서는 이해되지 않는 행동을 보여 줍니다. 할복자살로 명예로운 죽음을 택하는 대신, 시가지 곳곳을 끌려다니며 온갖 수모를 당한 끝에 결국 참수당하는 길을 선택한 것입니다. 가톨릭 신자로서 자결할 수 없다는 것이 그 이유였습니다. 그의 죽음 이후, 일본 가톨릭은 도쿠가와 막부의 가혹한 박해 속에서 점차 쇠락의 길로 접어들게 됩니다.

우리가 알다시피, 조선에 복음을 전한 것은 고니시 유키나가의 침략 군이 아니었습니다. 고니시 유키나가의 군대 덕분에 일본이 제대로 복음화된 것도 아닙니다. 조선의 복음은 그보다 200년 가까이 지난 후, 가난한 이웃과 함께 호흡하며 자기 목숨을 바친 조선의 젊은 지식인들과 선교사들에 의해 이 땅에 꽃을 피우게 되지요. 엔도 슈사쿠의 옹호에도 불구하고, 우리 중 누구 하나 고니시 유키나가를 신앙인의 모범으로 생각하는 사람은 없을 겁니다. 고니시의 십자가는 '예수 없는 십자가'였기 때문입니다. 칼을 가지는 자는 다 칼로 망할 뿐(마 26:52)입니다.

이라크 전쟁과 친미 기독교

이라크 전쟁이 벌어졌을 때 이 땅의 교회 지도자들은 이라크에 복음을 전하기 위해 우리도 전투병을 보내야 한다는 부끄러운 주장을 서슴지 않았습니다. 이슬람권 각지에 흩어져 있는 우리 선교사님들이 파병 때문에 겪게 될 어려움 따위는 이들 교회 지도자들에게 전혀 문제되지 않았습니다. 저는 도대체 언제부터 우리 기독교가 이런 무지막지한 주전론자의 입장에 서게 되었는지 이해할 수 없습니다. 국가에 대한 기독교인의 기본적인 태도는 '변함없는 애국'이어야 하고 이 애국은 '친미'와 동의어라는 이들의 믿음은, 비이성적일 뿐 아니라 비기독교적인 것이기도 합니다.

기독교 역사와 전통이 가르치는 전쟁에 관한 입장은 '평화주의'와

'정당한 전쟁' 딱 두 가지뿐입니다. 공부를 제대로 한 신학자 중에서 '거룩한 전쟁', '십자군' 따위를 교회 전통으로 이해하는 사람은 아무도 없습니다. 평화주의와 정당한 전쟁은 상호 적대적인 것처럼 보이지만, 두 이론은 모두 '전쟁은 기본적으로 악한 것이다'라는 전제를 깔고 있습니다. 그런데 정당한 전쟁에 동의한 아우구스티누스, 토마스 아퀴나스, 루터, 칼뱅, 라인홀드 니버, 폴 램지 등 어떤 신학자가 제시한 요건에 의하더라도 정당화될 수 없는 전쟁이 이라크 전쟁이었습니다.[4] 그런데도 한국 보수 교회 지도자들 중 누구도 이라크 전쟁에 반대 입장을 표명하지 않았습니다. 그분들의 빈곤한 신학의 뿌리에는 '한미동맹'에 대한 절대적인 신뢰가 자리 잡고 있습니다.

주일 저녁, 제가 기독교 방송을 켤 때마다 빠짐없이 듣게 되는 어느 목사님의 설교에는 그 목사님의 국적을 의심할 정도로 미국 이야기가 많습니다. 그분이 전한 "하늘나라 시민권"이라는 제목의 설교를 한번 들어보시겠습니까?

세계에서 제일 수준 높은 나라가 미국이에요. 미국은 정치가 경제가 안정되고 교육 수준이 질 좋은, 수준 높고 사회 시설이 좋고 민주주의를 가장 잘하고 있고 부유하고 힘이 있고. 예를 들어 우리 한국 사람도 그 나라 가서 65세만 넘으면 영주권 시민권만 얻으면 매월 600불씩. 다 돈이 한 사람에게, 부부면 1,200불이 공짜로 다 나오는 거예요. 일 하나 안 해도 우리나라에서 평생 지내고 거기 가서 살면 그만 나오는 거예요. 도랑 치고 가재 잡고. 세상에 그렇게 좋을 수 없어요. 아프면 100퍼센트 치료 다 해주지요. 아파트도 공짜로 나오지요. 누가 안 가려고 하겠어요. 전부 가려고 하는 거예요. 왜? 사회가 그만큼 좋으니까 그러는 거예요.

그 뒤에 이어지는 예화들도 모두 미국 이야기였습니다. 이 정도면 목사님이 기다리는 것이 과연 '하나님의 나라'인지 아니면 '아름다운 나라[美國]'인지 의문을 갖지 않을 수 없습니다. 미국에 대한 무조건적인 사랑과 지지의 마음이 파병 찬성으로까지 이어지는 것은 어쩌면 당연한 일일 수도 있습니다. 하지만 이는 한두 목사님의 문제가 아닙니다. 한국 교회 대다수 목사님들의 설교에서 우리는 미국을 향한 '신앙에 가까운 절대적인 신뢰'를 읽을 수 있습니다. 미국을 하나님 나라의 모형으로 이해하다 보니, '기독교인들이 정작 신뢰해야 할 대상은 현실 세계의 초강대국이 아니라 오직 하나님뿐'이라는 기본 진리조차 망각하게 된 것입니다. 물론 한국전쟁 초기 북한군의 남침으로 일시적 공황 상태에 빠진 한국 교회 지도자들이 미국의 참전을 하나님의 구원의 손길로 받아들인 것은 충분히 이해할 수 있습니다. 그러나 그 이후 미국을 '영원한 구원자'로 오해하게 된 것은 신앙의 '새로운 위기'가 아닐 수 없습니다.

2003년 여름, 시청 앞을 뜨겁게 달궜던 애국심에 불타는 교계 지도자들의 모습은 어떻습니까? 당시 개인 비리로 재판을 받고 있던 어느 목사님은 "남한 좌익 단체 소탕과 진멸, 사탄의 정권인 김정일 붕괴, 악의 축 김정일 축출" 등을 하나님께 간구했습니다. 저도 김정일을 좋아하지 않습니다만, '소탕, 진멸, 붕괴, 축출'이 과연 사랑과 평화를 가르치신 예수님의 뒤를 따르는 사람들이 애용할 단어인지 생각해 볼 필요가 있습니다. "남한에는 수만 명의 간첩이 있고 그 뒤에는 김일성 주체사상을 학생들에게 주입시키는 전교조, 그리고 수십 개의 좌익 단체가 있다"는 그분의 상황 인식도 놀라웠습니다. 그날 어느 교회 성가대가 부른 "전우여 잘 자라", "용진가" 등은 거의 엽기적인 수준입니다. 이게 어디 성가대가 부를 노래인지요. 그러나 이 모든 것을 다 합친 것보다 더욱 저를 놀라게 한 것은 그 자리에 모인 그분들의 얼굴, 바로 그 얼굴 자체였습니다.

그날 그 자리에 앉아 계시던 분들은 대부분 1970년대와 1980년대에도 교계에 큰 영향을 끼친 분들입니다. 그런데 하나님의 형상대로 창조된 인간의 존엄과 가치가 땅에 떨어졌던 그 시절, 그분들이 저에게 가르쳐 준 유일한 '사회복음(?)'이 있다면 그것은 로마서 13장이었습니다. "각 사람은 위에 있는 권세들에게 굴복하라. 권세는 하나님으로부터 나지 않음이 없나니 모든 권세는 다 하나님 정하신 바라"(롬 13:1). 매일같이 안기부, 보안사, 경찰 대공분실, 부천경찰서 등의 인권 유린이 이어지던 상황에서, 목사님들은 언제 어디서나 로마서 13장이라는 칼과 방패를 들고 나와 청년 학생들의 입을 막았습니다. 전두환 군사독재 정권도 목사님들께는 의심할 바 없는 '하나님께서 세워 주신 권세'였던 것입니다. 로마서 13장은 사회문제에 관심 있는 청년들에게 끔찍할 정도로 흔들리지 않는 장벽이었습니다. 성경 말씀을 콘텍스트 속에서 해석하는 방법을 교회에서 제대로 배운 적이 없기 때문이지요.

로마서 13장은 로마의 기독교인들이 네로 치하에서 첫 대규모 박해를 받던 시절을 배경으로 합니다. 그런 시대 상황에서 기독교인들은 로마제국을 실제적 혹은 잠재적 적敵으로 인식할 수밖에 없었습니다. 사도 바울은 그런 기독교인들을 향해 원수를 사랑하라는 예수님의 가르침을 상기시키면서 "악에게 지지 말고 선으로 악을 이기라"(롬 12:21)고 권면합니다. 로마서 13장을 제대로 이해하기 위해서는 사도 바울이 결코 로마서 12장과 13장을 별개의 장으로 쓰지 않았다는 사실부터 기억해야 합니다. 성경을 장과 절로 나눈 것은 훨씬 후대의 일입니다. 이걸 염두에 두고 로마서 12장을 함께 읽으면 13장의 내용은 더욱 분명해집니다. 이 성경 말씀이 쓰이기 전에도 후에도, 교회는 로마제국의 모든 명령에 절대적으로 복종한 적이 없습니다. 절대적으로 복종했다면 아예 박해를 당할 일이 없었을 것입니다. 우상숭배에 대한 명령을 거부했기 때문에 교회는 박해를 당했습니다. 권력의 명령이 하나님의 명령과 충돌할 때 기독교인이 선택해야 하는 길은 자명했습니다. 바울은 국가권력을 '박해자'로 상정한 뒤, 그런 박해자가 악을 행한다 할지라도 정당방위나 폭력으로 대항하지 말고 그를 사랑함으로써 "숯불을 그 머리에 쌓아 놓으라"(롬 12:20)고 가르칩니다. "아무에게도 악을 악으로 갚지 말고 모든 사람 앞에서 선한 일을 도모하라. 할 수 있거든 너희로서는 모든 사람과 더불어 화목하라. 내 사랑하는 자들아 너희가 친히 원수를 갚지 말고 하나님의 진노하심에 맡기라"(롬 12:17-19)는 말씀에서 알 수 있듯이 사도 바울은 '선으로 악을 이기는 방법'으로 권세에 복종하라고 말하는 것입니다. 모든 상황에서의 예외 없는 복종을 말하는 것이 결코 아닙니다.[5]

"그러므로 권세를 거스르는 자는 하나님의 명을 거스름이니 거스르는 자들은 심판을 자취하리라"(롬 13:2)는 말씀도 주의해서 살펴보아야 합니다. 이 구절에는 '거스르다'라는 표현이 세 번 나옵니다. 이 중 첫 번째 거스름은 헬라어 '안티타소*antitasso*'를 번역한 것인데, 그 말은 군사 용어로 '전투 태세를 갖추다' 또는 '무기를 들고 대항할 준비를 하다'라는 뜻입니다. 두 번째와 세 번째 나오는 '거스르다'는 헬라어 '안티스테미*anthistemi*'를 번역한 것으로, 이것도 무장 반란이나 폭력적 저항을 의미합니다. 즉 위의 성경 구절에 나오는 '권세를 거스름'은 국가권력에 폭력으로 저항하는 것을 금지할 뿐, 국가권력에 대한 '모든' 저항을 금지하는 것은 아닙니다.[6] 사도 바울 자신도 로마제국의 명령에 모두 복종하지는 않되, 저항의 방법으로 무력을 선택하지 않고 '선으로 악을 이기는' 예수의 길을 선택했습니다.

똑같은 바울이 에베소 교회에 보낸 편지에서는 "우리의 씨름은 혈과 육을 상대하는 것이 아니요 통치자들과 권세들과 이 어둠의 세상 주관자들과 하늘에 있는 악의 영들을 상대함이라"(엡 6:12)라고 밝힌 것도 기억할 필요가 있습니다. 이 구절은 "하나님의 전신갑주를 취하라"는 말씀과 함께 자주 읽는 부분인데도, 사람들은 여기 나오는 '통치자들, 권세들, 어둠의 세상 주관자들'에 전혀 주목하지 않습니다. 이 말씀은 통치자들, 권세들, 세상 주관자들이 우리 싸움의 대상임을 분명히 할 뿐 아니라, 이들을 하늘에 있는 악의 영과 동렬에 두고 있습니다. 뒤이은 13절에서는 '대적하라'는 표현을 쓰고 있는데, 이는 '안티스테미'와 같은 의미인 '안티스테나이*anthistenai*'를 번역한 말입니다. 혈과 육에 속한 싸움이 아닌 것을 이미 분명히 밝혔으므로, 영적인 부분에서는 하나님의 전신갑주를 입고 폭력적이라 할 만큼 강하고 적극적인 저항을 권하고 있는 것입니다. 요한계시록 13장은 아예 세상의 권력을 '짐승'으로 묘사하기도 합니다. 이런 맥락을 무시한 채 마치 성경이 권력과 국가에 대해 무조건적인 복종을 가르치는 것처럼 오해하면 곤란합니다.

국가권력에 대한 무조건적인 복종을 가르치며 모든 사회문제에 철저히 무관심으로 일관하던 보수 교회가 유일하게 관심을 보인 사회문제는 '섹스'였습니다. 주된 싸움의 대상으로 삼은 것은 낙태였고, 대표적인 사회악으로 거론되던 것은 동성애였습니다. 가난한 사람들에 대한 착취, 부패한 권력의 전횡, 폭력의 일상화와 대량 학살, 환경 파괴 등 거듭되는 '불의' 앞에 침묵하던 교회 지도자들일수록 개인적 음란의 문제에 집착했습니다. 기독교 윤리는 언제부터인가 '섹스와의 투쟁'으로 범위가 축소되었습니다.[7] 중세 마녀재판을 통해 교회 지도자들이 자신들의 관음성만 충족시킨 것처럼, 그 후예인 우리도 똑같은 전철을 밟아가고 있습니다. 그렇다고 그 지도자들의 성윤리나 생활이 비기독교인들보다 특별히 나은 것도 아니어서 쉬쉬 하는 가운데 스캔들은 끊이지 않았습니다. 그런 분위기 속에서 우리 세대는 성적인 범죄만이 성경이 말하는 유일한 불의인 줄 알고 자랐습니다. 기독교 윤리를 개인의 성적 순결 유지 차원으로 제한했던 지도자들은 막상 3S 정책(Screen, Sport, Sex or Speed)으로 시민들의 눈과 귀를 틀어막으려는 타락한 정권에 대해서는 입도 벙긋하지 못했습니다. 신기한 일이었습니다. 국가권력은 무슨 잘못을 저지르든 그저 복종해야 할 대상이기 때문이었겠지요.

이 무조건적인 순종에 대한 반성일까요? 선거에 의해 민주적 정당성을 부여받은 국가권력이 등장하면서 보수 교회 지도자들은 놀라운 변화를 보여 주기 시작합니다. 1980년대 그렇게 자주 들어야 했던 로마서 13장 설교는 노무현 정부 때는 어떤 교회에서도 들을 수 없었습니다. 로마서 13장에 대한 목사님들의 해석이 어떻게 달라졌는지 궁금해도, 그걸 들을 기회조차 없게 되었습니다. 대신 목사님들은 행동으로 성경 해석의 변화를 보여 주기 시작했습니다. 국가보안법 폐지나 사학법 개정에 반대하는 현장에서 기독교 지도자들이 언제나 단상의 중앙을 차지하게 된 것입니다. 20년 전 국가권력에 대한 무조건적인 복종을 가르치던 바로 그분들이 거리로 나서서 가상의 '공산 정권'과 투쟁하는 선봉에 섰습니다. 저는 단상에 근엄한 얼굴로 앉아 계신 '그때 그 교회 지도자'들을 볼 때마다 과연 무엇이 저분들을 변하게 했는지 고개를 갸우뚱하게 되었습니다. 결국 그분들이 가르치던 권세에 대한 복종은 '극우' 군사독재 정권에 대한 복종만 의미했던 것일까요? 박정희, 전두환 같은 군인 출신 독재자나 이명박 대통령 같은 금권 세력의 대표자는 '위에 있는 권세'가 될 수 있지만, 노무현 같은 빈민 출신 대통령은 '위에 있는 권세'가 될 수 없었던 건가요? 기독교인들은 복종해야할 대상을 정할 때, 그 권력이 좌파인지 우파인지 먼저 판단한 다음 자기 입장을 정리해야 하나요? 저는 일관성을 잃어버린 이분들을 향해, 소설가 조성기의 분신이라 할 수 있는 《야훼의 밤》의 주인공 성민의 한마디를 전해 드리고 싶습니다. "당신들은 어쩌면 그렇게 하나님의 이름으로 모든 것을 척척 합리화시키기를 잘합니까?"[8]

국가보안법과 사학법 관련 집회에서 발견되던 심리는 고립과 두려움 그리고 적대감이었습니다. 그 엄청난 양의 고립과 두려움, 적대감의 바탕에는 '뭔가를 지키려는 강한 의지'가 자리 잡고 있습니다. 그 강한 의지는 때로 착각을 불러오기도 해서, 세간의 웃음거리가 되었다가 이제는 아무도 기억조차 못 하게 된 기독교 정당 출범 같은 오류를 낳기도 했습니다. 기독교 정당 출범식에서 태극기를 앞에 놓고 엄숙한 얼굴로 경례하는 '그때 그 교회 지도자'들도 변함없이 보수 교회를 대표하는 분들이었습니다. 물론 그 이후 실패한 실험에 대한 반성 같은 것은 눈 씻고 보아도 찾을 수 없습니다.

문제는 다른 데 있지 않습니다. 평화의 왕으로 오신 예수님이 사라져 버린 것입니다. 교권자들의 해석을 통해 만들어진 예수님의 모습에서 우리는 복음서 속의 생명력이 펄펄 넘치는 그분을 찾을 수 없습니다. 크리스마스 때마다 교회는 향락으로 물든 세상을 향해 '예수 없는 크리스마스'를 만들어 내고 있다고 손가락질합니다. 그러나 이제는 그 손가락을 우리에게 돌려야 할 때입니다. 문제는 산타클로스가 대체해 버린 예수님에게 있지 않습니다. '예수님이 사라져 버린 크리스마스'보다 몇 배나 더 위험한 것은 '예수님이 사라져 버린 교회'입니다. 화평케 하는 자에게 복이 있다고 하신 예수님, 오른뺨을 때리는 자에게 왼뺨도 돌려 대라고 하신 예수님, 원수를 사랑하라고 하신 예수님, 늘 세리와 창녀들과 동행하신 예수님, 칼을 가진 자는 다 칼로 망한다고 말씀하신 예수님, 우리 죄를 위해 십자가의 고통을 담당하신 예수님, 나에게 자유와 해방의 기쁨을 알려 주신 그분은 지금 어디에 계십니까? '예수 없는 십자가'가 전쟁터에 힘차게 휘날리고 있는 동안, 교회에는 '십자가 없는 예수님'만이 남게 되었습니다. 십자가는 군기에 달려 전쟁터로 나가 버렸기 때문에, 이제 교회는 마음 놓고 '십자가 없는 예수님', '영광의 예수님', '우리에게 물질의 축복만 내리시는 예수님'을 좇을 수 있게 된 것입니다.

십자가 없는 가짜 예수님이 교회를 지키는 동안, 우리 예수님은 다시 로마로 돌아가고 계십니다. 우리가 버리고 온 십자가를 다시 지기 위해 로마로 가시는 예수님께 우리는 무슨 말씀을 드릴 수 있겠습니까? "쿼바디스 도미네(주여, 어디로 가시나이까)?"

비주류 선교사 김선일의 죽음

'예수 없는 십자가, 십자가 없는 예수'의 분위기에서 자란 젊은 기독교인 중 일부는 이라크에 대한 미국의 형식적인 승전이 선언된 직후 세계 선교의 꿈을 품고 이라크로 향합니다. 이라크 전쟁 당시, 현장에서 목숨을 건 반전 평화 봉사 활동을 펼치며 이라크 민중의 고통에 동참했던 유은하 씨의 경우와는 많이 다른 이라크행이었습니다. 그리고 그들 중의 한 명이었던 김선일 씨는 저항 세력의 인질이 되어 참혹한 죽음을 당합니다.

그가 세상을 떠난 지 5년이 넘었지만, 실상 우리가 김선일 씨에 대해 알고 있는 것은 거의 없습니다. 그가 너무나 빨리 우리 모두의 기억 속에서 지워져 버렸기 때문입니다. 워낙 돌발적인 죽음이었기에, 그는 미리 자신의 삶과 죽음을 정리한 기록들을 남겨 놓지 못했습니다. 우리는 그저 그가 남긴 삶의 편린들을 통해 그의 인생을 짐작해 볼 수 있을 뿐입니다.

사건 당시 〈주간동아〉의 보도에 따르면 김선일 씨는 고등학교 3학년이던 1988년에 이미 "난 이슬람 사람들을 위해 일할 거야. 아랍 쪽에서 선교 활동을 했으면 한다. 그러다 순교하는 건 아닌지 모르겠다"는 기록을 남겼다고 합니다. 1970년 울산의 비기독교 가정에서 태어나 부산 용인고를 졸업한 후 성심외국어대학교, 부산신학교, 한세대 신학대학원, 외국어대학교 아랍어과를 거치는 그의 이력을 따라가다 보면, 처음부터 한국 교회의 핵심에 들어가기는 어려웠던 환경 속에서도 순수한 신앙심 하나만으로 선교사의 꿈을 이루려 했던 한 젊은이의 초상을 만나게 됩니다. 경성대 신학과의 전신인 부산신학교는 교파의 장벽을 초월하여 하나님의 말씀을 탐구하는 초교파적 신학교로서의 특성을 지니며, 1998년 경성대학교에 통합되었습니다. 이런 부류의 신학교를 택하는 학생들은 대개 어려운 형편 속에서 어떻게든 목회자의 길을 가겠다는 의지를 지닌 사람들입니다. 한세대는 순복음교회 조용기 목사가 중심이 되어 설립한 순복음신학교가 순복음신학대학, 순신대학교 등으로 여러 번 이름을 바꾼 끝에 1997년부터 사용하고 있는 이름이며, 조용기 목사의 아내인 김성혜 씨가 오랜 기간 총장을 맡고 있는 학교입니다. 김선일 씨는 그런 학교들에서 공부한 후 선교의 도구가 될 아랍어를 배우기 위해 외국어대학교로 진학했습니다. 네 군데 모두 닥치는 대로 일감을 찾아 학비를 마련하면서 어렵게 다닌 학교들이었습니다. 학교를 마친 후 그는 아랍어와 아랍 문화를 빨리 배우고 익힐 기회를 찾다가 가나무역의 구인광고를 보게 되지요.[9]

가나무역은 독실한 기독교 신자인 김천호 씨가 운영하는 회사였습니다. 김천호 씨도 김선일 씨 못지않게 불우한 유년기를 보낸 사람입니다. 1962년생인 김 사장은 부모가 이혼하고 집을 떠나 버려 졸지에 고아 아닌 고아가 되었고, 이후 종암극장 영화 간판 보조원, 출판사 직원 등으로 일하며 덕수중 야간부, 덕수상고 야간부, 한양대 등에 차례로 합격하지만 어떤 학교도 제대로 다닐 수 없었습니다. 먹고살아야 했기 때문입니다. 그런 그를 부른 것이 사우디아라비아에서 슈퍼마켓을 하고 있던 큰형 비호 씨였습니다. 사우디에서 천호 씨 형제는 미군 PX를 운영하는 복지지원단을 상대로 식료품과 티셔츠 등을 납품하여 상당한 돈을 벌었습니다. 종교의 자유가 인정되지 않던 사우디에서 이들 형제는 한국인 선교사가 운영하는 비밀교회를 통해 열렬한 기독교인이 되지요. 이라크 전쟁이 터졌을 때 김천호 씨가 설립한 것이 가나무역입니다. 갈릴리 가나의 혼인 잔치에서 예수님이 물로 포도주를 만들었다는 요한복음 2장의 기록에서 회사의 이름도 따왔습니다. 그가 한국의 여러 교회들의 주보를 통해 구인광고를 내자, 선교에 관심 있는 젊은이들이 몰려들어 경쟁률이 10대 1에 육박했습니다. 여기에 합격한 사람이 김선일 씨였습니다.[10]

　　김선일 씨의 삶을 수없이 되씹어 보는 가운데, 저를 가슴 아프게 한 것은 한국 교회의 변두리에 서 있던 김선일 씨가 마지막 순간까지 느껴야 했을 '외로움'이었습니다. 신앙심은 깊었으나 전쟁터를 겁 없이 찾아갈 만큼 의지가 강하지는 못했던 그였습니다. 그래서 "요르단 같은 곳이었으면 훨씬 나았을 텐데, 망설여지지만 이라크라도 가지 않으면 중동 쪽에서 공부할 기회가 없을 것 같다"는 메일도 남겼습니다 (2003년 6월). AP 통신사에 전달된 비디오테이프에서도 우리는 주변에서 흔히 볼 수 있는 착하고 소심한 젊은 기독교인의 모습을 발견할 수 있을 뿐입니다. 강철 같은 의지로 죽음을 각오하고 선교지로 향하는 선교사의 강단 있는 모습은 어디에서도 찾아보기 힘듭니다. 최소한 그는 '아직까지' 선교사로 목숨을 바칠 준비를 마친 상태가 아니었습니다. 망설임 속에서 이라크라도 가지 않으면 '기회'를 얻을 수 없으리라 초조해하는 그의 메일에서, 저는 변두리에 선 그의 외로운 모습을 발견합니다.

꿈이 있다고 해서 모두 선교사가 될 수 있는 것은 아닙니다. 이미 말씀드린 것처럼 사회에서의 학벌과 지위가 그대로 힘을 발휘하는 곳이 한국 교회입니다. 선교사가 되는 길도 예외일 수 없지요. 대학 시절 선교 단체에서 훈련받고, 이후에도 자주 선교 현장을 방문할 기회가 있었던 저는, 세계 여러 나라에 흩어진 우리 선교사들과 직간접적으로 오랜 인연을 맺어 왔습니다. 제가 만나는 선교사들 중 다수는 이른바 '명문'에 속하는 대학들을 나온 사람들입니다. 최고로 꼽히는 대학병원에서 교수로 일하다가 선교사의 길을 택한 부부도 있고, 치과의사·약사 등의 자격증을 가지고 선교 현장에서 봉사하는 사람들도 많습니다. 그런 선교사들을 설명할 때면 우리는 습관적으로 "어느 대학을 졸업하시고, 어느 병원에서 과장으로 일하시다가, 하나님의 부르심을 받아 이곳에 오셨다"는 소개를 곁들이지요. 목사들도 예외는 아닙니다. 신학대학원들을 마쳤다는 차이가 있을 뿐, 요즘 잘 나가는 목사들 중 상당수는 역시 이른바 '명문' 대학교에서 학부를 마친 사람들입니다. 미국 경험은 기본입니다. 그래서 안식년을 맞으면 미국에서 휴식을 취하거나 미국 신학대학교에서 학위 과정을 밟는 선교사들이 많습니다. 이런 좋은 배경을 가지고도 주저 없이 오지의 선교사가 된 이들을 저는 늘 존경해 왔고, 앞으로도 존경할 것입니다. 그러나 김선일 씨 사건 이전에 저는, 이런 좋은 배경이 없는 선교사 지망생들에 대해 별로 생각해 보지 못했습니다. 일찍이 선교사의 꿈을 품었지만, 예수 믿는 집안 출신도 아니고, 그를 지원해 줄 가족이나 교회가 따로 있는 것도 아니고, 공부를 특출 나게 잘해서 대단한 학벌을 갖춘 것도 아니며, 그럴듯한 사회적 지위도 확보하지 못하고, 그 흔한 미국 경험 한 번 해보지 못하여 영어 실력도 충분치 않은 34세의 미혼 청년으로서는 자기 꿈을 이룰 길을 찾기가 그리 쉽지 않았을 겁니다. 그런 그에게 찾아온 기회가 바로 가나무역의 손짓이었겠지요. 비록 위험한 땅이기는 했으나, "PX나 안전한 실내에서만 일하게 될 테니 걱정을 놓으라"는 사장의 말 때문에 그 길을 하나님이 열어 주셨다고 생각했을지도 모릅니다. 이라크에서 그가 한 일은 배달, 매점 안내원, 통역 등의 잡무였지만, 그는 틈틈이 성경 공부를 하고 간단한 설교를 하는 등 꿈을 이루기 위한 노력도 멈추지 않았습니다. 어쩌면 김선일 씨야말로 제가 앞서 말씀드린 진정한 의미의 텐트메이커가 되고자 최선을 다한 사람인지도 모릅니다.

그에게 찾아온 이라크 선교 혹은 선교 준비의 기회는, 교회에서 충분히 인정받을 수 있는 학벌과 사회적 지위를 지닌 사람들에게 주어지는 기회와는 여러 모로 차원이 달랐습니다. 좋은 배경을 가진 선교사 지망생이라면 포화가 쏟아지는 전선에 군납 업체 직원으로 뛰어들기보다는, 먼저 미국·영국 등지에서 영어와 현지어, 문화를 충분히 공부하는 길을 선택했을 겁니다. 김선일 씨에게는 그런 선택의 여지가 없었고, 심지어 요르단처럼 비교적 안전한 땅에서 공부할 기회조차 잡을 수 없었습니다. 선교의 꿈을 포기할 수 없던 그에게 가나무역 직원이 되는 것은 거의 마지막 남은 선택이었던 셈입니다. 그런 의미에서 김선일 씨는 '반공, 친미, 기복'의 보수 기독교에 별다른 의문을 갖지 않은 신실한 기독교인이면서도, 그 핵심에는 들어갈 수 없었던 외로운 주변인이었습니다. 그가 죽어 가는 동안 제대로 구조 노력도 하지 못했던 김천호 사장 역시 비슷하게 외로운 주변 사람이었지요.

김선일 씨는 자신에게 주어진 기회를 최대한 활용하기 위해 노력하다가 이라크 저항 세력의 인질이 되었습니다. 납치되기 직전 친구에게 보낸 편지에서 그는 "약자에 대한 마음도 어느 정도 체득하게 되었다. 소름끼치는 미군의 만행을 담은 사진도 가지고 갈 거다. 결코 나는 미국인 특히 부시와 럼스펠드, 미군의 만행을 잊지 못할 것 같다"라고 적었습니다. 선교의 대상으로만 생각했던 이라크 사람들이 강대국 미국의 횡포 아래서 어떤 고통을 겪고 있는지 알게 된 것입니다. '친미, 반공, 기복'이라는 한국 기독교의 사슬에서 막 벗어나려는 순간 그가 저항 세력에 납치되어 희생된 것은 안타까운 일이지요. 그가 어떤 깨달음을 얻었든 이슬람 저항 세력에게 그는 "기독교 신학을 전공하고 이슬람 세계에서 선교 활동을 할 후보자로서, 그가 다니는 회사는 수익의 10퍼센트를 선교에 쓰고 있는" 이교도에 불과했습니다. 인질로서 가진 인터뷰에서도 그는 시제에 맞는 영어 동사를 사용하기 위해 진땀을 흘려야 했고, 마지막 죽음의 순간에도 모국어를 사용할 수 없었습니다. 대제국의 외곽에 위치한 약소국 출신으로, 자신의 끊임없는 노력에도 불구하고 끝내 그 약소국 안에서조차 완전한 주류가 될 수 없었던 외로운 '선교사'의 장엄한 최후였습니다.

고등학교 졸업 이후 오직 이슬람권 선교의 꿈만을 안고 살았던 그가, 마지막 죽는 순간까지도 자신을 구하러 오지 않는 한국 기독교와 하나님을 생각하며 느꼈을 공포와 고독을 생각하면 저는 지금도 잠을 이룰 수 없습니다. 인간 김선일이 "나는 죽고 싶지 않다. 나는 살고 싶다" 절규하며 죽어 가는 동안 전지전능한 그분이 어디에서 무엇을 하고 계셨는지는 알 수 없지만, 저는 적어도 그동안 한국 기독교가 어디에서 무엇을 하고 있었는지는 알고 있습니다. 김 씨의 피랍 소식이 알려지자마자, 한국기독교총연합회는 김 씨의 무사 석방을 위해 힘을 모아 기도하자고 당부하면서도, "이번 일로 자이툰 부대의 파병을 미뤄서는 안 된다"는 입장을 밝혔습니다.[1] 놀랍도록 신속한 입장 표명이었지요. 무엇이 한기총으로 하여금, 자신들 보수 교회의 아들인 김선일 씨의 목숨이 경각에 달린 상황에서도, 파병을 미뤄서는 안 된다는 입장을 밝히도록 했는지…… 누가 물어보지도 않았는데, 왜 그렇게 서둘러 '파병 계속'을 주장해야 했는지…… 저는 이해할 수 없습니다.

저를 더욱 당황하게 한 것은 이 무고한 죽음 뒤에 시작된 순교자 논란이었습니다. 장례식 때는 그를 전쟁 희생자로 보아 국민장을 치를 것인지, 아니면 순교자로 보아 기독교장을 치를 것인지가 문제되었습니다. 한쪽에서는 '반전의 상징'으로 김선일 씨의 마지막 외침을 활용하려 했고, 다른 한쪽에서는 "일부 좌익 세력이 주도하는 국민장 방식으로 치렀으면 순교자 김선일 씨의 죽음이 이용되었을 것"이라며 나중까지도 의심의 눈초리를 거두지 않았습니다.

유족의 뜻에 따라 기독교장으로 장례가 이루어진 후에는, 과연 그가 순교자인지에 대한 기독교 내부의 논쟁이 시작되었습니다. 사실이 이상한 논쟁만큼 한국 기독교의 현주소를 잘 보여 주는 것도 없습니다. 한 젊은이의 죽음 앞에 같은 기독교인으로서 함께 울고, 함께 마음 아파하는 것만으로는 충분치 않아, 반드시 그 죽음의 '의미'까지 추적해 들어가야 직성이 풀리는 근본주의자들의 행태가 그대로 드러나고 있는 까닭입니다. 마지막 순간 김선일 씨가 "예수님을 믿으라"고 외치지 않고, 오히려 반미와 반전의 메시지를 던진 것에 분노한 보수 교회 지도자들은 그가 순교자로 추앙되는 것을 도저히 묵과할 수 없었던 것입니다. 일찍이 아들에게 교회를 넘겨 준 어느 원로 목사가 2004년 6월 27일 아들 목사의 설교가 끝난 후 거기에 덧붙인 발언을 들어 봅시다.

김선일이라고 하는 사람이 부산신학교를 졸업한 사람이랍니다. 제가 잘 아는 신학교입니다. 외국어대 아랍어과 졸업하고 그 나라에 장사하러 간 사람입니다. 목적은 뉴스를 보니 터키[이라크를 터키로 잘못 말한 것]에 있는 처녀와 결혼해서 앞으로 터키 선교를 목표 하고 갔다는 기사들이 나옵니다. 지금 그 한 사람의 죽음이 온 세계 매스컴을 떠들게 하고 열을 토하고 있습니다. 저는 이상하게 생각합니다. 김선일의 죽음이 어떻게 세계를 이렇게 시끄럽게 할 죽음이냐, 아닙니다. 돈벌이하러 간 사람이 그저 국제정치 태풍에 휘말려 희생당한 거예요. 할아버지(목사 자신을 지칭)가 하고자 하는 말은, 우리 교인들에게 하는, 이게 불신자들에게는 부끄러워서 하지 못하는 말입니다, 그분이 기독 신자가 되었다는 것이 부끄럽다 이겁니다. 신학교 졸업한 것이 부끄럽다 이겁니다, 신학교 가운 입고 졸업한 사진을 볼 때 부끄럽다 이겁니다, 세상 사람 앞에서.
그가 신앙이 있고 터키 선교를 목표했다 하면, (갑자기 깨달은 듯) 터키 아니고, 이라크, 이라크, 판이 그쯤 진행되면…… 살려 달라고 발버둥치면서 (손을 들고 목소리를 높여 김선일 씨 흉내를 내면서) "나는 살고 싶다. 노무현 대통령, 군대를 파병하지 마시오. 부시는 테러리스트다"라고 하면서 오늘 현대판 아말렉 무리 앞에서 그렇게 해서는 안 된다, 앞으로 장사하려는 사람들은 잘 들어, 앞으로도 잡힐지 모르니까, 신자가 가서 잡히면 그런 경우에 "예수 믿으라. 그리하면 너와 네 집이 구원을 얻으리라" 이래 하고 죽어야 된다 이거지요. 물론 그래 하면 방송에서는 그거 다 잘라 버리고 자기들 말만 방송을 합니다. 이래 잘리나 저래 잘리나 잘리는 것이 인생이니까, 막 가는 거니까. 사람이 막 갈 때, 기독 신자가 마지막을 맞이할 때, 하나님 만나기를 예비해야 됩니다. 이런 의미에서 김선일이, 그 사람이 한 말을 종합해 보면 '예수 믿으라'고 전도를 안 했다고 생각합니다. 그게 부끄럽다 이겁니다. 억울하게 죽었다, 목을 잘랐어요, 배를 갈라 폭탄을 집어넣었어요, 그래서 시체 치우러 미국 사람이 오면 폭탄 터져서 미국놈 죽으라 이겁니다, 그래서 죽었습니다. 그러니 그렇게 하는 사람들이 얼마나 악랄합니까. 완전히 마귀요, 완전히 사탄의 화신이지요. 그런데 뭐 '그럴 수 있느냐 (숨넘어가는 소리를 내며) 꺽꺽' 쓸데없는 동정을 하고 있어. 우리는 그 정도는 좀 넘어가서, 크리스천이 죽었다 이거지요, 그 한마디 안 하고 돌아가시고. 특히 이라크서 선교하려고 하는 사람이 선교나 하고 천당을 갔으면 되지, 앞으로 선교하려고 기다렸던가, 죽기 전에 한마디 하는 것이 선교지!

할아버지는 그런 시각에서 그분 기사가 나오면 백성들 앞에 부끄럽다 이겁니다. 앞으로 우리 교회 대학생 중에 아랍어 전공한 사람 있습니까, 뭐 장삿속으로 앞으로 또 미군 부대에 돈벌이하러 갈 사람 있습니까? 물론 살려고 기도해야 합니다. 그런데 사람이 대략 마지막이 다가오면 감각이 옵니다. 감각이 오면 "주여, 내 영혼을 받으소서. 나도 한마디 하고 가야 되겠습니다" 하고 예수나 전도하고 죽을 일이지. 신학교 졸업생이 쯧쯧……

김선일 씨의 죽음을 계속해서 희화화하는 그 목사의 발언과 그 발언에 웃음과 아멘으로 화답하는 교인들의 반응을 인터넷으로 목격하며 저는 마땅히 할 말을 찾지 못했습니다. 여기에 다 인용하지는 않았지만, 그는 이와 같은 발언에 앞서 먼저 촛불집회에 대한 강한 거부감부터 표시했습니다. 위와 같은 발언이 논란이 되자 다음 주일 예배를 이용한 해명 발언에서는 "촛불집회가 민주주의 표현 가운데 하나지만, 이런 민주주의 의사 표시를 공산주의, 공산당 운동 하는 사람들이 뒤에서 조종을 해가지고 선동을 해서 악용을 당하는 경우도 있다"는 문제제기를 하기도 했지요. "60년대와 70년대 초기에 우리 한국이 데모를 안 하고 정상적으로 이렇게 합법적으로 경제 행위를 해서 사장들에게 월급을 많이 받아 가는 방법을 취했다고 하면 지금 우리는 3만 불, 5만 불까지 올라갈 수 있는 시대이다"라는 말도 덧붙였습니다. 김선일 씨의 죽음이 순교일 수 없다는 그의 주장의 바탕에도 한국 교회 불변의 정치적 아비투스라 할 수 있는 '반공, 친미, 기복'이 자리 잡고 있었던 셈입니다.

'반공, 친미, 기복'의 기독교를 비판하면, 우리나라에서는 당장 '친북, 친공, 불신'의 기독교인으로 낙인 찍히게 됩니다. 참으로 편리한 이분법이 아닐 수 없습니다. 그러나 세상에는 친북 아니면 친미만 존재하는 것이 아닙니다. 성경은 어떤 국가나 이념에 대한 친소親疏 관계로 사람을 평가하지 않습니다. 성경이 우리에게 가르치는 것은 반공도 친미도 아닙니다. 무조건적으로 자기 복만 추구하는 것도 아닙니다. 예수님이 우리에게 가르치신 것은 "원수를 사랑하여 너희를 박해하는 사람들을 위하여 기도하라"(마 5:44)는 것이지, "원수를 미워하고 너희를 박해하는 사람들을 응징하라"는 것이 아닙니다. "악한 자를 대적하지 말라. 누구든지 네 오른편 뺨을 치거든 왼편도 돌려 대라"(마 5:39)는 것이지, "악한 자를 대적하여 누구든지 네 오른편 뺨을 치거든 상대방의 양편 뺨을 때려 복수하라"는 것이 아닙니다.

자기 손안에 쥔 것을 지키기 위해 발버둥치는 것은 이미 기독교라 할 수 없습니다. 자기 것을 지키기 위해 하나님이 아닌 외국 세력에 끊임없이 기대며 다른 사람들을 쳐부수기만 갈망하는 사람들의 모습에서 예수 그리스도의 흔적을 찾기란 어렵습니다. 예수님은 아무 죄도 없이 다른 사람의 죄를 대신하여 십자가를 지셨습니다. 모진 고문과 십자가 앞에서도 저항하지 않으셨습니다. 이런 이야기를 하면 누구나 쉽게 말할 겁니다. 너무 이상적인 것 아니냐고. 물론 우리는 인간이며 그의 가르침을 지키고 따르기에는 너무나 부족한 존재들입니다. 그러나 실천하기 힘들다고 해서 그의 가르침 자체를 포기한다면 더 이상 기독교인이라 할 수 없습니다.

저는 김선일 씨가 부끄럽지 않습니다. 신앙심이 너무 좋아 죽음을 한 번도 두려워 해본 적이 없는 그 목사님은 김선일 씨의 마지막 모습에서 선교사답지 않은 나약한 모습만을 발견했는지 모르지만, 저는 그의 힘없는 죽음에서 세상 죄를 지고 가는 하나님의 어린 양을 봅니다. 살려 달라고 외치는 그의 절규 속에서 "엘리 엘리 라마 사박다니(나의 하나님, 나의 하나님, 어찌하여 나를 버리시나이까)?"라는 그리스도의 외침도 듣습니다. 내가 살기 위해 남을 죽일 수도 있고, 한미동맹을 지키기 위해 남을 사지로 보낼 수도 있다고 믿는 그분들의 믿음 속에서는 좀처럼 찾아볼 수 없었던 어떤 것, 즉 '자기 자신을 남에게 내어 주는' 그리스도인의 모범을 저는 김선일 씨에게서 발견합니다. 우리들 누구도 이역만리 타국에서 땅과 하늘의 버림을 받고 절대 고독 속에 스러져 간 그의 죽음을 손가락질할 자격이 없습니다. 기독교인이든 아니든, 순교자든 아니든, 한 인간의 죽음 앞에서 '인간에 대한 최소한의 예의'를 기대하는 것이 아직 우리에게는 무리일까요.

기독교인들이 의지해야 하는 것은 미국도, 반공 이데올로기도 아닌, 하나님 한 분뿐입니다. 믿음 아닌 공포에 기초해, 하나님 아닌 미국을 의지하기 시작한 사람들, 그래서 김선일 씨의 죽음을 냉소하고, 다른 아들들을 사지로 내모는 데 주저하지 않는 사람들에게 주고 싶은 메시지는 간단합니다. "죄악에서 돌이켜 하나님께 돌아오십시오."

한국 교회의 보수와 진보

무례함, 공격성, 빠른 변신 못지않게 놀라운 점은, 교회 안의 보수-진보가 세상에서 말하는 보수-진보 스펙트럼과 언제나 정확하게 일치해 왔다는 사실입니다. 교회의 보수파들은 대부분 정치적으로도 우파이며 한나라당을 지지하는 분들입니다. 그래서 이명박 대통령은 보수 우파들의 희망일 뿐 아니라 보수 기독교의 미래이기도 합니다. 반대로 교회의 진보파들은 정치적으로도 좌파이며 민주당, 민주노동당, 진보신당을 지지하는 경우가 많습니다. 김대중 정권 출범 이후 '종로 5가' 쪽 지도자들이 일정한 정치적 지분을 가지고 이런저런 자리를 차지한 것도, 이명박 정부 출범 후 '고소영'이 득세한 것도 이런 '일치'의 결과로 볼 수 있지요. 정치적 색깔에서만 그런 것이 아닙니다. 세상의 세대

차와 똑같은 세대 간 갈등이 교회에도 존재합니다. 국가보안법에 대해서는 교회의 진보파도 세상과 똑같은 폐지 입장이었고, 사학법에 대해서는 교회의 보수파도 세상과 똑같은 반대 입장이었습니다. 심지어 전라도-경상도의 지역 갈등이 교회 안에도 그대로 살아 있어서 보수와 진보를 가르는 중요한 기준이 되기도 합니다. 강남 거주 교인들은 신앙과 삶의 기반도 강남을 벗어나지 못합니다. 그나마 교회의 보수-진보가 세상과 다른 점이 있다면, 필요한 국면마다 성경 말씀을 억지로 끌어다 붙인다는 정도일 것입니다.

노무현 정권 출범 이후, 교회의 보수 세력은 세상의 보수 세력과 손을 잡기 시작했습니다. 한때 '복음주의'라는 추상적 표현 속에 한 묶음으로 이해되었던 보수 교회 내의 청년세대와 기성세대도 서로에 대해 일정한 선을 긋게 되었습니다. 보수적인 정치권과 음양으로 손잡은 기성세대 지도자들은 30~40대의 청년 지도자들이 당연히 자신들의 뒤를 따라오리라 낙관했습니다. 그러나 80년대에 청년기를 보내면서 사회문제에 눈을 뜬 보수 교단 출신의 청장년 세대들은 보수 정당 일변도의 움직임에 도저히 동조할 수 없었습니다. 중도 통합을 내세웠지만 뉴라이트 계열로 평가받던 '기독교사회책임'이 2004년 출범을 준비할 때, 그 움직임에 동의하지 않은 비교적 젊은 세대들은 결국 그해 여름 '성서한국'이라는 이름으로 대규모 수련회를 개최함으로써 앞선 세대와 다른 길을 걷기 시작하지요. 재미있는 것은 '성서한국' 대회의 구호 역시 "사회적 책임에 대한 그리스도인의 대답"이었다는 사실입니다.

저도 당시 '성서한국' 대회에 참여했습니다만, 대회 기간 내내 '성서한국'이 말하는 사회적 책임은 서경석 목사님이 말하는 사회적 책임과 근본적으로 다른 것인가'라는 의문을 떨쳐 버릴 수 없었습니다. 같은 '사회적 책임'이지만 그 방법이 한나라당 식이냐, 민주당 또는 민주노동당 식이냐로 갈리는 것 아닌가 싶기도 합니다. 한국 교회의 보수와 진보는 현실주의적 시각으로 사회적 책임을 강조한다는 점에서 모두 라인홀드 니버의 제자들입니다. 한때 '사회참여' 자체를 공산당으로 몰던 교회의 어른들조차 한기총 등을 통해 사회참여에 열을 올림으로써 이런 경향은 날이 갈수록 심화되고 있지요. '교회의 교회됨'이 가장 급진적인 정치적 발언일 수 있다는 입장은 진보와 보수 어느 쪽에서도 찾아보기 힘들게 되었습니다.

'무엇을 위한 사회적 책임인가'에 있어서도 한국 교회의 보수와 진보는 크게 다르지 않습니다. 두 그룹 모두 '지금보다 더 나은 세상을 만들자'는 공통의 목표를 가지고 있습니다.[12] 그 방법이 보수와 진보로 갈라지고 있을 뿐입니다. 방법 면에서도 "예수님은 어떻게 하셨는가?"라는 본질적인 이야기보다는, 기독교가 이런 정치 지형 속에서 어떤 입장을 취하면 자기 공간을 확보할 수 있을까 하는 지극히 정치공학적인 담론만이 판을 칩니다.

또한 한국 교회의 보수와 진보는 '애국'이라는 가치에 충실히 봉사하고 있다는 공통점이 있습니다. '하나님 나라 시민'의 지위와 세상 나라인 '대한민국 시민의 지위'가 서로 충돌할 때 어떤 가치가 우선해야 하는가 따위는 논의되는 일조차 거의 없습니다. '건전한 기독교인'은 곧 '건전한 미국 시민'이라는 미국 기독교식의 세계관이 뿌리 깊게 자리잡은 까닭입니다. 그래서일까요. 신앙 양심에 기초한 병역 거부에 대해 '애국'의 이름으로 가장 강력한 반대 논리를 펴는 것도 대부분 기독교인입니다. 이 점에서는 보수 교단 출신으로는 드물게 독재정권에 맞서 싸운 경험이 있는 몇몇 원로들도 크게 다르지 않습니다. 가톨릭 신자였던 안중근 의사나 개신교도였던 전명운 의사 등이 애국적 동기에서 사람을 쏘아 죽인 행위는 보수와 진보 양쪽에서 모두 자랑스러운 행위로 칭송받습니다. 3·1운동은 보수나 진보를 가릴 것 없이 기독교 사회참여의 중요한 모델로 거론됩니다. 일제강점기 "신사참배는 우상숭배가 아니다"라며 남산의 신사에 올라가 고개를 숙였던 보수 교단에서도 그 부끄러운 역사는 슬쩍 감춘 채, 당시 신사참배에 거부한 소수 기독교인들의 후예임을 자처합니다. 그 점에서 한국 교회는 보수든 진보든 '조상 바꿔치기'의 공범입니다.

그러나 신사참배를 거부하다 순교한 분들을 그렇게 자랑스럽게 생각하는 보수와 진보 교회 어느 쪽에서도 '국기에 대한 경례' 또는 '국기에 대한 맹세'에 대해서는 일말의 의심도 품지 않습니다. 1970년대 국기에 대한 경례를 거부하다 퇴학당한 고신파 학생들의 이야기는 그저 경상도의 몇몇 교회에서 쉬쉬하며 회자될 뿐입니다. 신사참배는 우상숭배지만, 국기에 대한 경례는 단지 국가에 대한 충성심의 표현일 뿐이라는 논리가 아무런 의심 없이 받아들여지고 있는 것입니다. 신사참배를 결의했던 신앙 선배들도 똑같은 논리로 남산에 가서 신사참배를 했다는 사실은 이제 누구도 기억하지 않습니다. 결국 신사는 '일본'의 신사이기 때문에 우상이고, 태극기는 '우리나라' 국기이므로 우상이 아니라는 것입니다. 이런 분위기에서 "위로 하늘에 있는 것이나 아래로 땅에 있는 것이나 땅 아래 물 속에 있는 것의 어떤 형상도 만들지 말며 그것들에게 절하지 말며 그것들을 섬기지 말라"(출 20:4-5)는 성경의 가르침에 대한 토론은 기대하기 힘듭니다. 보수와 진보를 관통하는 민족주의와 애국주의의 전통은 누구도 도전하기 힘든 한국 교회의 굳건한 뿌리인 것입니다.

애국주의의 바탕에는 국가에 대한 깊은 신뢰와 의존이 자리 잡고 있습니다. 초대교회가 로마제국으로부터 지속적인 박해를 받고 있던 시절, 누가 자신들을 지배하는가는 기독교인들에게 그리 중요한 문제가 아니었습니다. 로마제국이 아닌 다른 누가 지배한다 한들 형편이 더 나빠질 일도 없었기 때문입니다. 이 모든 것을 바꿔 놓은 것이 콘스탄티누스 대제의 기독교 공인이었습니다.[13] 콘스탄티누스의 승리는 기독교인들에게 평화와 안전을 가져다주었지만 그것은 근본적으로 '그리스도의 평화'가 아니라 무력에 의한 '로마의 평화'였지요. '로마의 평화'를 누리기 시작하면서 국가 방위와 통치라는 새로운 '사회적 책임'이 기독교인들의 어깨 위에 놓이게 되었습니다. 단순히 통치자를 위해 기도하는 수준을 넘어 통치자와 권력을 공유하며 '더 나은 세상' 혹은 '더 높은 지위'를 향한 권력투쟁의 한복판에 진입하게 된 것입니다. 사랑과 정의, 평화를 가르치고 실천하는 공동체의 '존재 그 자체'를 통해 세상을 변화시키는 초기 기독교의 시대는 막을 내리고, 이제는 목숨을 건 개인적 신앙고백 없이도 태어나면 저절로 기독교인이 되는 '기독교 시대Christendom'가 문을 열게 되었습니다. 기독교인이 아닌 것이 오히려 이상하게 취급받고 때로 박해를 받기도 하는 이 새로운 시대는 기독교인들에게 오히려 최대의 위기가 되었습니다. 자기 나라의 시민권은 탄생과 함께 자동적으로 얻을 수 있지만, 원래 하나님 나라의 시민권은 그렇게 얻을 수 있는 것이 아니기 때문입니다.

해방 이후 수립된 정부의 첫 지도자들 상당수가 미국의 영향을 받은 기독교인들이었기 때문에, 우리 기독교도 미국 기독교와 거의 동일하게 '사회적 책임'을 당연한 사명으로 받아들였습니다. 그 '사회적 책임'은 언제나 공직 진출 등을 통한 적극적인 참여의 모델을 따른 것이었습니다. 사랑과 정의, 평화를 실천하는 '교회의 교회됨', 그리스도의 가르침을 그대로 따르는 '거룩한(구별된) 공동체의 존재'를 통해 사회에 충격을 던지는 방법이 가장 '정치적'일 수 있다는 생각은 보수 쪽에서도 진보 쪽에서도 별로 힘을 얻지 못했습니다. 건국과 함께 벌어진 동족상잔의 참극 속에서도 교회는 평화와 사랑을 지키는 독자적인 입장을 갖지 못했습니다. 그저 남들과 똑같이, 나라를 지키기 위해 사람을 죽이고, 내가 살아남기 위해 남에게 폭력을 행사하는 방법으로 육체적 생존을 추구했을 뿐입니다. 그 기나긴 터널을 지나오는 동안, 서구 기독교 전통 속에 살아 있는 그 흔한 양심적 병역 거부자 한 명 제대로 나오지 못했습니다. 존 스토트, 대천덕 등 한국 교회에서 존경받는 서양 출신의 많은 기독교 지도자들이 양심에 따른 병역 거부자였다는 사실은 아예 언급도 되지 않습니다. 독재정권과는 싸워도, '신성한 병역의 의무'와의 싸움은 상상조차 할 수 없었던 것입니다. 'conscientious objection'이라는 영어 표현의 번역에 불과한 '양심적 병역 거부'를 놓고 "그게 어떻게 양심적 병역 거부냐, 비양심적 병역 거부지"라고 반문하는 교회 지도자가 있을 정도이니 더 말해 무엇하겠습니까.[14]

가난한 사람들에게 관심을 쏟는 진보적 인사들도 국가의 역할에 강력한 신뢰를 보낸다는 점에서는 보수 기독교인들과 별로 다를 것이 없습니다. 빈곤은 여전히 국가의 책임이며, 교회는 그저 국가에 예산 확

충만 요구하면 된다는 식의 진보는 적어도 교회 내에서는 진보일 수 없습니다. 빈곤은 국가의 책임이기에 앞서 교회의 책임입니다. 교회가 마땅히 해야 할 일을 모두 국가에 맡기며 불변의 전폭적 신뢰를 보내는 것은, 국가를 전지전능한 하나님의 위치에 올려놓는 일종의 우상숭배입니다.

보수와 진보가 모두 국가에 변함없는 신뢰를 보내는 분위기 때문에, H. 리처드 니버의 《그리스도와 문화》에서 첫 번째로 얻어맞고 잊혀져 간 메노나이트, 아미시 등 평화주의 종파들의 입장은 우리나라에서 한 번도 제대로 논의되지 못했습니다. 기독교는 평화와 정의를 위해 헌신한 교회다운 교회의 존재를 통해 정치적으로 발언한다는 이들의 입장은 언제나 '분리주의'의 낙인을 받아야 했습니다.[15] 그러다 보니, 보수든 진보든 정치적으로 발언하는 방법은 오직 세상과 똑같은 정치 참여만이 남게 되었고, 정치적 담론의 장에서 교회 공동체가 그 '존재 자체'로 발언할 일은 전혀 없게 되었습니다. 세상과 교회가 다를 게 없으니 교회의 '존재 자체'가 별 의미를 지니지 못했던 것도 사실입니다.

예수님이 심어 놓고 가신 하나님 나라의 씨앗은 교회였습니다. 예수님도 초대교회도 "보다 나은 세상을 만들자"는 구호를 외친 적이 한 번도 없습니다. 초대교회는 '세상과 구별된 공동체', '세상에 대한 대안으로서의 교회' 그 자체로 언제나 정치적일 수 있었습니다. 특별히 더 나은 세상을 만들자고 외친 일도 없고, 더 나은 세상을 만들기 위해 더 높은 자리로 올라가야 한다고 외칠 일도 없었습니다. 더 나은 세상을 만들기 위해 더 높은 자리로 올라가야 한다고 가르치지 않았으므로, 자기 욕심과 하나님의 뜻이 뒤죽박죽될 일도 없었습니다. 그러나 오늘의 교회는 '세상 속의 교회'가 되라는 사명을 저버리고 '끝없는 상향성 추구'라는 세상 논리에 매몰되어, 이제는 완전히 '교회 속의 세상'이 되고 말았습니다.

예수님은 우리에게 "있는 것을 다 팔아 가난한 사람들에게 나눠 주고 와서 나를 따르라"(마 19:21 참조)고 말씀하셨습니다. 로마제국을 향해 "가난한 사람들을 위한 정책을 마련하라"고 요구하신 적이 없습니다. 로마제국을 향해 그런 요구를 하라고 교회에 가르치신 적도 없습니다. "내 가르침에 바탕을 둔 정당을 만들어 복지와 통일에 우선권을 두어라"고 말씀하신 적도 없습니다. 예수님이 만들려고 했던 것은 복지국가가 아니라 '교회'였기 때문입니다. 그런데 우리는 어떻습니까. 국가가 모든 문제를 해결하게 되었기 때문에, 반대로 국가가 우리에게 무엇이든 요구할 수 있게 되었습니다. 전쟁이 나면 살인을 하라고 요구하고, 아침 애국 조회 때면 국기에 대한 경례와 맹세를 하라고 요구합니다. 그 명령 앞에 아무런 문제를 느끼지 않는다는 점에서 한국 교회의 보수와 진보는 근본적인 차이가 없습니다.

일제강점기 때만 해도 한국 교회에는 진정한 의미의 보수 세력이 있었습니다. 신사참배를 강요하는 제국을 향해 목숨을 걸고 저항했습니다. 데모 한 번 한 적 없지만, 모든 것을 내어 던지는 저항을 했습니다. 학교에서 신사참배를 해야 하는 상황이 되면 조용히 학교 문을 닫았습니다. '학교의 죽음'이라는, 조용하지만 가장 극한적인 저항 방법을 택한 것입니다. 그것을 위해 기독교 학교들이 정치 세력화하지도 않았습니다. 본인들에게는 그저 신앙고백에 불과하지만 제국의 입장에서 보면 반역죄에 해당하는 방법을 통해 다른 누구보다도 강력한 '정치'를 보여 준 것입니다. 제국은 곧 쓰러졌고 기독교 학교들은 부활했습니다. 이와 비교해 볼 때 노무현 정부 시절을 뜨겁게 달구던 사학법 투쟁은 어떻습니까? 그 법이 정말 기독교 교육의 뿌리를 흔드는 것이라고 생각했다면(저는 그렇게 생각하지 않았습니다만), 여러 말 하지 말고 조용히 학교 문을 닫았어야 합니다. 그게 선배 신앙인들이 취했던 방법입니다. 로마서 13장을 금과옥조로 삼던 분들이라면 데모로 문제를 해결하려 하지 말았어야 했습니다. 잘못된 성경 해석을 했더라도 최소한의 일관성은 지켜야 했다는 말씀입니다.

애국적이고, 국가에 전폭적인 신뢰를 보내며, 세상의 정치를 통해 정치적 발언을 하려 하고, '사회적 책임'을 강조한다는 점에서 보수든 진보든 우리는 모두 콘스탄티누스 이후의 국가-교회 모델을 이상으로 삼고 있습니다. '기독교 국가'를 만들자는 목표가 공공연히 이야기되기도 합니다. 각자가 머릿속에 그리고 있는 모양은 조금씩 달라도 자유민주주의 체제를 하나님 나라의 이상으로 받아들이고 이에 도전하는 세력(예컨대 공산주의)과 싸우는 것이 기독교인의 의무라고 생각하는 데도 큰 차이가 없습니다. "교회 내에 민주주의는 없다"며 일인 독재 체제를 구축한 교회 지도자일수록, 시청 앞 집회에 가서는 민주주의 수호를 외치며 김정일 공산도당과의 싸움에 앞장서는 것도 아이러니입니다.

이런 애국주의의 열풍 속에서, 진보든 보수든 우리 기독교인들은 교회-국가의 관계에 대해 충분한 고민을 해보지 못했습니다. 그러나 우리가 이상으로 삼는 자유민주주의조차도 인간 세상에서 가장 덜 나쁜 체제일 뿐, 자유민주주의 체제가 곧 하나님의 나라인 것은 아닙니다. 이 나라가, 혹은 미국이 하나님의 나라가 아니라면, 우리가 가진 두 시민권 사이에 충돌이 없는 것이 오히려 이상한 일입니다. 한번 생각해 보십시오. 초대교회 성도들과 우리의 삶은 전혀 다릅니다. 그들은 언제 잡혀 갈지 모르는 공포와 불안 속에서도 '그리스도의 평화'를 누리며 살았습니다. 권력도 돈도 없었기 때문에 자기 것을 지키기 위해 목숨을 걸 일도 없었습니다. 가난과 박해 속에서도 그들은 언제나 자유를 누렸습니다. 그리스도 안의 참된 자유였습니다. 우리는 어떻습니까? 우리가 부딪히는 가장 큰 고통은 아마도 '암' 같은 질병일 것입니다. 그 밖에는 가난과 진학 실패, 사업 실패가 있을 수 있겠지요. 하지만 국가와 우리 사이에는 아무런 긴장도 존재하지 않습니다. 자유민주주의 체제이므로 당연한 것 아니겠냐고 하시겠지요. 그러나 가슴에 손을 얹고 한번 생각해 봅시다. 초대교회와 우리 사이의 차이는 어디에서 비롯된 것입니까? 예수님 시대의 로마제국과 지금의 미국 제국은 정말 다릅니까? 교회는 초기 기독교 시절과 똑같은 순수성을 유지하고 있는데, 제국이 알아서 변화하여 하나님의 나라를 만들어 주었습니까? 미국이 일으킨 이라크 전쟁과 로마제국의 유럽 정벌은 근본적인 차이가 있습니까? 우리 교회가 누리는 이 평안은 어디에서 온 것입니까? 제국이 변했기 때문입니까, 우리 교회가 변했기 때문입니까? 교회가 사랑과 평화로 세상을 이긴 것입니까, 세상의 논리가 교회 안에 들어와 교회를 부패케 한 것입니까?

저는 이 땅에 진짜 보수가 많아졌으면 좋겠습니다. 진짜 보수는 국가 권력의 절대화에 반대할 수 있는 사람들이어야 합니다. 신사참배에 반대한 선배 신앙인들을 따라 애국주의의 덫을 벗어 버린 사람들이어야 합니다. 국기에 대한 경례나 맹세, 양심에 따른 병역 거부에 대해 성경의 가르침에 비추어 한번쯤은 다시 생각해 볼 수 있는 사람들이어야 합니다. 구약성경의 이스라엘을 '교회의 예표'로 보지 않고 '대한민국의 모델'로 삼는 이상한 성경 해석도 그만해야 합니다. 그리고 성경에 섹스보다 훨씬 자주 언급되고 있는 빈곤, 평화, 환경의 문제를 더 이상 외면하지 말아야 합니다. 부자들을 위한 복음을 날조하는 '강남' 기독교의 틀을 벗어 버릴 수 있어야 합니다. 이사야 32장이 말하는 바와 같이 국가 '안보security'는 공의의 열매이며, 공의는 가난한 자를 돌봄에서 시작되는 것입니다. 자기 것을 지키기 위해서는 '힘'을 길러야 한다거나, 힘 있는 나라에 의존해야 한다는 생각은 성경에서 나온 것이 아닙니다. 성경에서 말하는 안보는 자기 자신을 남에게 내어 주고 내부의 빈곤을 퇴치함으로써 얻어지는 것입니다.

저는 이 땅에 진짜 진보도 많아졌으면 합니다. 진짜 진보는 가난한 사람들에 대한 예수님의 관심을 이어받아 그 가르침을 실천하는 사람들이어야 합니다. 굳이 국가권력을 빌리지 않고도 교회의 힘으로 일단 뭔가를 시작할 수 있는 사람들이어야 합니다. 국가를 향해 뭔가를 하라고 외치기 전에 먼저 자기 것을 내어놓는 사람들이어야 합니다. 가난한 사람들을 위한 복음을 외치면서 정작 가난한 사람들을 위해 무슨 일을 하고 있느냐는 비판에 겸허하게 귀를 기울여야 합니다.

보수든 진보든 교회는 세상 논리에 매몰되어서는 안 됩니다. 최근의 보수 기독교 지도자들의 가르침을 듣다 보면 마치 예수님이 미국 공화당 당원이거나 우리나라 한나라당 당원이었던 것처럼 느껴질 때가 많습니다. 모든 사회적 쟁점에 대한 입장이 공화당이나 한나라당과 똑같습니다. 자기주장을 펼치는 방법도 마찬가지입니다. 그런 교회의 교인들은 목사님과 똑같은 시각으로 세상을 바라봅니다. '나이 지긋한 강남 거주의 성공한 기독교인'은 같은 배경을 지닌 비기독교인과 동일한 정치적 입장에 있습니다. 진보 쪽 교회들도 크게 다르지 않습니다. 그러나 예수님은 한나라당 당원도 민주당 당원도 아닙니다. 민주노동당 당원도, 진보신당 당원도 아닙니다.[16] 물론 기독교인은 개인 자격으로 정치에 참여할 수 있습니다. 정부를 비판하고 시위에 나설 수도 있습니다. 그러나 교회의 이름으로 당파적 이해의 어느 한쪽을 전적으로 대변하는 것은 옳지 않습니다.

우리는 전혀 다른 입장에서 그 존재 자체로 세상을 향한 대안이 될 수 있는 정치적인 공동체여야 합니다. 초월성과 영원성의 입장에서 세상의 시스템 자체를 비판하고, 정의와 평화 그리고 사랑의 공동체를 통해 세상을 향한 새로운 대안을 제시할 수 있어야 합니다. 세상이 살인적인 경쟁 시스템 속에서 '적자생존'의 논리를 진리로 믿고 있을 때, 우리는 가난한 사람이 하나님 나라의 주인이 되고, 슬퍼하는 사람이 위로를 받고, 온유한 사람이 땅을 차지하고, 의에 주리고 목마른 사람이 만족을 얻고, 자비를 베푸는 사람이 자비를 입고, 화평케 하는 사람이 하나님의 아들이라 불리며, 옳은 일을 하다가 박해를 받는 사람이 하나님 나라의 주인이 되는 새로운 관점에서 세상의 체제를 비판할 수 있어야 합니다. 자기 것을 더 늘리고 지키기 위해 싸우는 정치가 아니라, 자신을 내어 주고 희생함으로써 세상에 충격을 던지는 정치여야 하는 것입니다.

좀 엉뚱하게 들릴지 모르지만, 이런 교회 공동체가 되기 위한 출발점은 무엇보다 성경 읽기에서 시작되어야 합니다. 한국 교회가 '복음과 하나님'을 이해하는 데는 탁월하지만, '상황과 인간'에 대한 관심이 너무 약하다고 평가하시는 분들이 많습니다. 그래서 비교적 진보적인 교회 지도자들은 성경과 함께 제발 신문도 읽으라고 권유합니다. 그러나 저는 그렇게 생각하지 않습니다. 한국 교회의 문제는 성경을 너무 모르는 데 있습니다. '미국 시민이자 공화당원인 이상한 예수님'을 믿고 가르치는 교회 지도자들의 일방적인 메시지를 앵무새처럼 반복하는 교인들은 많아도, 자기 눈으로 성경을 읽고 받아들이는 사람들이 너무 적습니다. 보수 교회는 날이 갈수록 성경의 '빨간색 부분'에 관해 설교하지 않습니다. 빨간색이라면 무조건 거부감을 느껴서 그런지도 모르겠습니다. 문제는 그 빨간색 부분이 예수님의 말씀이라는 데 있습니다(물론 모든 성경책이 그렇지는 않습니다). 성경책 속에서 빨간 부분을 멀리하게 되면 더 이상 기독교가 아닙니다. 성경을 문자 그대로 받아들인다는 보수 기독교인들이 1세기 유대 상황 속에서 상상을 초월할 정도로 급진적이었던 예수님의 말씀을 듣고도 전혀 '급진성'을 띠지 않는 것은 도저히 이해할 수 없는 일입니다. 예수님이 어떤 콘텍스트 속에서 어떤 말씀을 하셨는지 한 번만 눈과 마음을 열고 바라본다면, 보수든 진보든 많은 사람들이 잠에서 깨어날 수 있습니다.

성경을 제대로 읽지 않는다는 점에서는 진보적 기독교인들도 별로 다를 것이 없습니다. 보수 기독교인들이 성경의 읽고 싶은 부분만 읽는다면, 진보 기독교인들은 아예 성경 자체를 읽지 않는 것 같습니다. 목사님들의 설교만 받아 먹는다는 점에서는 진보 쪽 사람들도 별로 나을 것이 없습니다. 진보 기독교 지도자들은 '빨간색 부분'을 자주 설교하는 만큼 그 빨간 가르침을 제대로 실천하고 있는지 반성해야 합니다. 진보든 보수든 교회의 회복은 신문이 아니라 성경에서 시작되어야 합니다. 국가를 향해 매일같이 무엇을 해달라고 요구하는 진보 교회가 아니라, 국가가 따라올 새로운 모델을 제시하는 진보 교회가 되어야 합니다.

예수님이 이 땅에 세우신 거룩한 공동체는 세상과 달라야 합니다. '교회의 교회됨'이 세상에 대한 정치적 발언의 출발점이 되어야 합니다. 교회를 떠난 보수와 진보, 세상과 똑같은 보수와 진보의 존재가 하나님 나라와 무슨 상관이 있습니까?

4장 콘스탄티누스

세상을
교회 속으로
끌고 들어온
사람

십자가를 예배당 중앙에 걸어 놓거나 목에 걸기 시작하면서 예수님의 죽음이 갖는 그 절절한 고통은 그저 아이콘이 되고 말았습니다. 교회를 왜곡시킨 '십자가 없는 예수'만큼이나 전쟁터로 달려 나간 '예수 없는 십자가'도 우리에게 위험하기는 마찬가지입니다. 형식이 본질을 압도하는 왜곡을 가져오기 때문입니다. 콘스탄티누스의 십자가는 바로 이런 왜곡의 출발점이 되었습니다.

일그러진 교회의 뿌리

　명문가에서 자라나 젊은 시절 방탕한 생활에 잠시 빠져들었지만, 결국 '거듭난' 그리스도인으로 돌아온 한 사나이가 8년 동안 세계 최강대국의 지도자로서 이른바 '테러와의 전쟁'을 벌였습니다. 그는 수시로 다른 나라의 지도자들을 테러리스트 또는 폭군으로 지칭하고, '십자군'을 언급하며 상대방에 대한 무력 사용 가능성을 내비쳤습니다.[1] 그의 폭력은 언제나 정당한 것이고 하나님의 지지를 받는 것이었습니다. 반대로 상대방의 폭력은 언제나 불법이며 그걸 지원하는 국가는 모두 불법 정권의 범주에 포함되었지요. 조지 W. 부시가 정말 위험한 사람이었던 이유는 그가 자신과 자기 제국의 이익만 추구하는 소인배라는 데 있지 않았습니다. 문제는 오히려 그가 나름대로 자신이 믿는 대의에 충실한 사람이었다는 데 있습니다. 그는 하나님이 자신을 도구로 삼아 세계에 평화를 이루려고 하신다는 믿음을 가졌습니다. 눈앞의 이익만 좇는 사람이라면, 대중의 여론이 불리하게 돌아갈 때 언제든지 적절한 수준에서 타협할 여지를 보입니다. 남의 이야기에 귀를 기울임으로 자신의 오류를 수정할 기회도 갖습니다. 그러나 믿음을 기초로 평화의 수호자가 되겠다고 전쟁을 벌이는 사람을 막을 방법은 없습니다. 로마의 평화*Pax Romana*가 로마인들에게 안정된 삶을 보장하는 복된 소식이었지만 로마의 지배를 받는 모든 피압박 민족에게는 끝없는 전쟁과 폭력, 착취를 의미했듯이, '십자군'을 자처하는 조지 W. 부시의 평화도 결국 그 한계를 벗어나지 못했습니다.

기독교 전통이 탐욕과 이기심으로 얼룩진 상향성의 모습으로 변하게 된 뿌리는, 가장 자랑스러운 기독교인 중 한 명으로 기억되는 콘스탄티누스 대제의 기독교 공인까지 거슬러 올라갑니다. 교회가 평화주의 전통을 포기하고 하나님의 이름으로 전쟁을 정당화하기 시작한 것도 비슷한 시기의 일입니다. 콘스탄티누스의 시대를 제대로 알기 전에는 초기 기독교와 오늘의 기독교 사이의 근본적인 차이점들을 이해할 수 없습니다.

물론 기독교가 이렇게 일그러지게 된 출발점을 콘스탄티누스 대제로 잡는 것은 기독교 내에서도 주류의 입장이 아닙니다. 종교개혁 전통에서는 교회가 타락하게 된 역사적 뿌리를 아무리 빨리 잡아야 라틴교회의 마지막 교부이자 첫 번째 중세 교황이었던 그레고리우스 1세 Gregory I(재위 590~604) 시기로 잡습니다. 마르틴 루터는 최소한 그 시기 이전까지는 로마교회가 그리스정교회 위에 있지 않았다고 보았고, 따라서 로마의 절대적 우위는 성경에 기초한 당위가 아니라 시대의 변화에 따른 현실적 적응에 불과하다고 주장했습니다.[2] 대부분의 개신교인들의 머릿속에 있는 가톨릭교회 타락의 시발점은 그보다도 훨씬 후대인 그레고리우스 7세Gregory VII(재위 1073~1085)나 인노켄티우스 3세Innocent III(재위 1198~1216) 교황의 시대입니다. 철저하게 로마 중심의 기독교가 자리 잡고, 교회 조직 전체가 중앙집권화, 정치화된 시대였지요. 그러나 콘스탄티누스 대제 시대에 일어난 기독교의 코페르니쿠스적 전환에 비하면, 중세의 순차적인 교황권 확립과 세속화는 새 발의 피 수준에 지나지 않습니다.

이번 장을 통해 콘스탄티누스 대제는 누구였으며, 그를 통해 기독교의 입장이 어떻게 바뀌게 되었는지 함께 생각해 보도록 하겠습니다. '세상 속의 교회'가 아니라 '교회 속의 세상'으로 변해 버린 아이러니를 설명하는 데, 콘스탄티누스 시대의 딜레마는 좋은 거울이 될 수 있을 것입니다.

콘스탄티누스, 이상적 그리스도인?

한국의 기독교인들은 설교 시간에 콘스탄티누스 이야기를 참 많이 듣습니다. 그의 생애와 그가 주도한 시대는 그만큼 기독교인들에게 영광스러운 기억입니다. 미국을 이상적인 국가로 소개하고 절대적인 신뢰를 보내던 그 목사님의 "보혈의 큰 은총"이라는 설교부터 한번 들어보겠습니다.

피는 바로 능력을 말합니다. 힘을 말합니다. 피는 승리입니다. 우리가 잘 아는 유명한 콘스탄티누스란 분이 있습니다. 디오클레티아누스라고 하는 황제가 죽고 로마가 혼란에 빠졌을 때 황제의 뒤를 잇기 위해서 콘스탄티누스와 막센티우스 두 사람이 치열한 전쟁을 치릅니다. 내일이면 대판 전쟁이 일어나는데, 싸움하기 전날 콘스탄티누스에게 하늘에 십자가가 나타나면서 라틴어로 "너는 이 십자가로 이겨라"라고 적혀 있었어요. 막센티우스와 싸워서 313년 대로마를 세우고 기독교를 콘스탄티누스가 공인을 하면서 유럽 천지가 십자가의 국가가 되는 거예요. 이 콘스탄티누스 때문에 이루어지고 지금도 유럽 가면 십자가로 국기를 만든 나라가 수십 개 국인 것을 여러분이 알 수 있어요. 십자가가 그 나라를 다 복되게 한 거예요. 십자가의 은혜가 그 나라를 승리하게 하고 그 경제를, 그 정치를, 그 민족을 오늘 세계적으로 만든 것은 십자가 피의 능력이지 그 민족이 동양 사람보다 뛰어난 것은 아닙니다. 4대 문명 발상지하고도 유럽은 거리가 멉니다. 그런데도 최고의 문명국가가 된 것은 십자가의 문명, 십자가의 지식, 십자가의 능력 때문인 것입니다.

이런 식으로까지 콘스탄티누스를 과도하게 영웅화, 신격화하지 않는다 하더라도, 대부분의 목사님들은 콘스탄티누스의 기독교 공인을 '사회변혁'의 성공적 사례로 자주 언급합니다. 저 역시 이런 '콘스탄티누스 신화'를 먹고 자란 세대입니다. 신화의 내용은 이렇게 요약될 수 있습니다.

"콘스탄티누스 대제가 기독교를 공인할 때 로마제국 전체의 기독교인 수가 얼마였는지 아느냐? 5퍼센트도 안 되었다. 그런데도 청렴과 순결, 정직으로 그들은 로마를 정복했다. 우리 기독교인들도 숫자로는 얼마 되지 않지만, 세상을 변화시킬 수 있다. 와~ 나가자."

　대충 이런 논리였습니다. 그나마 의식 있다는 목사님들도 다르지 않았습니다. 목사님에 따라 당시 기독교인의 비율은 3퍼센트가 되기도 하고, 2퍼센트가 되기도 했습니다. 역사가들은 대체로 당시 기독교인들은 전체 인구의 10퍼센트 정도 되었고, 귀족이나 군인들 중에는 거의 없었던 것으로 기록합니다.[3]

　콘스탄티누스의 기독교 공인에 대해 이 정도의 지식밖에 없던 한국 기독교인들에게 갑자기 태풍이 밀어닥친 것은 최근의 일입니다. 그 태풍은 엉뚱한 곳에서 불어왔습니다. 2003년 미국에서 출간되어 무려 50주 동안 아마존과 뉴욕타임스의 베스트셀러 자리를 지켰고, 우리나라에서도 340만 부를 판매했다는 댄 브라운의 소설 《다빈치 코드》가 그 진원지였습니다. 막달라 마리아와 그 후손들이 진정한 '성배'였다고 주장하는 이 책은 기독교인들에게 생소한 기독교 이야기를 엄청나게 많이 풀어놓습니다. 약간의 역사적 사실에 다양한 음모론을 가미하고, 전체를 잘 비틀어 놓았기 때문에 《다빈치 코드》는 팩션으로서 누가 보아도 일급이라고 할 만합니다. 그러나 기독교 역사에 조금이라도 관심이 있는 사람의 눈으로 보면 이 책은 지난 30년간 미국과 영국에 유행하던 비주류 논픽션들을 총망라한 것에 지나지 않습니다. 그런데도 교회에서 역사 훈련을 전혀 받지 못한 기독교인들은 이 소설에서 사실과 허구를 제대로 구별해 내지 못한 채, 깊은 혼란에 빠지거나 이 책 자체를 반기독교적 음모로 몰아갑니다. 무지가 낳은 전형적인 반응이라 할 수 있지요.

　《다빈치 코드》가 묘사하는 콘스탄티누스 대제는 "오늘날 우리가 알고 있는 성서를 짜맞춰 놓은 이교도이고, 새로운 종교인 그리스도교의 전통을 다지기 위해 신자들의 공동체를 조직했으며, 예수의 영향력을 정치적으로 이용하여 현재 그리스도교의 모습을 대부분 만들어 낸" 사람입니다.[4] 이러한 내용 중 일부는 사실이고 일부는 사실이 아닙니다. 이 책의 주된 목적이 《다빈치 코드》를 분석하는 것은 아니므로 자세한 설명은 생략하겠지만, 성경 편집에는 콘스탄티누스 대제가 관여하지 않았습니다. 물론 콘스탄티누스가 니케아공의회를 소집한 것은 사실입니다. 그러나 이는 정경의 선택과는 상관이 없고, 주로 삼위일체 교리와 관련된 것이었습니다. 콘스탄티누스가 우리가 믿는 기독교의 모습을 만드는 데 큰 영향을 끼친 것도 사실입니다. 그러나 이것 역시 무슨 의도나 음모에 의한 것은 아니었고, 제국 통치를 위한 황제로서의 역할을 다한 것뿐이었지요. 사실과 허구를 교묘히 조합하는 바람에 혼란을 불러일으키기는 했어도, 기독교인들에게 '성경이 도대체 어떻게 만들어졌을까', '언제부터 지금과 같은 형태의 기독교가 만들어졌을까' 하는 의문을 갖게 했다는 점에서 《다빈치 코드》의 영향은 오히려 긍정적이었다고 볼 수 있습니다.

콘스탄티누스의 용비어천가

그럼 진짜 콘스탄티누스 대제는 어떤 사람이었을까요? 워낙 복잡한 캐릭터를 지닌 사람이기 때문에 그를 좋은 사람, 나쁜 사람으로 쉽게 단정 지을 수는 없습니다.

콘스탄티누스의 시대를 이해하려면 우선 당시 로마가 처해 있던 상황을 이해해야 합니다. 콘스탄티누스에 앞서 284년부터 305년까지 로마를 통치했던 디오클레티아누스가 로마 황제로 즉위했을 때, 로마제국은 어느 면으로 보나 위기였습니다. 동쪽에서는 페르시아와 휴전 중이었고, 라인 강과 도나우 강 너머에서는 북방 민족들이 국경선을 위협하고 있었습니다. 속주들에서는 도적들이 들끓었고, 반란도 꼬리를 이었습니다.

비천한 집안 출신으로 탁월한 무공을 세워 황제의 자리에까지 오른 디오클레티아누스는 철학자 황제였던 마르쿠스 아우렐리우스를 자신의 모델로 삼았습니다. 마르쿠스 아우렐리우스 황제는 영화 〈글래디에이터〉에서 아들 코모두스에게 독살당하는 것으로 나오는 사람이지요. 한나라당 대통령 후보였던 이회창 자유선진당 대표가 존경하는 인물로 꼽기도 했던 마르쿠스 아우렐리우스 황제는 기독교도를 가혹하게 탄압한 것으로 유명합니다. 가톨릭 신자인 이회창 대표가 기독교를 탄압한 황제를 존경하는 인물로 꼽은 것은 흥미로운 일이지요.[5]

디오클레티아누스는 마르쿠스 아우렐리우스 황제가 코모두스를 황제로 임명하여 복수 황제 체제를 유지했던 것을 본받아 처음에는 양두정치를, 나중에는 네 명의 황제가 제국을 분할 통치하는 사두四頭 통치 체제를 시도합니다.[6] 자신이 임명한 다른 황제들의 도움을 받아 페르시아와 북방 민족들을 물리친 디오클레티아누스는 로마제국의 영광을 회복하는 데 전력투구했지요. 그리고 그 과정에서 마르쿠스 아우렐리우스와 마찬가지로 기독교를 탄압하게 됩니다. 제국의 권위를 되살리려는 사람이라면 누구라도 전통 종교의 회복에 힘써야 하고, 그러려면 로마의 신들을 거부하는 소수 기독교인들을 탄압할 수밖에 없었던 것입니다. 303년에 시작된 디오클레티아누스의 기독교 탄압은 약 40년 간의 관용 후에 일어난 일이라, 파장이 엄청나게 컸습니다.[7] 과거에 박 해가 지속적일 때는 기독교 신자가 되려면 목숨을 걸어야 했지만, 박해 가 중단된 상태에서는 그럴 필요가 없었습니다. 쉽게 기독교인이 된 사 람들은 그만큼 쉽게 신앙을 내어 던졌습니다. 디오클레티아누스 치하 에서 생겨난 많은 배교자들은 이후 벌어진 여러 가지 신학적 논쟁에서 중요한 역할을 하게 됩니다.

네 명의 황제가 통치와 방위를 전담하는 사두 체제는 강력한 통치자 디오클레티아누스 아래에서 효율성을 발휘했습니다. 그러나 디오클레 티아누스가 305년 황제 자리를 내놓고 2선으로 물러서자, 다른 황제들 사이에 제국의 패권을 두고 격렬한 투쟁이 시작됩니다.

어떤 황제가 통치하는 지역이냐에 따라 기독교 박해에도 차이가 많 았습니다. 서방 정제正帝였던 콘스탄티우스 클로루스는 이미 궁정 내 에 존재하는 상당수의 기독교인들을 묵인하고 있었으므로 박해에도 적극적이지 않았습니다.[8] 콘스탄티우스가 기독교에 대해 관용적이었던 이유에 대해서는 여러 가지 설명이 가능합니다. 우선 골과 게르마니아, 브리튼 등의 서방 지역에서는 기독교 세력이 아직 동방 지역에서만큼 위협적이지 않았습니다. 게다가 서방의 로마 군대는 동방과 달리 워낙 여러 부족들로 구성되어 있었기 때문에 전통적으로 군인들이 자기 부 족 신들을 숭배하는 것을 용인해 왔습니다. 이런 서방 전통에서 성장한 콘스탄티우스이기 때문에 일찍부터 종교들에 대해 매우 관대한 입장 일 수 있었던 것입니다.[9] 나중에 동방 정제 갈레리우스와 부제 막시미 누스가 다스리는 지역에서 박해가 극심해지자 중산층 출신의 기독교 신자들 상당수가 서방 쪽으로 이주하기도 합니다.[10] 이 와중에 당연히 자신이 황제가 될 줄 알았다가 경쟁에서 탈락한 막센티우스가 반란을 일으켜 이탈리아와 북아프리카 지역을 장악하면서 정국은 혼미 속으로 빠져듭니다.

콘스탄티우스 클로루스와 선술집 딸이던 헬레나 사이에서 태어난 아들이 콘스탄티누스입니다. 콘스탄티우스가 서방 제국의 부제로 임명되고 정제인 막시미아누스의 딸 테오도라와 결혼하게 되면서 헬레나는 버림을 받습니다. 헬레나는 후에 아들이 로마제국의 패권을 차지하자 아우구스타(여성 아우구스투스)라는 최상의 칭호를 부여받고 가톨릭 성인으로 생을 마감합니다.[11] 지금도 성지순례를 하다 보면 곳곳에서 헬레나의 흔적을 만나 볼 수 있는데, 대표적인 곳이 그녀가 예수 그리스도의 십자가를 발견했다고 전해지는 장소에 세워진 성묘교회입니다.

콘스탄티누스는 아버지가 사망하자 부하들에 의해 황제로 추대됩니다. 콘스탄티누스 황제와 막센티우스가 격돌한 것이 312년 10월의 밀비우스 다리 전투이지요. 목사님들이 좋아하는 그 유명한 십자가 환상 사건이 일어난 것이 바로 이 시점입니다. 원래 이 사건은 기독교 역사가인 락탄티우스Lactantius와 카이사레아의 에우세비오스Eusebios of Caesarea에 의해 기록되었는데, 두 사람 중 누구도 이 사건이 일어난 정확한 날짜와 지점을 기록하지 않았습니다. 밀비우스 다리 전투가 있은 지 약 3년 후에, 십자가 사건에 대한 최초의 기록을 남긴 락탄티우스는 황제가 밤에 꾼 꿈에 대해 이야기합니다. 그 꿈에서 황제는 병사들의 방패에 '하나님의 천상의 상징', 즉 십자가와 그리스도의 이름의 첫 글자인 헬라어 키X와 로P를 새긴 뒤 출병하라는 지시를 받았습니다. 꿈에 나타난 것이 그리스도인지 아니면 천사인지도 언급되지 않았습니다. 역사가이자 신학자였던 에우세비오스는 사건 발생 후 26년이 지난 다음에야 《콘스탄티누스의 생애》라는 책을 통해 이 이야기를 소개합니다. 콘스탄티누스 대제가 사망하고 나서도 1년이 지난 뒤늦은 기록이었습니다. 그 내용은 콘스탄티누스가 이탈리아로 진격하던 중 하나님께 빛과 도움을 구한 후, 자신의 병사들과 함께 저녁 무렵의 하늘에서 태양 위에 밝게 빛나는 십자가와 "이것으로 정복하라In Hoc Signo Vinces"는 글귀를 보았다는 것이었습니다. 흥미롭게도 같은 저자가 2년 전에 쓴 《교회사》에는 이 내용이 나오지 않습니다. 락탄티우스와 에우세비오스가 남긴 두 가지 다른 이야기는 진위를 의심케 하지만, 후대에 가면 꿈과 환영幻影이라는 두 가지 기록을 혼합하여 두 사건이 모두 일어났다는 식으로 통합하는 경향을 보입니다.[12]

궁정을 오가며 콘스탄티누스의 신임을 받던 락탄티우스나 에우세비오스의 기록은 우리나라로 치면 〈용비어천가〉에 해당합니다. 에우세비오스에게 이 사건을 들려준 것은 바로 콘스탄티누스 자신이었습니다. 콘스탄티누스와 함께 환영을 목격한 병사들의 증언도 없고, 정확한 날짜도 없습니다. 그런 까닭에 에드워드 기번 같은 후대의 역사가는 익명의 프랑스 시인의 말을 인용하여 "황제는 다만 제위帝位를 향한 편의적인 발판으로 교회 제단을 이용했을 뿐"이라고 이 사건의 진실성을 에둘러 비판합니다.[13] 신학자나 역사학자 중에도 그 신빙성을 의심하는 사람들이 많아서 지난 200여 년 동안 진위 여부를 놓고 다양한 논쟁이 벌어졌지요. 최근에는, 콘스탄티누스가 원래 처음 보았던 것은 해무리였을 뿐인데, 그가 처음에는 이를 태양신 아폴로의 현신으로 해석했다가, 막센티우스를 격파한 뒤 이를 기독교적인 용어로 재해석했다는 의견도 힘을 얻고 있습니다.[14] 어쨌거나 콘스탄티누스는 밀비우스 다리 전투에서 막센티우스 군을 격파했고, 막센티우스는 밀비우스 다리를 건너 도망치려다 강물에 빠져 무거운 갑옷의 무게를 이기지 못한 채 사망합니다. 콘스탄티누스는 막센티우스의 시체를 강물에서 건져 내어 머리를 자른 뒤 창 끝에 꽂고 수도로 입성합니다.[15] 막센티우스의 아들과 일족은 당시의 관행에 따라 남김없이 처형당했습니다.

십자가와 칠성판

밀비우스 다리에서의 승리를 보면서 우리가 생각해야 하는 것은 십자가 환영의 진실 여부가 아닙니다. 우리가 하나님도 아니고, 콘스탄티누스 당사자도 아닌 이상 어차피 이 사건의 진실 여부는 알 수 없습니다. 중요한 것은 이 사건을 계기로 예수 그리스도의 십자가가 군기와 방패의 문양으로 사용되기 시작했다는 사실입니다. 다들 알고 있다시피 십자가는 원래 로마제국에서 정치범을 처형하는 데 사용한 끔찍한 형구입니다. 예수님은 바로 이 형틀에 자신을 맡김으로써, 하나님의 나라가 결코 칼과 창에 의해 이룩될 수 있는 것이 아님을 보여 주셨습니다. 만약 예수님이 처음부터 칼과 창과 방패로 하나님의 나라를 이룰 수 있다고 생각했다면, 말구유라는 열악한 환경에서 태어나지도 않았을 것이고 최소한 알렉산더 수준의 집안에서 태어나 피바람을 통해 세계를 정복했을 것입니다. 콘스탄티누스가 십자가를 군기와 방패의 문양으로 사용하기 시작한 것은 근본적으로 그가 기독교를 오해했음을 보여 주는 결정적인 증거입니다. 평화의 왕을 전투 한복판에 끌어들여 자신의 정치적·군사적 야심에 이용한 그의 태도는 제대로 된 기독교 신앙과는 거리가 멉니다.

콘스탄티누스가 밀비우스 다리에서 필요로 한 것은 새로운 문양이었습니다. 막센티우스는 다신교 로마의 전통을 콘스탄티누스보다 훨씬 잘 대변하고 있었습니다. 아직까지 기독교로 개종하지 않았고, 세례도 받지 않았으며, 교회 공동체의 일원도 아니었던 콘스탄티누스였지만, 그는 자신을 지원해 줄 새로운 신이 필요했고, 그 신으로 하나님을 선택했습니다. 예수를 믿기로 했다기보다는, 예수를 헤라클레스나 아폴로보다 더 강한 신으로 간주하고 단순히 그 강한 신을 택한 것입니다. 제국으로 상징되는 가부장적 억압 시스템Domination System을 예수님이 가르친 사랑의 법으로 바꾸려 한 것이 아니라, 그 억압 시스템을 유지하기 위한 새로운 동맹자를 선택했을 뿐입니다. 그리고 그는 새로운 동맹 관계를 나타낼 상징물을 필요로 했습니다.

그가 선택한 문양은 엄밀하게 말하자면 우리가 생각하는 십자가가 아닙니다. 락탄티우스의 묘사에 따르면 P와 X가 교차된 문양이 새겨졌을 뿐입니다. 십자가라기보다는 십자가를 포함한 새로운 문양이라고 보는 것이 옳습니다. 거기다가 콘스탄티누스가 보았다는 환상에 의하면 그 십자가는 '태양 위' 하늘에 나타난 것이었습니다. 문양이 이에 따라 만들어졌다면, 그것은 그야말로 태양의 아들인 콘스탄티누스 자신과 기독교인의 하나님 사이의 동맹을 의미할 뿐입니다.[16] 이와 같은 표시 어디에서도 평화의 왕으로 오셔서 자기를 희생한 예수 그리스도의 흔적 따위는 발견할 수 없습니다. 이유야 어찌 되었든 이 새로운 동맹은 예수에게 억지로 갑옷을 입히고 칼과 방패를 쥐어 준 역사적 대전환점이 되었습니다.

콘스탄티누스 이전에 십자가는 종교적인 상징으로 그다지 중요하게 받아들여지지 않았습니다. 사도 바울이 갈라디아서 2장 20절에서 "내가 그리스도와 함께 십자가에 못박혔나니 그런즉 이제는 내가 사는 것이 아니요 오직 내 안에 그리스도께서 사시는 것이라. 이제 내가 육체 가운데 사는 것은 나를 사랑하사 나를 위하여 자기 자신을 버리신 하나님의 아들을 믿는 믿음 안에서 사는 것이라"라고 말한 것은 유명합니다. 그러나 바울은 나무 십자가 그 자체를 대단한 상징으로 여기지는 않았습니다. 초대교회 신자들은 나무 십자가보다는 오히려 세례의 상징인 물을 훨씬 중요하게 생각했습니다. 십자가에서 중요한 것은 나무로 만든 형틀 자체가 아니라, 그리스도의 보혈이 상징하는 구원이었습니다. 그래서일까요? 4세기 이전에 만들어진 카타콤 지하 묘지의 벽에서 발견되는 상징들은 주로 종려나무 가지, 비둘기, 물고기 등입니다. 잘 알려져 있는 것처럼 물고기는 '예수 그리스도, 하나님의 아들, 구원자'의 단어 첫 글자를 모으면 헬라어로 물고기를 뜻하는 '익투스 *ichthys*'가 되기 때문에 주로 사용된 상징이었습니다.

이처럼 여러 가지 상징들이 시대에 따라 기독교인들의 사랑을 받았지만, 십자가는 아니었습니다. 적어도 콘스탄티누스의 승리 이전까지는 말이지요. 기독교의 상징으로 십자가가 다른 모든 것을 대신하도록 한 사람은 바로 콘스탄티누스였습니다.[17] 전쟁의 승리를 위한 상징으로 십자가는 새로운 종교를 대표하게 된 것입니다. 실제로 십자가에 대한 숭배적 표현이 본격적으로 등장하는 것은 십자가형이 폐지되고 한 세

기가 더 지난 후인 5세기경의 일입니다.[18]

그런데도 기독교인들 중에는 십자가의 초자연적 힘을 의지하려는 사람들이 없지 않습니다. 좀 웃기는 이야기지만, 드라큘라를 물리치기 위해 십자가를 사용하는 것이 대표적 예입니다. 물론 드라큘라 자체가 실재하는 것이 아니므로, 일상생활에서 드라큘라를 물리치자고 십자가를 사용하는 사람은 없지요. 그러나 십자가를 몸에 지니고 다님으로써 그리스도와 동행한다고 느끼는 분들이 있습니다. 결정적인 순간에 그 십자가의 힘으로 악령을 물리칠지도 모른다는 막연한 기대를 갖는 것입니다. 영화에서도 종종 연인과 이별할 때 십자가 목걸이를 벗어 상대에게 걸어 줌으로 행운을 기원하는 장면이 등장합니다.

제가 어릴 때 교회에서 자주 듣던 이야기를 한번 들어보시겠습니까. 한국전쟁 때 인민군이 남한 전체를 장악하게 되자, 기독교인들을 찾아 처형하기 위해 십자가를 이용했답니다. 교회 앞마당에 십자가를 쓰러뜨려 놓고, 교인들에게 "모두 이 십자가를 밟고 지나가라. 이걸 밟고 지나가면 살려 주고, 아니면 바로 처형하겠다"고 했다지요. 많은 사람들이 그 자리에서 십자가 밟기를 거부하여 목숨을 잃었다고 합니다. 이런 이야기를 들을 때마다 저는 '만약 나라면 그렇게 순교할 수 있을까' 고민했습니다. 그러나 인민군이 실제로 그런 짓을 했는지는 알 수 없습니다. 그나마 회고의 형태로라도 이런 기록이 남아 있는 것은 한국전쟁 때가 아니라 일제강점기 때의 이야기들입니다. 일제강점기라고 해서 십자가 밟기를 거부한 사람을 바로 처형한 것은 아니었고, 그저 신앙의 포기를 외부에 표명하도록 하기 위한 수단이었을 뿐입니다. 어쨌거나 이런 역사 덕분에 헌법 교과서마다 양심의 자유를 설명할 때면 언제나

"십자가 밟기 등과 같이 외부적 행위를 통해서 내면의 양심을 드러내도록 강요하는 것도 양심의 자유 침해"라는 설명을 하고 있습니다. 그만큼 십자가는 기독교인을 대표하는 상징으로 자리 잡게 된 것입니다.

그러나 저는 만약 일제강점기가 다시 돌아오거나 서울이 북한군에 점령되어 교회 앞마당에서 십자가를 밟아야 할 상황이 온다 해도, 더이상 주저하지 않을 생각입니다. 제 신앙을 묻지 않고 그저 십자가를 밟으라고만 시킨다면 문제는 정말 간단합니다. 그냥 밟으면 되는 것입니다. 이제는 그것이 더 이상 저의 신앙 양심에 걸림이 되지 않습니다. 나무 십자가는 그저 나무 십자가일 뿐입니다. 그것이 저의 기독교 신앙을 대표하거나 상징하는 것이 아닙니다. 십자가든 성경이든 그 자체로는 그저 하나의 물질에 지나지 않습니다. 그런 물질을 위해 내 생명을 거는 순간, 그 물질은 하나의 우상이 되고 맙니다. 기독교인들의 신앙 대상은 살아 계신 하나님이지, 하나님이 표상되었다고 믿어지는 물건이 아닙니다. '예수의 십자가'보다 더 중요한 것은 '십자가 위의 예수'입니다. 특히나 예수와 분리된 십자가 그 자체는 아무 의미 없는 하나의 형틀에 불과합니다.

이런 제 이야기를 들으면서 "네가 기독교인 맞느냐, 이단 아니냐?" 하고 손가락질할 분들이 적지 않을 것 같아 간단한 설명을 덧붙이겠습니다. 십자가가 사람을 거의 말려 죽이는 끔찍한 처형 도구라는 것을 모르는 분은 없지요. 그런데도 십자가가 이미 기독교 자체를 의미하는 아이콘이 되었기 때문에, 머리로는 십자가가 형틀이라는 사실을 받아들이면서도 가슴으로는 자꾸 그 이상의 의미를 부여하게 됩니다. 그래서 예를 한번 바꿔 보겠습니다. 십자가형과 비견될 만한 끔찍한 형벌로는 말뚝형을 들 수 있습니다. 사람들은 보통 '말뚝형'이라 하면 단순히 사람을 말뚝에 매달아 죽이는 것이라고 생각합니다. 그러나 피터 마스가 보스니아의 비극을 그린 책 《네 이웃을 사랑하라》에서 인용하고 있는 400여 년 전 말뚝형의 묘사는 그렇게 단순하지 않습니다.

발칸에서 말뚝형은 짧은 막대로 사형수의 복부를 찔러 관통시키는 간단한 작업을 말하지 않는다. 이는 훨씬 정교하고 제대로 할 경우 한층 더 큰 고통을 주는 것이다. 약 2.4미터 길이의 참나무 막대 끝에는 날카로운 쇠촉을 달고 막대 전체에 돼지기름을 바른다. 그런 다음 이를 위해 미리 칼로 도려 입구를 넓혀 놓은 사형수의 항문에 막대를 박아 넣는다. 형 집행인은 사형수가 오랜 기간 살아 있으면 보너스를 받게 되므로 나무망치로 막대 끝을 치며 서서히 조심스럽게 사형수의 복부 부분에 들어가게 한다. 그는 또 중요한 장기에 구멍이 나지 않도록 최대한 애를 쓴다. 막대가 복부를 비집고 올라가 간, 비장, 횡경막, 폐를 지나 심장을 살짝 스치고 사형수의 등에 있는 어깨 근육을 통해 밖으로 나오게 되면 성공한 것이다. 그다음 막대를 45도 각도로 들어 올려 모든 사람들이 볼 수 있게 하는데 사형수는 이때까지도 살아 있어야 했다.[19]

투르크에서 유행한 이 말뚝형은 실제로 훨씬 오랜 역사를 지녔습니다. 교회 다니는 분들이라면 구약성경에 나오는 에스더의 유명한 이야기를 기억할 것입니다. 페르시아의 아하수에로 왕의 왕비가 된 이스라엘 출신의 에스더와 그의 사촌 오빠 모르드개는 이스라엘 사람을 모두 죽이려는 페르시아 총리 하만의 제물이 될 뻔합니다. 하만은 원수 같은 모르드개를 처형하려고 자기 집에 50규빗(22미터)의 나무를 세워 놓습니다. 극적인 위기 상황에서 에스더는 "죽으면 죽으리라"를 외치며 왕 앞에 나아가고, 결국 하만의 음모가 탄로나, 하만은 자신이 준비해 놓은 나무에 매달려 죽게 되지요.[20]

저는 어릴 때 이 구절을 읽을 때마다 이스라엘 백성의 통쾌한 승리를 함께 즐거워했습니다. 나무에 매달린다는 것을 그저 목을 달아 죽이는 정도로 생각했지요. 페르시아에서 사람을 나무에 매달아 죽일 때는 그냥 죽이는 것이 아니라 대개 말뚝형을 의미했음을 알게 된 것은 훨씬 오랜 후의 일입니다. 페르시아에서는 정치범들을 일상적으로 말뚝형으로 처형했습니다. 전설 반, 역사 반의 인물이기는 하지만, 15세기 중엽 극단적인 공포정치로 유명한 루마니아의 드라큘라 백작이 말뚝형으로 정적들을 학살했다는 이야기도 유명하지요.[21] 드라큘라 영화에서 말뚝을 배에 박음으로써 무덤 속의 드라큘라들을 끝장내는 것도 기원은 바로 이 말뚝형에 있습니다. 그런 의미에서 보면 드라큘라 백작을 쫓아낼 때 써야 하는 적절한 도구도 십자가보다는 말뚝이 맞겠지요. 말뚝을 애용한 만큼, 말뚝의 무서움도 잘 아는 게 드라큘라일 테니까 말입니다. 인간의 잔혹성을 여실히 보여 주는 이런 처형 방법은, 반역의 결과를 백성들에게 뚜렷이 보여 줌으로써 반역을 상상조차 못하도록 고안된 것이었습니다.

저는 예수님이 만약 페르시아나 터키에서 태어나셨더라면 분명히 말뚝형으로 돌아가셨을 거라고 확신합니다. 그분이 어디에서 태어나셨든 기존 질서를 무너뜨리는 사람으로 가장 극악한 정치적 형벌을 받았을 것이기 때문입니다. 그렇다면 우리가 모든 교회 본당에 끝이 뾰족한 말뚝을 걸어 놓고, 첨탑 위에는 네온사인이 연결된 말뚝을 번쩍이게 하고, 목에는 다들 이 끔찍한 형벌 도구를 걸고 다녀야 하는 것일까요. 만약 예수님이 박정희-전두환 시대의 대한민국에 태어나셨더라면 어땠을까요. 아마도 교수형을 당하셨겠지요. 어쩌면 이근안이 주로 고문대로 사용하던 '칠성판'에서 전기고문을 받다가 또는 박종철처럼 물고문을 당하다가 돌아가셨을지도 모릅니다. 그렇다고 우리가 날마다 예배에서 "칠성판 군병들아, 주 위해 일어나 기 들고 앞서 나가 굳세게 싸우라" 하고 찬송가를 불러야 할까요.

굳이 말뚝형이나 칠성판의 예를 든 것은, 예수의 십자가 형벌이 우리의 삶과 얼마나 유리된 경험이 되었는지를 보여 주기 위함입니다. 십자가에서 돌아가신 예수님이 너무 감사해서, 그 십자가 보혈의 의미가 너무나 커서 도저히 그 나무 십자가도 밟을 수 없었던 신앙 선배들을 폄하하자는 이야기가 아닙니다. 그런 순교자들의 숭고하고 위대한 신앙은 저 같은 사람이 도저히 따라갈 수 없는 것입니다. 다만 저는 그 십자가 앞에서 눈물을 흘리는 기독교인들이 칠성판에서 죽음의 고통을 체험한 무고한 사람들의 이야기를 듣고 눈물 흘리지 않는 것은 이상한 일이라는 말씀을 드리고 싶을 뿐입니다. 십자가를 예배당 중앙에 걸어 놓거나 목에 걸기 시작하면서 예수님의 죽음이 갖는 그 절절한 고통은 그저 아이콘이 되고 말았습니다. 교회를 왜곡시킨 '십자가 없는 예수'만큼이나 전쟁터로 달려 나간 '예수 없는 십자가'도 우리에게 위험하기는 마찬가지입니다. 형식이 본질을 압도하는 왜곡을 가져오기 때문입니다. 콘스탄티누스의 십자가는 바로 이런 왜곡의 출발점이 되었습니다.

콘스탄티누스와 아폴로

전투를 전후하여 보게 되었다는 신의 환상, 전투의 승리, 그리고 그 신에 대한 전폭적인 의존의 시작……. 이러한 일련의 과정은 콘스탄티누스의 신앙이 노골적으로 기복적이었음을 보여 줍니다. 외적인 성공 여부에 따라 신앙의 성패를 판단하는 것은 사실 기독교의 뿌리를 흔드는 것입니다. 그러나 콘스탄티누스는 막센티우스와 리키니우스 등의 정적들을 십자가 문양의 군기 아래에서 차례로 제압하면서 이 상징의 주술적 능력에 갈수록 더 의존하게 됩니다.

콘스탄티누스 개종의 진실을 알기 위해서는 밀비우스 다리 전투 승리 이후 그가 보여 준 행적을 추적해 가야 합니다. 313년 서방 정제 콘스탄티누스와 동방 정제 리키니우스는 밀라노에서 만나 제국의 여러 현안을 논의한 뒤 기독교도들에게 종교의 자유를 인정하는 칙령을 발표합니다. 밀라노 칙령은 기독교도들에게 특권을 인정한 것이 아니라 다른 신을 믿는 자들에게도 인정되는 수준의 종교 자유를 인정한 것에 불과합니다. 그러나 기독교가 황제 숭배를 거부하는 종교였다는 점을 생각하면, 이들에 대한 종교 자유의 인정은 로마를 지탱하던 '공동체 신앙'을 포기하는 역사적 의미를 지니는 것이었습니다.[22] 디오클레티아누스의 박해 때 몰수했던 교회의 재산도 돌려주었습니다. 기독교 성직자들이 공무에 종사하게 되면 하나님을 섬기는 일에서 오류를 범하거나 탈선할 우려가 있다는 이유로 모든 공적인 의무도 면제해 주었습니다.[23] 교회와 관련해서 콘스탄티누스는 자신을 교회 내부의 주교들과 구분되는 '교회 외부의 주교'로 인정받고 싶어 했습니다. 중앙 집권적인 통일국가를 유지하고자 한 그의 열망은 성직 위계를 통해 교회 전체를 하나로 묶고 싶었던 교회 지도부의 열망과 일치했습니다. 따라서 그는 교회의 위계질서를 그대로 인정한 대신 교회 내에서 황제의 위상을 확실하게 확보했습니다.

기독교를 인정하는 다른 한편으로 콘스탄티누스는 321년에 일주일이 시작되는 첫날을 국정 공휴일로 선포합니다. 일주일의 하루를 휴식하게 됨에 따라 기독교인들이 좀더 자유롭게 예배를 드리게 되었습니다. 그러나 이는 근본적으로 '주일主日'을 공휴일로 공포한 것이 아니라 'Sunday', 즉 태양의 날을 공휴일로 공포한 것이었습니다. 아폴로 숭배의 정신에 따라, 태양의 날이 되면 점쟁이들에게 정기적으로 자문할 수 있는 근거를 마련한 것입니다. 원래 콘스탄티누스는 태양신 아폴로를 각별히 신봉한 사람입니다. 아버지의 죽음으로 황제가 된 직후 그는 아폴로 신에게 막대한 예물을 갖다 바쳤습니다. 제국에 어려움이 닥칠 때면 태양의 날을 맞아 점쟁이들에게 나라의 운명을 물었습니다. 깜짝 놀랄 이야기인 것처럼 《다빈치 코드》가 주일의 유래를 설명하고 있지만, 이런 내용은 롤란드 베인턴,[24] 필립 샤프[25] 등 아무 기독교 역사가의 책만 들춰 봐도 그대로 나오는 이야기들입니다. 문제는 이걸 아는 기독교인들이 너무 적다는 데 있지요.

콘스탄티누스는 황궁을 비잔티움으로 옮길 때도 '순교자들의 하나님'과 '운명의 여신 포르투나'에게 함께 가호를 빌었습니다. 죽을 때까지 폰티펙스 막시무스Pontifex Maximus라는 이교 최고 사제의 칭호와 위엄을 유지했고, 그가 발행한 주화의 한쪽 면에는 그리스도의 이름을, 다른 쪽 면에는 태양신의 형상과 '정복되지 않는 태양'이라는 문자를 새겨 넣었습니다. 337년 임종을 맞이하기 직전까지 세례도 받지 않았습니다.[26] 죽는 순간까지 세례를 미룬 것에 대해서는 여러 가지 해석이 가능합니다. 죽는 순간까지 신앙심이 거의 없었던 것일 수도 있고, 당시 교회가 가르친 대로 세례가 과거의 모든 죄를 씻어 준다고 믿고 모든 죄를 다 저지를 때까지 세례를 미룬 것일 수도 있습니다.

324년 콘스탄티누스는 동방 정제 리키니우스를 선제공격하여 격파합니다. 원래 리키니우스는 콘스탄티누스가 막센티우스를 제압할 때의 동조자였습니다. 밀라노 칙령도 함께 선포했습니다. 그러나 둘의 공조는 오래가지 못했습니다. 리키니우스가 자기 아들을 후계자로 삼으려는 것을 콘스탄티누스가 계속 방해했기 때문입니다. 리키니우스는 기독교에 대해 관용적인 태도를 취하면서 이교도 작가들이나 철학자들과도 좋은 관계를 유지했습니다. 그러나 경쟁자 콘스탄티누스가 모든 기독교인의 옹호자임을 자청함에 따라, 리키니우스는 주변 기독교인들을 의심하여 내치기 시작했고 나중에는 주교들에게 혐의를 씌워 처형하기도 합니다. 이러한 리키니우스의 정책 변화는 콘스탄티누스에게 정벌의 빌미를 제공했고, 결국 크리소폴리스에서 패배하여 항복하게 된 것입니다. 콘스탄티누스는 전쟁에서 승리한 뒤 처남이기도 한 리키니우스를 용서하고 자비를 베풀겠다고 약속합니다. 그러나 약속은 지켜지지 않았고 유폐 중이던 리키니우스를 곧 처형하지요. 얼마 후에는 리키니우스의 어린 아들까지 처형하여 후환을 막습니다. 이 승리는 이제 콘스탄티누스가 로마제국 전체를 통치하는, 문자 그대로 일인자가 되었음을 의미합니다.

정적들을 모두 제거하고 제국이 평화를 되찾게 되자, 그는 곧 주변 사람들을 의심하기 시작합니다. 여기에서 그의 아픈 가족사가 나오게 되지요. 첫 번째 희생자는 그의 맏아들 크리스푸스였습니다. 콘스탄티누스는 미네르비나와 파우스타 두 명의 아내를 두었는데, 첫 부인 미네르비나와의 사이에서 태어난 아들이 크리스푸스입니다. 일찍이 콘스탄티누스가 '부제'로 임명한 크리스푸스는 리키니우스와의 전쟁 때 큰 공을 세웠습니다. 확실한 후계자로 보였던 그는 326년 졸지에 계모인 파우스타와 불륜을 저질렀다는 혐의를 뒤집어쓰고 체포됩니다. 밤낮으로 가혹한 고문을 당하면서도 끝내 자신의 무죄를 주장했지만, 그는 결국 아버지의 손에 29세로 생을 마감합니다. 이런 일이 진행되는 동안에도 황후의 지위를 유지하며 잘 살던 파우스타는 얼마 후 목욕을 하던 중 욕실 문이 잠겨 수증기에 질식하여 사망합니다. 콘스탄티누스가 맏아들과 아내를 동시에 처리한 이 사건의 진상은 지금까지도 명확하게 알려져 있지 않습니다. 자신의 세 아들 중 하나를 후계자로 삼기 위해 파우스타가 크리스푸스를 제거할 음모를 꾸몄고 콘스탄티누스는 거기에 넘어갔지만, 헬레나가 손자의 복수에 나서 파우스타를 제거했다는 이야기가 있는가 하면, 크리스푸스를 정말로 사랑했다가 거절당한 파우스타의 복수극이었다는 이야기도 있습니다. 아들이라 해도 경쟁자를 용납할 수 없었던 콘스탄티누스의 냉혹한 정략의 희생자들이라는 이야기도 있습니다. 진실이 무엇이든, 기독교도들의 칭송을 받는 대제의 생애치고는 참으로 불행한 삶이 아닐 수 없습니다.

새 수도 콘스탄티노플을 건설하고 엄격한 세금 제도를 시행했으며 여러 원정을 성공적으로 마친 콘스탄티누스는 337년 사망합니다. 그의 시신은 콘스탄티노플의 열두사도교회에 안치됩니다. 교회 내에 있던 열두 사도의 모조 석관 옆에 열세 번째 석관을 놓은 것입니다. 콘스탄티누스 사후 15년간 로마제국은 아들들 사이의 권력투쟁으로 피바람이 불었고, 이에 환멸을 느낀 콘스탄티누스의 조카 율리아누스는 이교 신앙의 부흥을 위해 다시 기독교를 탄압하기도 하지만, 대세를 뒤집을 수는 없었습니다.

도나투스 이단과 출옥 성도

로마 황제로서 기독교를 최초로 공인한 콘스탄티누스는 '전 세계에서 가장 중요한 기독교인'이 되었습니다. 로마를 무력으로 통일하고 나서 더욱 완전한 제국의 통합을 원했던 그에게, 기독교는 '영적 통일'이라는 새로운 통치 수단을 제공했습니다. 그리고 신앙의 초보자에 불과했던 그는 재위 기간 내내 각종 신학 논쟁에 직간접적으로 개입합니다. 314년 아를르에서 서방 지역 공의회를 개최하여 도나투스파 교회 재산의 몰수를 명령한 것이 그 출발이었습니다. 도나투스파는 디오클레티아누스 황제의 기독교 박해가 낳은 유산이었습니다. 이미 말씀드린 것처럼 디오클레티아누스 황제의 박해는 이전의 어떤 박해보다 더 많은 배교자를 만들어 냈습니다. 콘스탄티누스 황제가 기독교를 공인하자, 기독교 내부에서는 강압 때문이기는 하더라도 한때 신앙을 저버렸던 사람들의 처리가 심각한 문제로 떠오르게 되지요. 주로 문제된 것은 신자들의 생명을 구하기 위해 황제의 칙령에 따라 성경과 성찬도구들을 내어 주어 불사르게 한 성직자들이었습니다. 당시 교회 지도자들의 상당수가 이미 지나치게 성공 지향적이고 적응력이 뛰어난 야심가들이었기 때문에 생각보다 훨씬 많은 사람들이 배교의 길을 택했습니다. 이번 박해만 이겨 내면 곧 교회의 위상이 강화될 것으로 믿고, 순순히 모든 것을 넘겨준 것입니다. 박해가 끝나자 이 사람들은 당연히 교회 내의 자기 자리를 그대로 지키려 했지요. 엄격한 교리 준수를 주장하는 사람들은 이런 상황에 반발했습니다. '넘겨준 자들traditores'은 거룩한 말씀을 없애는 데 앞장섰으므로 성직을 가져서도 안 되고, 성찬에도 참여할 수 없다는 것이 '엄수파'들의 주장이었습니다. 로마제국의 고문과 감금 속에서 살아남은 엄수파의 대표적 지도자 도나투스는 고향으로 돌아가자마자 '넘겨준 자들'을 마구 비난하며 그들이 성직으로 복귀해서는 안 된다고 주장했습니다. 타락한 성직자들이 성사를 감당할 수 없다는 것이었습니다. 다수파는 이런 주장을 받아들일 수 없었습니다. 교회의 분열이 시작된 것입니다.[27]

이와 같은 논란은 재산권 주장과 깊은 관련이 있었습니다. 박해 때 빼앗은 재산을 교회에 돌려주도록 콘스탄티누스가 명령했기 때문에, 누가 재산을 돌려받을지 결정하는 문제와 직결된 것입니다. 콘스탄티누스는 이 문제의 처리를 로마 주교에게 맡겼고, 주교는 당연히 다수파의 손을 들어 주었습니다. 도나투스파가 반발하자 황제는 314년 공의회를 열었고, 여기서도 마찬가지 결정이 내려졌습니다. 도나투스파는 끝까지 승복하지 않았고 양쪽 분파 사이에 폭력이 난무하기 시작했습니다. 이런 상황에서 로마제국의 안위를 최우선으로 생각한 황제의 선택은 하나밖에 없었습니다. 다수파의 편에 서는 것이었지요. 콘스탄티누스는 곧 도나투스파에 대한 무력 진압을 시도했습니다.[28]

이것이 바로 이후에도 100여 년간 지속된 도나투스 논쟁입니다. 우리

나라 대부분의 기독교인들은 도나투스 논쟁의 구체적인 진행 과정을 잘 모르지만, 전체적인 분위기는 우리에게 매우 익숙한 것입니다. 해방 후 한국 기독교계에서도 똑같은 일이 일어났기 때문입니다. 흔히 일제 강점기의 신사참배 하면, 주기철 목사처럼 신사참배를 거부한 영웅적 기독교인들만 기억하려고 합니다. 1937년 평양 산정현교회 장로였던 조만식 선생의 초빙으로 그 교회 당회장이 된 주기철 목사는 첫 설교에서 "신사참배는 십계명의 제1계명과 같이 여호와의 이름에 대한 범죄요, 하나님께 대한 배신"이라고 선언합니다. 처음부터 순교를 작정한 설교였습니다. 주 목사는 끝까지 그 뜻을 굽히지 않다가 1944년 모진 고문 끝에 감옥에서 사망합니다.

그러나 그런 입장은 교회 내에서 결코 다수가 아니었습니다. 1938년 장로교를 시작으로 해서 모든 교단이 공식적으로 신사참배를 결의했고, 국방헌금 납입 등에도 앞장섰습니다. 어느 한 교단 예외가 없었습니다. 일단 신사참배를 결의하고 나자 모두들 조금의 망설임도 없었습니다. 1938년 12월 12일에는 각 교단을 대표하는 홍택기, 김길창, 양주삼, 김종우, 이명직 등의 한국 교회 대표자들이 이세 신궁伊勢神宮, 가시하라 신궁柏原神宮 등을 참배하기 위해 아예 일본으로 건너가기까지 합니다.[29] 그리고 1940년 선교사들이 설립한 평양신학교가 신사참배를 반대하며 문을 닫자, 교회 지도자들은 목회자를 양성하기 위해 조선신학교를 설립합니다. 목적이 목적이었던 만큼 이 학교에 참여한 모든 목사는 신사참배로부터 자유로울 수 없었습니다. 장로교의 진보와 보수를 대표하는 김재준, 한경직 목사, 나중에 부통령까지 지낸 함태영 목사 등도 모두 신사참배에 동참했습니다.[30] 살기 위한 행동이었으므로 이들을 무조건 손가락질할 수도 없습니다.

해방이 되자 순교를 각오하고 감옥에 갔던 신도들 중 일부가 겨우 살아 나오게 됩니다. 이들이 이른바 '출옥 성도'들입니다. 이들은 출옥 후 바로 귀가하지 않고 평양 산정현교회에 모여 교회 재건을 위해 기도한 뒤 1945년 9월 20일 "신사참배한 사람들은 최소한 2개월을 휴직하고 통회 자복할 것"을 요구하는 '한국 교회 재건 기본 원칙'을 발표합니다.[31] 도나투스파의 요구에 비하면 아무것도 아닌 매우 관대한 요구 사항이었습니다.

그러나 대부분의 한국 교회는 이 원칙을 받아들이지 않았습니다. 신사참배에 앞장선 장로교 총회장 홍택기 목사는 이렇게 말했습니다. "옥중에서 고생한 사람이나 교회를 지키기 위해 고생한 사람이나 힘든 것은 마찬가지였고, 교회를 버리고 해외로 도피했거나 혹은 은퇴한 사람의 수고보다는 교회를 등에 지고 일제 강제에 할 수 없이 굴한 사람의 수고가 더 높이 평가되어야 한다."[32] 이에 대해 대표적인 교회사학자 민경배 교수는 "홍택기 목사의 말에는 반박하기 어려운 정연한 논리와 신학이 있었다"면서 출옥 성도의 요구에 대해 "해방 이후 한국 교회의 신앙은 은총의 신비를 근본적으로 결여하고 있었다"라고 평가합니다.[33] 하지만 겨우 이 정도 요구를 가지고 은총의 신비를 근본적으로 결여했다고 평가할 수 있는지는 의문입니다. 한상동, 주남선 목사 등 출옥 성도들은 1952년 경남 진주 성남교회당에서 따로 모임을 갖고 노회를 출범하게 되지만, 주류에 속하는 대한예수교장로회 총회가 이들을 총회에서 축출함에 따라 결국 '고신파'라는 새로운 교단을 시작하게 됩니다. 박해를 이기고 출소한 사람들이 오히려 소수파로 몰리고, 주류에 의해 축출된 역사는 도나투스파에 대한 처리와 흡사합니다. 그나마 다행인 것은 '고신파'는 적어도 이단으로 몰리지는 않았고 정부의 탄압도 없었다는 점입니다.

도나투스파는 콘스탄티누스의 정죄에도 불구하고 살아남아 이후 수백 년 동안 고립의 길을 걷습니다. 열두 사도의 법통은 끊어져서 유럽 및 아시아의 주교들 중에는 누구 한 사람 정통성을 인정받을 사람이 없다고 주장하면서, 배교자에게 동조했다는 이유로 반대파들을 마구 파문하기도 했습니다. 기존 교회에 속해 있었더라도 도나투스파에 참여하려면 세례를 다시 받아야 했습니다. 배교자들의 후계자들에게 받은 세례도 인정하지 않았기 때문입니다. 이전의 모든 죄악을 공중 앞에서 참회하는 절차도 거쳐야 했습니다.[34] 주로 임시 숙소에 거주하는 이민 노동자들이 많았기 때문에 '오두막 사람들'이라고 불린 과격 도나투스파 사람들은 곤봉을 들고 반대파를 죽이러 다녔습니다. 쌍방에 대한 거친 폭력 면에서 도나투스교도와 가톨릭교도는 서로에게 원한을 품은 쌍둥이 형제와 같았습니다. 그들의 싸움은 가족들까지 분열시켰습니다. 심지어 도나투스파와의 싸움에 앞장섰던 아우구스티누스의 가족 중에도 도나투스파가 있었다고 합니다.[35] 어쨌든 외부와의 투쟁 속에서 생존을 위해 몸부림치던 도나투스파는 대부분의 강경파들처럼 자체적인 분열을 거듭하다가 역사의 뒤안길로 사라지게 되지요.

삼위일체와 정치권력

도나투스파 처리 문제와 함께 콘스탄티누스를 괴롭힌 것이 바로 삼위일체 논쟁이었습니다. 이 논쟁에서 패배한 아리우스파는 이후 모든 이단의 대명사처럼 전락합니다만, 이와 관련하여 우리가 미리 분명히 해야 할 것이 있습니다. 콘스탄티누스 시대는 아직 무엇이 정통이고 무엇이 이단인지에 관해 명확한 기준이 설정되지 않았습니다. 성부, 성자, 성령의 위상과 상호 관계에 관한 신학 자체가 자리를 잡지 못하고 있었으므로, 아리우스 논쟁은 우리가 상상하듯이 정통 교리가 있는데 아리우스란 이단이 그걸 공격하고 나선 그림이 전혀 아니었습니다. 이걸 오해하기 시작하면 모든 그림이 흐트러집니다. 막상 기독교 신자 중에 "아리우스 이단은 예수 그리스도의 신성을 부인하여 인간 예수만을 받아들였다"는 수준 이상의 지식을 갖춘 사람을 찾기란 쉽지 않습니다.

삼위일체 논쟁 자체가 워낙 전문적인 것이라 일반인이 끼어들기란 더욱 어렵습니다. 우선 성경 어디에서도 삼위일체라는 표현은 사용되지 않습니다. 따라서 아리우스도 우리가 지금 사용하는 성경의 내용을 전혀 부인하지 않았습니다. 다만 아리우스는 성자 그리스도가 모든 피조물 중에서 가장 높은 분이기는 하지만 여전히 피조물이라고 주장했습니다. 근거는 골로새서에 나오는 "그리스도가 모든 창조물보다 먼저 나신 자"라는 진술이었습니다. 알렉산드리아의 교회 장로였던 아리우스는 젊은 시절 유명한 순교자인 안티옥의 루키아누스 아래에서 신학을 공부했습니다. 폭력이 난무하던 박해 시대에는 감옥에 갇힌 신도들을 위해 사제로서의 직무를 다했지요. 이런 아리우스가 알렉산드리아의 주교 알렉산더와 대립하면서 교회는 아리우스파와 반아리우스파로 분열하게 됩니다. 양쪽 파에 속한 신도들은 떼를 지어 몰려다니며 상대방에게 테러를 가했고, 교회 지도자들도 양쪽으로 극명하게 갈라졌습니다. 콘스탄티누스의 신임을 받았던 역사가 카이사레아의 에우세비오스도, 그와 동명이인으로 교회의 강력한 지도자였던 니코메디아의 에우세비오스도 모두 아리우스파 쪽으로 많이 기울어 있었습니다.[36]

성경과 교회의 전승만으로는 이 문제를 해결할 수 없었기 때문에 콘스탄티누스는 교회의 합의에 이 문제를 맡기기로 합니다. 그래서 소집한 것이 유명한 니케아공의회입니다. 어차피 신학자가 아니었고 세세한 문제에 관심도 없던 콘스탄티누스에게 중요한 것은 누가 옳으냐가 아니라 주교들 사이의 치열한 싸움을 끝냄으로 국가의 평화를 이룩하는 일이었습니다. 주교들의 입장에서는 황제가 자신들을 궁전에 초대하여 모든 비용을 부담한다는 것 자체가 기적이었습니다. 불과 몇 년 전까지만 해도 디오클레티아누스와 막센티우스, 리키니우스 치하에서 죽을 고생을 하던 사람들이었습니다. 궁전에서 황제가 베푸는 환대는 정말 감격적이었습니다. 이런 감격 속에 열린 니케아공의회의 개회사는 앞서 안티옥 회의에서 아리우스파라는 이유로 파문당했던 카이사레아의 에우세비오스가 맡았습니다. 이는 니케아공의회가 교회에 의해서가 아니라 황제에 의해 주도되고 있었음을 잘 보여 줍니다. 반아리우스파 쪽에서도 황제의 신임을 받는 그를 무시할 수 없었던 것입니다.[37]

니케아공의회에서 합의된 가장 중요한 용어는 '동일 본질 또는 존재의'라는 의미를 지닌 '호모우시오스homoousios'였습니다. 'homo'는 똑같다는 뜻이고, 'ousios'는 본질, 본성, 존재라는 뜻입니다. 즉 그리스도는 하나님과 "동일 본질 또는 동일 존재"인 분이라는 합의를 도출한 것입니다. 문제는 'ousios'라는 말이 무척이나 다의적이고 복잡한 의미를 지닌 헬라어라는 데 있었습니다. 호모우시오스를 단순히 '본질'이

같다고 이해하면 온건한 아리우스파도 받아들일 수 있는 용어가 될 수 있었습니다. 그러나 이를 아예 같은 '존재'라고 이해한다면 아리우스파의 누구도 받아들일 수 없는 강력한 반아리우스적 표현이 됩니다. 어쨌든 이 애매한 단어 덕분에 니케아공의회는 온건한 아리우스파의 동조를 이끌어 내는 데 성공했고, 니케아신조에 서명을 거부한 교회 지도자들과 아리우스 등을 파문하게 됩니다. 콘스탄티누스는 이에 발맞추어 아리우스의 책들을 불사르도록 내어 주지 않는 사람은 사형에 처한다고 공포합니다.[38] 니케아공의회의 결론은 제국을 통합하려는 황제의 간절한 소망이 반영된 것이었고, 적어도 외형적으로는 상당히 성공적인 것이었습니다.

그러나 공의회가 열린 지 3년이 지나기 전에 콘스탄티누스는 소아시아 지역이 사실상 아리우스파의 지배 아래 있음을 발견하게 됩니다. 아리우스파의 신학자들은 니케아신조를 자신들의 방식대로 해석하여 별 문제없이 받아들이고 있었습니다. 어차피 신학보다는 통치에 관심이 있던 황제는 반아리우스파의 격렬한 반대에도 불구하고 아리우스, 니코메디아의 에우세비오스를 비롯하여 모든 유배자들을 용서하고 다시 교회로 받아들이게 되지요. 정치력이 뛰어났던 니코메디아의 에우세비오스는 곧 콘스탄티누스의 총애를 얻게 되었고, 콘스탄티누스가 죽기 직전에 세례를 베푼 사람도 그였습니다.

아리우스파와 반아리우스파가 주도권을 잡기 위해 신학적·정치적으로 총력을 기울이던 이 시기에, 알렉산드리아의 주교가 된 사람이 전임 주교 알렉산더의 오른팔이었던 젊은 신학자 아타나시우스였습니다. 굽힐 줄 모르는 반아리우스파였던 아타나시우스는 제국의 평화를 제일 목적으로 삼고 있는 콘스탄티누스가 별로 좋아하지 않는 인간형이었고, 그런 이유로 이후 여러 차례 추방당하지만, 최종적으로 아리우스파를 제압하는 데 결정적인 역할을 합니다. 아타나시우스는 아리우스 논쟁에서도 맹활약했지만, 지금과 같은 형태로 27권의 신약성경만을 정경으로 인정함으로써 교회사적으로 엄청난 영향력을 끼친 사람이기도 합니다. 367년 그가 자신의 교구민들에게 보낸 연례 교서에서 27권의 목록을 열거하고 "이것들만이 하나님의 가르침으로 선포되었다. 한 가지도 여기에 보태져서는 안 되고, 한 가지도 여기에서 제외되어서는 안 된다"고 선언한 후에도, 베드로후서, 요한 2·3서, 계시록 등의 정경성에 대한 논란이 계속되었지만 가톨릭, 동방정교회, 프로테스탄트 모두 아타나시우스의 입장을 받아들였으니까요.[39]

콘스탄티누스 사망 후 그 아들들 사이에 벌어진 권력투쟁에서도 아리우스 논쟁은 중요한 역할을 합니다. 서방을 지배한 콘스탄티누스 2세는 아타나시우스를 지원했고, 동방을 지배한 콘스탄티우스 2세는 니코메디아의 에우세비오스를 비롯한 아리우스파를 지원했습니다. 서방의 일부를 지배하다가 형인 콘스탄티누스 2세를 격파한 콘스탄스도 아타나시우스파에 가까웠는데, 콘스탄스가 350년 궁정 음모의 희생양이 되어 사망하자, 아리우스파였던 콘스탄티우스 2세는 다시 제국 전체를 장악하는 데 성공합니다. 자연스럽게 신학 논쟁도 아리우스파가 주도권을 잡게 되었지요. 357년 아리우스파는 '호모우시오스'가 성경에 없는 용어임을 밝히고, 성부가 성자보다 위대함을 선언한 새로운 신조를 만들어 냅니다. 후대에 '시르미우스의 신성모독'이라고 알려진 문건이 바로 이것이지요.[40] 360년에 이르러 제1차 콘스탄티노플공의회는 이전의 모든 신조들을 부인하고 아예 'ousia(본질)'라는 용어의 사용을 금지합니다. 이제 성자는 단순히 "성자를 낳은 성부와 비슷한" 존재일 뿐, 아버지와 동일 본질은 아니게 된 것입니다. 아리우스파의 완벽한 역전이었지만, 이런 상황은 오래가지 않았습니다.[41]

도나투스 논쟁과 아리우스 논쟁을 공식적으로 마무리한 것이 테오도시우스 황제입니다. 그는 여러 가지 의미에서 콘스탄티누스 대제를 능가할 만한 인물이었습니다. 스페인 지역에서 출생한 테오도시우스는 군인으로 성공한 아버지의 뒤를 이어 일찍부터 전장에서 용맹으로 명성을 쌓았습니다. 379년 졸지에 황제로 지명된 그는 군사와 국정 모두에서 탁월한 능력을 보여 주었고, 기독교를 열렬히 옹호했습니다. 황제가 된 직후인 380년에 그가 발표한 칙령은 "참된 기독교인은 성부, 성자, 성령이 동등한 위엄과 정통 삼위일체 속에서 하나의 신성을 갖는다는 것을 믿는 사람들"이라고 선언합니다. 그렇지 않은 가짜 신도의 무리들은 모두 '이단 미치광이insane and demented heretics'로 낙인찍히고, 더 이상 교회라는 명칭도 사용할 수 없었습니다. 그해 중반에 중병을 앓다 회복된 그는 데살로니가 주교에게 세례를 받았고, 이단을 척결하는 것이 하나님이 부여한 사명이라고 확신합니다. 더 이상 주저할 일이 없었습니다. 아리우스파 성직자들은 자리를 내놓든지 아니면 유배를 가야 했습니다. 이런 황제의 조치들을 확인한 것이 381년의 제2차 콘스탄티노플공의회였고, 여기에서 니케아신조를 조금 수정한 새로운 신조가 탄생합니다. 하나님의 아들은 하나님과 동일한 본질을 가진다는 것과 성령도 신앙의 대상임을 확실히 함으로써 마침내 하나님은 한 분이신 동시에 세 분이라는 '신비'의 교리가 완성된 것입니다.[42]

제2차 콘스탄티노플공의회 이후 아리우스주의는 신학 논쟁에서 더 이상 중요한 요소로 등장할 수 없었습니다. 테오도시우스 황제가 아리우스파를 철저히 박해했기 때문이었습니다. 그는 잔인한 황제이기도 해서 데살로니가의 시민들이 폭동을 일으켜 관리 한 명을 죽였다는 이유로 390년에는 시민 7천여 명을 경기장에 모아 학살하기도 했습니다. 이 학살로 테오도시우스는 밀라노 주교였던 암브로시우스에게 한때 파문되기도 했지만, 곧 참회하고 다시 받아들여졌습니다.[43] 같은 해 테오도시우스는 하나님 이외의 신을 섬기는 일체의 예배 행위를 금지했습니다. 기독교가 박해받는 소수자의 입장에서 박해하는 다수자의 입장으로 변화하는 대역전극이 완성된 것입니다. 테오도시우스의 기독교 국교화는 콘스탄티누스가 시작한 기독교 공인 정책의 완성이었지만, 관용 정책의 종언을 의미하는 것이기도 했습니다. 서구 유럽에 종교적 관용이 다시 인정되려면 최소한 1,200년을 기다려야 했습니다.

과정이야 어찌 되었든 이단에게 충분히 폭력적이던 테오도시우스의 정책은 곧 효과를 거두게 되었습니다. 로마제국 내에서 설 곳을 잃은 아리우스주의는 살 길을 찾아 야만족들 전도에 나섰고, 후일 이들 야만족들이 로마제국을 침범해 들어올 때 오히려 역수입되어 로마로 돌아오게 됩니다. 이때부터는 더 이상 신학 논쟁이 아니라 더 강한 사람이 믿는 신앙이 진짜 신앙이 되었습니다. 그러나 아리우스주의를 무기로 주류 신앙을 박해하던 침략자들이 점차 문화적 동화 과정을 거치면서 신앙도 주류 신앙으로 돌아오게 되었고, 그나마 침입 족속 중 유일하게 정통 신앙에 속했던 프랑크 족이 유럽의 주도권을 장악하면서 아리우스주의는 서서히 유럽에서 사라지게 되지요.[44]

도나투스파도 아리우스파와 비슷한 운명을 겪습니다. 그때까지도 아프리카 지역에서 위세를 떨치고 있던 도나투스파는 아우구스티누스라는 새로운 강적을 맞게 됩니다. 테오도시우스 통치 시절에 사제로서 새로운 삶을 시작한 아우구스티누스는 420년 도나투스파를 교회 전통으로 돌아오도록 하기 위해 로마 정부에 도움을 요청합니다. 기독교인에 의한 기독교인 박해가 일상화되기 시작한 시점이었습니다. 아우구스티누스는 도나투스파에 대한 폭력적인 진압을 옹호하면서, 기독교의 통일을 명분으로 대량학살까지 정당화하게 됩니다. 북아프리카 기독교인들 사이에서 일어난 사실상의 내란은 반달 족이 침입하여 도나투스파와 정통파 모두를 똑같이 제압한 뒤에야 막을 내리게 되지요.[45]

콘스탄티누스의 칼에 정복당한 교회

드라마틱한 콘스탄티누스의 일생을 살펴보고 나면, 일단 그가 훌륭한 기독교인의 표상이 되기에는 다소 문제가 있는 인물임을 쉽게 알 수 있습니다. 그렇다고 그가 기독교를 이용하여 자기 욕심만 채운 사람이라고 몰아붙이기도 어렵습니다. 콘스탄티누스는 그저 자기 시대의 요구를 충실하게 반영한 현명한 세속 군주였을 뿐입니다. 따라서 우리가 이중적이었던 그의 인생을 순전히 기독교적 잣대로 비난하는 것은 부적절합니다. 문제는 오히려 그를 받아들인 교회의 태도에 있습니다.

콘스탄티누스 이전의 교회는 박해의 두려움에 시달려야 했던 대신, 통치자가 져야 할 국가 방위의 책임에서도 완전히 자유로울 수 있었습니다. 로마의 주변 족속이 변방을 침범하든 말든 기독교인들과는 직접 상관이 없었던 것입니다. 그러나 콘스탄티누스 대제의 기독교 공인 이후, 4세기와 5세기를 거치면서 로마제국 전체가 (적어도 표면적으로는) 기독교화되었고, '기독교의 국가 종교화'는 과거와 같은 속 편한 입장을 더 이상 유지할 수 없게 했습니다. 기독교가 제국 내부의 소수자에 불과했을 때는 예수님을 따라 평화주의 입장을 취하든 말든 별로 문제되지 않았으나, 기독교가 국가권력의 위치에 서게 됨에 따라 국가 방위 또는 통치에 대한 책임의 상당 부분을 공유하게 된 것입니다. 더 나아가 교회 자체에도 지켜야 할 것이 갑자기 늘어나게 되었습니다. 우선 국가로부터 돌려받은 재산도 지켜야 했고, 교회 위계질서 내의 신분도 지켜야 했습니다. 언제든지 끌려가 매우 끔찍스러운 죽음을 맞이할 수도 있었던 소수자 입장에서, 어느 날 갑자기 통치 계급의 일원이 된 기독교의 모습을 한번 상상해 보십시오. 어차피 언제든지 빼앗길 수밖에 없는 재산과 지위만을 가지고 살던 나그네 입장에서, 이제는 '지켜야 할 뭔가'가 너무 늘어나 자기 몸무게를 지탱하기도 힘들어진 공룡으로 변한 것입니다.

콘스탄티누스의 궁전에 모여 감격을 함께 나눈 교회 지도자들은 이런 변화에 대해 더 심각한 고민을 했어야 합니다. 왜냐하면 국가가 교회에 뭔가를 줄 때, 공짜란 없는 법이기 때문입니다. 기독교가 공인되어 다른 종교와 똑같은 신앙의 자유를 인정받게 되었을 때, 교회는 더 이상의 어떤 것도 기대하지 말았어야 합니다. 기독교 공인은 황제 숭배에 예외를 인정한 것이었으므로, 그 정도 조치만으로도 충분했습니다. 그러나 기독교인들은 여기서 멈추지 못했습니다. 비정상적인 열의를 가지고 기독교를 제국의 새로운 통치 수단으로 이용하려는 황제 앞에서 단호하게 "No"라고 말하지 못한 것입니다.

새로운 시대의 개막이 기독교인들에게 가져온 변화를 기독교 역사가들은 결코 '타락'이라고 이야기하지 않습니다. 다수의 학자들은 이러한 변화를 불가피했던 선택으로 받아들이면서 그 변화가 교회에 끼친 일부 악영향만을 조심스럽게 인정합니다. 폴 램지 교수 같은 분은 콘스탄티누스 이후 기독교가 평화주의를 포기한 것은 "타락이 아니라 단지 전술의 변화일 뿐"[46]이라고 주장하기도 합니다. 이를 명백한 타락이라고 주장한 학자로 존 하워드 요더John Howard Yoder가 있고, 저는 그의 입장을 지지하는 편입니다.[47] 요더 교수는 콘스탄티누스의 기독교 공인 이후 일어난 기독교의 타락 현상을 아예 콘스탄티누스주의Constantinism라 명명합니다. 이는 콘스탄티누스 개인의 캐릭터와 상관없이, 기독교 공인 이후 나타난 기독교 교리의 결정적 변질을 포괄적으로 일컫는 표현입니다.

콘스탄티누스주의는 예수 그리스도가 있어야 할 자리를 세속의 군주로 대체했습니다. 기독교인이 군주에게 복종해야 함은 당연합니다. 성경 곳곳에서 군주에 대한 복종을 요구하기 때문입니다. 그러나 군주에 대한 이러한 복종은 군주의 명령이 하나님의 명령과 배치되지 않는 범위에서만 기독교인의 의무로 인정될 수 있습니다. 무조건적인 복종이 아니라 어디까지나 조건적 의무인 것입니다. 따라서 국가 또는 황제가 자신을 경배하도록 요구하거나 국가를 위해 살인할 것을 명령하는 경우, 기독교인은 더 이상 국가에 순종할 의무를 지지 않습니다. '국가 경배'와 '살인 명령' 두 가지가 특별히 문제되는 이유는 간단합니다. 두 가지는 모두 국가가 스스로를 절대화하는 경우입니다. 기독교인에게 절대적인 것은 하나님뿐입니다. 다른 어떤 것도 하나님 대신 절대자의 위치에 설 수 없습니다. '국가 경배' 또는 '살인 명령'은 국가 자신이 절대적인 존재로 변모함을 의미하며, 이 경우 기독교인은 국가의 명령에 순복해서는 안 됩니다. 국가 또는 황제에 대한 복종이 무조건적 의무가 아니었음은 초대교회 역사가 증명하고 있습니다. 초기 기독교인들은 황제의 명령에 복종해야 할 것인지 아닌지를 판단했습니다. 그러나 콘스탄티누스의 관용 앞에서 기독교는 더 이상 황제에게 순종해야 하는 경우와 그렇지 않은 경우를 구분할 수 없게 되었습니다.

이런 변화에 따라 사라지게 된 것이 로마제국을 악과 우상숭배의 화신으로 규정한 후 단호히 배격하는 묵시문학의 국가관입니다. 로마서 13장을 쓴 바울의 복종도 무조건적인 것이 아니었음은 이미 살펴본 바 있습니다. 그러나 기독교인들이 워낙 국가에 대한 순종만 배우다 보니, 이제는 성경 안에 국가를 위험한 존재로 바라보는 입장이 존재한다는 사실조차 잊어버리게 되었습니다.

콘스탄티누스 대제가 기독교를 공인함으로써 기독교인들은 더 이상 황제를 숭배하는 국가적 의식들에 참여하지 않을 수 있게 되었습니다. 박해받을 필요도 없게 되었습니다. 이러한 혜택에 취한 기독교 지도자들은 콘스탄티누스가 기독교를 공인한 '결과'에 감사하는 마음만을 가졌습니다. 그가 기독교를 공인하기 위해 선택한 '수단', 즉 '콘스탄티누스의 칼'에 대해서는 전혀 생각하지 못했던 것입니다. 유대교 학자인 엘리에제르 버코비츠Eliezer Berkovits 교수는 《홀로코스트 이후의 신앙Faith after the Holocaust》에서 기독교의 시대는 예수 그리스도의 탄생으로 시작된 것이 아니라 콘스탄티누스가 기독교를 받아들인 4세기

중반에 시작되었다고 주장합니다. 버코비츠 교수가 생각할 때, 그렇게 시작한 기독교 시대의 가장 큰 특징은 호전성militancy이었습니다. 콘스탄티누스는 기독교 안으로 황제의 칼을 끌고 들어왔습니다. 서구 제국주의가 나중에 기독교 선교사들을 발판으로 삼아 아시아와 아프리카를 장악한 것도 예외적인 현상이라기보다는 이런 기독교 전통에 충실한 것이었으며, 나치 홀로코스트도 같은 맥락에서 이해할 수 있습니다.[48]

버코비츠 교수는 최근 들어 기독교인들이 관용을 이야기하기 시작한 것도 간단하게 설명합니다. 기독교가 더 이상 세상에서 절대적인 우위를 갖지 못하게 되었기 때문에, 이제 와서야 뒤늦게 종교의 자유를 이야기하고 관용을 이야기하고 있을 뿐이라는 것입니다. 콘스탄티누스가 마구 휘두르던 칼을 공산주의자들과 모슬렘들이 이어받자, 입지가 좁아진 기독교인들이 뒤늦게 종교의 자유와 관용을 이야기하고 있다는 그의 지적은 뼈아픈 것입니다.

더 나아가 콘스탄티누스 시대의 기독교 지도자들은 아직 세례조차 받지 않은 황제가 교회 내부의 교리 문제까지 간섭하도록 허용하는 오류를 범했습니다. 앞서 살펴본 도나투스, 아리우스파와의 논쟁 과정에서 콘스탄티누스 황제와 그 후계자들이 교회에 끼친 영향력은 엄청난 것이었습니다. 황실의 보호를 받게 되어 신학이 비약적으로 발전하게 된 것은 사실이지만, 이는 동시에 황실이 특정한 신학적 주장에 대해 선호를 표시하거나 정죄할 수 있는 여지를 남기게 되었음을 의미합니다.[49] 정치가 종교와 혼재되다 보니, 이전에는 대화로 진행되던 신학 논쟁이 이제는 폭력에 의존하게 되었습니다. 칼에 의해 무엇이 진리인지 결정되는 새로운 세상이 열린 것입니다. 물론 '칼에 의한 진리의 판정'이라고 하면 금세 반발할 기독교인들이 적지 않을 것입니다. 그러나 콘스탄티누스 이래로 칼에 의한 진리 판정은 기독교의 중요한 분쟁 해결 방식으로 자리 잡게 되었습니다.

예컨대 훨씬 나중의 일이기는 하지만 967년에 이르러 신성로마제국의 오토 1세는 아예 어떤 문서의 진위가 의심스러울 때는 결투로 결정한다는 칙령을 내립니다. 지금의 상식으로는 도저히 이해할 수 없는 이야기입니다. 문서를 진짜라고 주장하는 사람과 가짜라고 주장하는 사람이 맞붙어 싸워서 이기는 쪽의 주장이 진리라는 것이 말이 됩니까? 그러나 콘스탄티누스와 함께 시작된 중세 시대의 기독교인들은 '하나님께서 올바른 편이 승리하게 하실 것'이라고 믿었습니다. "하나님이 정의의 원천"이라는 아우구스티누스의 말을 인용하면서 말이지요. 그 시대에는 이런 해결 방식이 '이성적'인 것이었습니다.[50]

결투 재판은 문서의 진위를 가리기 위해서만 행해지지 않았습니다. 《아더 왕 이야기》나 바그너의 오페라 〈로엔그린〉 등에서 흔히 볼 수 있는 것처럼, 언제나 이야기는 아름다운 공주가 악당의 모함으로 위기에 몰리는 것으로 시작됩니다. 그러면 결백한 공주의 명예를 위해 싸울 기사를 찾게 되지요. 모두들 악당의 위세에 눌려 벌벌 떨고 있는 결정적인 순간, 신분을 숨기며 나타난 정의의 기사가 악당과 결투하여 공주를 구해 냅니다. 정의의 기사와 악당이 결투를 통해 공주의 유죄 여부를 가리는 것도 일종의 재판이었습니다. 주먹다짐 또는 칼부림으로 진실을 가리는 이런 깡패 스타일의 재판 방식이 오랜 세월 '기독교적'인 것으로 받아들여진 것은 기막힌 일입니다.

기독교 내부의 신앙 차이는 초대교회 때부터 늘 존재한 것입니다. 사도 바울은 이런 분파들을 설명하면서 "너희가 각각 이르되 나는 바울에게 나는 아볼로에게 나는 게바에게 나는 그리스도에게 속한 자라 한다는 것이니"(고전 1:12)라고 한탄합니다. 그리고 이런 차이들을 "나는 심었고 아볼로는 물을 주었으되 오직 하나님께서 자라나게 하셨나니 그런즉 심는 이나 물 주는 이는 아무것도 아니로되 오직 자라게 하시는 이는 하나님뿐이니라. 심는 이와 물 주는 이는 한가지이나 각각 자기가 일한 대로 자기의 상을 받으리라. 우리는 하나님의 동역자들이요 너희는 하나님의 밭이요 하나님의 집이니라"(고전 3:6-9)라고 설명합니다. 성령 안에서의 다양성과 통일성을 설명하는 '지체' 개념을 소개하고 나서 바울이 제시하는 가장 좋은 길은 다름 아닌 '사랑'입니다. "사랑은 오래 참고 사랑은 온유하며"로 시작되는 고린도전서 13장의 그 유명한 사랑의 송가가 나오는 것도 이런 맥락에서입니다. 다양성에서 발생하는 문제가 있다 하더라도, 이는 결국 '그날', 즉 예수 그리스도의 심판의 날에 해결되어야 할 것입니다. 그러나 콘스탄티누스는 이런 다양성을 인정할 수 없었습니다. 제국의 통일을 원한 그는 차이를 받아들일 수 없었습니다. 필요한 것은 오직 하나의 기독교였고, 차이와 다양성 그리고 선택을 의미하는 '이론異論, heresy'은 더 이상 용납될 수 없게 된 것입니다. 이단은 단순한 소수파가 아니라 반역과 동일시되었고, 정치적 범죄로 받아들여졌습니다.

여기서 '도대체 무엇과 다른 것이 이단이냐'는 의문이 제기됩니다. 무엇이 이단인지를 정의하기 위해 무엇이 정통인지를 정리해야 할 필요가 생긴 것입니다. 그리고 이런 질문은 이제 생사를 가르는 절박한 것이 되었습니다. 무엇이 정통이고 무엇이 이단이냐를 본격적으로 정하기 시작한 것은 예수 그리스도가 아니었습니다. 전 세계에서 소수파였던 유대인, 유대인 중에서도 소수파였던 예수님은 그럴 힘도 의지도 없었습니다. 생명을 걸고 소수의 길을 걸었고 대부분 비참하게 생을 마감했던 예수님의 제자들이 정통과 이단을 정한 것도 아니었습니다. 예수 그리스도에 관하여 다양한 네 개의 이야기(4복음서)를 생산해 낸 초대교회도 아니었습니다. 성경 해석에 그리스 철학을 끌고 들어왔던 초대교회의 교부들도 아니었습니다. 정통과 이단을 정하는 최초의 주도권을 가진 사람은 이들 중 누구도 아닌, 제국의 황제 콘스탄티누스였습니다.[51]

결과적으로 콘스탄티누스의 칼에 의하여 기독교는 로마제국을 정복했지만, 동시에 콘스탄티누스의 칼에 의하여 교회도 로마제국에 정복당했습니다. 콘스탄티누스가 기독교를 받아들인 대신, 기독교는 콘스탄티누스의 칼을 받아들인 것입니다. 인류를 위해 십자가를 지고 자기 자신을 내어 주신 예수 그리스도의 길은 사라지고, 십자가 군기를 들고 적군을 격파한 콘스탄티누스의 새로운 길만이 남게 된 것입니다. 르네 지라르René Girard와 월터 윙크Walter Wink가 적절히 지적하듯이 메소포타미아에서 시작된 가부장적 억압 시스템은 '폭력을 통해 악을 제어할 수 있다'는 믿음에 기초하고 있습니다.[52] 유사 이래 모든 제국은 폭력의 기반 위에서 세력을 확장했습니다. 예수님은 그런 믿음이 잘못된 것임을 온몸으로 가르치셨습니다. 폭력으로 폭력을 이기는 것이 아니라, 사랑으로 폭력을 이기는 새로운 법을 제시하신 것입니다. 그러나 콘스탄티누스는 그리스도를 자신의 모습으로 대체함으로써, 이전 로마 황제들이 무식한 박해 방법으로는 결코 얻어 내지 못했던 기독교의 세속화라는 열매를 거두게 됩니다. 그리고 '로마의 평화'가 겉으로는 '그리스도의 평화'라는 간판을 내걸음으로써 혼동의 시대가 열립니다. 비폭력적 복음이 사라지고 무례하고 폭력적인 복음이 그 자리를 빼앗은 것입니다.

이러한 혼동으로 기독교인들은 자신들이 과연 누구인지를 망각하게 되었습니다. 기독교인은 예수 그리스도가 통치하는 새로운 세대에 속한 사람입니다. 그러나 콘스탄티누스주의는 기독교인들이 스스로를 여전히 옛 세대에 속해 있으면서 새로운 세대가 오기를 기다리는 사람으로 착각하게 만듭니다. 예수가 선포한 하나님의 나라를 자꾸만 언젠가 올 미래 시점으로 밀어내 버리는 것입니다. '이미 임한' 하나님의 나라 부분은 슬쩍 넘어가고 '장차 올' 하나님의 나라만을 기다리게 만든 이런 변화는 기독교인들이 현실의 국가권력과 결탁한 것에 따른 필연적인 결과였습니다. 말로는 우리가 하나님 나라의 시민이자, 이 땅 나라의 시민이라고 하면서, 실제로는 이 땅 나라에서 요구하는 것은 무조건 지켜야 한다고 가르칩니다. 현실 권력과의 결탁을 통해 교회는 하나님의 나라를 세속화시킵니다. 현세에서는 '애국'을 최고의 가치로 삼아 국가에 무조건 충성하고, 내세에서는 천국의 타워팰리스에서 살 수 있다면 얼마나 속 편하겠습니까? 한때 우리나라에서 선풍적인 인기를 끌던 《내가 본 천국》류의 천국 체험 이야기들도 이런 관점에서 쉽게 이해할 수 있지요. 이 땅에서는 세상 나라의 시민, 죽으면 하나님 나라의 시민이라는 생각이야말로, 콘스탄티누스가 교회에 끌고 들어온 세속화의 결정체입니다. 이렇게 되면 기독교인들은, 하나님 나라 시민으로서의 지위를 이 땅에서 굳이 생각할 필요조차 없습니다. 고민할 일도 없습니다. 국가의 지시 중에서 예수의 가르침과 상충되는 것은 아무것도 없습니다. 최소한 그렇게 믿게 됩니다.

서울시를 봉헌하다

콘스탄티누스주의는 교회를 왜곡시켰습니다. 대량 개종은 목숨을 걸고 예수를 믿기로 결심했던 과거의 신자들과는 질적으로 전혀 다른 기독교인들을 양산합니다. 근본적으로 세상 사람들과 분명히 구별되는 생활방식으로 사는 사람들의 공동체가 교회입니다. 그러나 콘스탄티누스주의는 교회를 세상 공동체와 다를 바 없는 상태로 변질시켰습니다. 태어날 때부터 모든 사람이 당연히 국가-교회의 구성원이 되는 시스템은 기독교가 아닙니다. 교회는 어디까지나 하나님을 믿는 '구별된 사람들'의 공동체여야 합니다. 출생과 동시에 전 국민이 자동적으로 기독교인이 되는 공동체는 이미 교회가 아닙니다. 거기에는 아무런 신앙고백도 요구되지 않기 때문입니다.

그런 시각에서 보면, 이제는 대통령이 된 이명박 당시 서울시장이 2004년 5월 '서울의 부흥을 꿈꾸는 청년연합' 주최의 청년 학생 연합 기도회에 참석하여 수도 서울을 하나님께 봉헌한 사건은 시장으로서도 부적절한 행동이었을 뿐 아니라 신학적으로도 적절치 못한 것이었습니다. 〈오마이뉴스〉의 보도에 따르면 당일 낭독된 "서울을 하나님께 드리는 봉헌서"의 내용은 다음과 같습니다.

흐르는 역사 속에서 서울을 지켜 주신 하나님의 사랑과 섭리하심에 감사와 영광을 돌리며, 대한민국의 수도 서울은 하나님이 다스리시는 거룩한 도시이며, 서울의 시민들은 하나님의 백성이며, 서울의 교회와 기독인들은 수도 서울을 지키는 영적 파수꾼임을 선포하며, 서울의 회복과 부흥을 꿈꾸고 기도하는 서울 기독 청년들의 마음과 정성을 담아 수도 서울을 하나님께 봉헌합니다. 2004년 5월 31일. 서울시장 이명박 장로 외 서울의 부흥을 꿈꾸며 기도하는 서울 기독 청년 일동.[53]

물론 영적인 의미로 서울을 하나님께 바친 것이었겠지요. 그러나 서울 시민들 모두가 하나님의 백성일 수는 없으며, 그래서도 안 됩니다. 비슷한 시기 포항에서 열린 '제1회 성시화 운동 세계대회' 명예위원장으로 정장식 시장이 참여한 것도 같은 맥락에서 비판받을 수 있습니다.[54] 성시화 운동은 복음 전도를 통해 도시 전체를 '하나님의 도성'으로 만들어, 하나님 말씀에 기초한 살기 좋은 도시가 되도록 하겠다는 기독교 운동입니다. '홀리 시티Holy City'를 만든다는 목표로 지역과 전국 단위의 홀리 클럽Holy Club을 결성하고 있지요. 저는 이 운동에 참여하고 있는 많은 훌륭한 기독교인들을 알고 있습니다. 그러나 이 운동은 근본적으로 기독교인인 정부 기관장들이 중심이 된 '위로부터의 운동'이라는 한계를 지닐 뿐 아니라, 개인의 신앙고백이 아닌 도시 전체의 기독교화를 추구한다는 점에서 상당한 위험을 내포하고 있습니다. 일종의 상징이라 하더라도, 이런 식으로 바쳐진 도시에서, 목숨을 건 개인의 신앙적 결단이란 더 이상 존재할 수 없기 때문입니다.

다시 한 번 말씀드리지만, 원래 교회는 세상 가운데 거하면서 소금과 빛의 역할을 다하는 '세상 속의 교회'여야 하는데, 오히려 교회 안에 세상이 들어옴으로써 '교회 속의 세상'이 되어 버렸습니다. 세상에서의 높은 신분이 교회 안에서도 높은 신분을 보장하게 되는 우리나라 교회의 모습은 '교회 속의 세상'을 잘 보여 주고 있습니다. 이렇게 타락한 교회의 모습은 콘스탄티누스주의의 당연한 귀결입니다. 요더 교수가 지적한 바와 같이, 교회의 진정한 목적은 세상 권력을 향해 예수 그리스도의 승리를 선포하는 것이지, 이른바 '현실주의realism'의 이름 아래 세상 권력과 결탁하여 함께 승리하는 것이 아닙니다. 이러한 태도가 필연적으로 박해를 불러온다 하더라도, 교회는 세상 권력이 절대자가 되는 것을 막아야 합니다.

그렇다고 해서 기독교인이 통치자가 되어 기독교적인 방법으로 나라를 다스리는 것 자체가 잘못된 일은 아닙니다. 콘스탄티누스가 밀비우스 다리에서 승리한 뒤 진심으로 개종하고 예수님의 가르침을 실천하는 지도자가 될 수도 있었을 것입니다. 그러나 만약 콘스탄티누스가 그런 길을 택했다면, 그는 그의 적들을 절대 이기지 못했을 것입니다. 자기 목적을 이루기 전에 살해되었을 가능성도 높고, 그의 권좌도 그리 오래 지속되지 못했을 것입니다. 그만큼 세상의 길과 그리스도의 길은 다릅니다. 세상의 어떤 지도자가 예수님 같은 그런 바보스러운 선택을 하겠습니까? 콘스탄티누스가 실제로 그런 길을 택했다면 세계사는 완전히 달라졌겠지요. 그는 세상의 관점에서 실패한 통치자가 되었겠지만, 그리스도의 길을 따라 진정으로 세상을 변화시키는 사람이 되었을 것입니다. 마치 예수님의 비참한 죽음이 세상을 변화시키는 출발점이 된 것처럼 말입니다.

5장 16세기

세상이
교회를
지배한 시절

올바른 교리 못지않게 올바른 수단도 중요합니다. 창검을 손에 든 가톨릭과 프로테스탄트들이 자신들의 승리를 기원할 때 하나님은 누구의 편을 드셔야 했을까요? 기독교인들이 하나님의 이름으로 기독교인들을 죽이는 현장에서 예수님은 무슨 생각을 하셨을까요? 폭력이 하나님의 이름 아래 자행된 것은 '나는 언제나 정의의 편'이라는 확신 때문이었을 것입니다. '하나님이 언제나 나의 편'이라는 확고한 믿음은 기독교인에게 힘과 용기를 주는 근원인 동시에 남을 해칠 수 있는 위험한 생각이기도 합니다.

교회 속의 세상 = 기독교 국가?

개신교인들은 16세기를 나쁜 교황들과 그에 맞선 착한 종교개혁자들이 존재했던 단순한 시대로 이해하는 경향이 있습니다. 종교개혁을 교회 내부의 분쟁 혹은 고상한 신학 논쟁으로 잘못 받아들이기도 합니다. 그러나 16세기는 그야말로 피가 철철 흐르는 시대였고, 그렇게 피가 넘쳐 흐르는 중심에는 언제나 기독교가 있었습니다. 유럽의 아무 나라나 찍어서 16세기 역사를 공부해 보면, 도대체 우리에게 종교란 무엇인가 하는 고민에 빠지게 됩니다. 콘스탄티누스 대제에게서 시작된 '교회 속의 세상'이 국가와 교회의 결합을 통해 어떤 결실로 이어졌는지 알아보는 것은, 고통스럽지만 교회를 이해하기 위한 필수 작업입니다. 개신교인들은 자신들의 종교적 신념이 어떤 시대에 뿌리를 두고 있는지 알 필요가 있습니다. 기독교 장로가 대통령이 되어야 한다거나, '기독교 국가'가 마치 하나님의 나라의 모델이라도 되는 양 믿고 있는 일부 기독교인들에게 공통적으로 발견되는 것은 역사에 대한 놀라울 정도의 무지입니다. 유럽 전체가 '기독교 국가'였던 시대가 실제로 어떤 모습이었는지를 이해하고 나면, 더 이상 국가와 교회가 결합된 그런 형태를 이상향으로 그리지는 않겠지요. 종교개혁이 진행되던 16세기의 유럽을 이해하기 위해 엘리자베스 여왕이 등극하기까지 음모와 학살로 점철되었던 영국 역사를 살펴보는 것도 재미있겠지만, 저는 여기서 주로 장로교파의 배경이 되는 프랑스에 대한 이야기를 나누어 볼까 합니다.

어느 결혼식 이야기

〈여왕 마고La Reine Margot〉라는 영화를 보신 적이 있는지요. 〈까미유 끌로델〉로 유명한 배우 이자벨 아자니가 주연했고, 1994년 칸 국제영화제 심사위원 대상, 여우주연상까지 수상한 영화입니다. 우리나라에서는 썩 재미를 보지 못했기 때문에 많은 분들께 생소한 제목일 것입니다. 영화를 보신 분들이라도 막상 자세한 내용은 기억나지 않을 거고요. 줄거리 자체가 너무 복잡한 데다가 도대체 누가 누구인지, 왜 저 사람들이 저렇게 끔찍하게 서로를 죽이려는지 제대로 설명되지 않았기 때문에, 영화 관람자들은 그저 이자벨 아자니의 고운 자태를 오랜 시간 바라보는 것으로 만족해야 했습니다.

〈여왕 마고〉는 1572년 파리에서 열린 성대한 결혼식 장면으로 시작합니다. 신부는 프랑스 왕 샤를 9세의 여동생인 마르그리트 드 발루아 Marguerite de Valois였고, 신랑은 얼마 전까지만 해도 프로테스탄트 반란군의 중요한 지도자였던 나바르 왕 앙리Henri de Navarre였습니다.

영화에서는 이자벨 아자니가 주인공 마르그리트(마고) 역을 맡고, 〈제8요일〉의 다니엘 오테이유가 앙리 역을 맡았습니다. 실제로는 결혼 당시 19세 정도에 불과했던 앙리와 마르그리트를 40세 전후의 중년 배우들이 연기하는 것이 상당히 부담스럽기는 합니다만, 그래도 영화를 보지 못한 분들은 이 두 배우의 이미지라도 머리에 떠올려 보시면 도움이 될 것입니다.

영화가 보여 주는 이 두 사람의 결혼식 분위기는 처음부터 이상합니다. 왕비가 될 마고는 "나바르 왕 앙리를 남편으로 맞이하겠는가?"라는 대주교의 질문에 눈을 크게 치켜뜨기만 할 뿐 아예 대답을 하지 않습니다. 그러자 뒷자리에 초조하게 앉아 있던 프랑스 국왕 샤를 9세가 동생 마고의 머리를 붙잡고 강제로 고개를 처박아 비명으로 대답을 대신하게 하지요.[1] 이 장면을 바라보는 국왕 옆의 한 사나이는 미묘한 미소를 흘립니다. 이 사나이가 바로 앙리 드 기즈Henri de Guise입니다. 똑같은 이름의 앙리가 수없이 등장하는 이 결혼식의 배경을 제대로 이해하면 16세기 유럽에서 국가와 종교, 정치와 신학이 어떻게 상호 작용하면서 서로를 망쳐 갔는지 알 수 있습니다.

그날의 결혼식을 주선한 사람은 마르그리트의 어머니 카트린 드 메디시스Catherine de Medicis였습니다. 이름에서 알 수 있다시피 모후 카트린은 르네상스 시대 이탈리아를 정치·경제·문화적으로 사실상 지배한 피렌체의 금융 명문 메디치가 출신입니다. 카트린의 증조할아버지는 다빈치, 미켈란젤로 등 예술가들의 후원자가 되어 메디치 가문의 황금기를 이끈 '위대한 자' 로렌초Lorenzo de Medici(1449~1492)이고, 종조부는 면죄부를 판매하여 종교개혁의 원인을 제공한 로마 교황 레오

10세지요. 카트린의 아버지는 마키아벨리의 《군주론》을 헌정받은 바로 그 로렌초(1492~1519)입니다.[2] 이런 명문가의 딸로 태어나 14세에 프랑스 왕가와 정략 결혼했고, 프랑수아 1세의 며느리로 14년, 앙리 2세의 아내로 12년을 보낸 다음, 프랑수아 2세, 샤를 9세, 앙리 3세 등 아들 세 명을 차례로 왕좌에 앉혔으니, 겉으로만 보면 카트린 드 메디시스만큼 복이 많은 사람도 없지요.

그러나 조금만 깊숙이 카트린의 삶을 살펴보면 그보다 더 불행하기도 힘듭니다. 메디치 가문의 장자 계열을 계승하고 있던 그녀의 아버지 우르비노 공작 로렌초는 카트린이 태어난 지 21일 후 열병으로 사망했고, 프랑스 출신의 어머니도 며칠 후 남편의 뒤를 따라갔습니다. 엄청난 명문의 장자 계열을 대표하는 마지막 소생이지만, 태어날 때부터 고아나 마찬가지였던 카트린은 할아버지뻘인 교황 클레멘스 7세 아래에서 양육되지요. 신성로마제국 황제인 카를 5세와 교황의 대립으로 거듭되는 전쟁의 소용돌이 속에서 힘겨운 어린 시절을 보낸 그녀는 클레멘스 7세의 주선으로 사실상 팔려 가다시피 프랑스 왕가의 며느리가 됩니다.

카트린은 처음부터 남편인 앙리 2세를 무척 사랑했습니다. 그러나 불행히도 남편의 관심은 언제나 노르망디 대판관의 미망인 디안 드 푸아티에Diane de Poitiers에게 쏠려 있었습니다. 외모가 그다지 뛰어나지 못한 카트린은 처음부터 미모의 여인 디안과 상대가 되지 않았습니다. 디안은 앙리 2세보다 무려 열여덟 살이나 연상이었지만 매일 3시간씩 승마를 통해 날씬한 몸매를 유지했기에, 앙리 2세는 소년 시절에 시작된 사랑의 늪에서 끝까지 벗어날 수 없었던 것입니다. 그래서 남편이 죽을 때까지 카트린은 늘 애첩 디안 앞에서 납작 엎드려 지내야 했습니다. 심지어 결혼 후 9년 동안 아기도 갖지 못해서 한때 이혼의 위기에 몰리기도 했습니다. 이때 카트린을 도운 것은 엉뚱하게도 디안이었습니다. 연적의 입장에서는 카트린이 임신을 못 하는 것이 고소했지만, 그 상태가 지속되어 카트린이 쫓겨나기라도 하면 자칫 디안 자신에게 재앙이 닥칠 수도 있었기 때문입니다. 이혼 후 앙리 2세가 외국의 아름다운 공주와 재혼하게 되면 디안에게 훨씬 끔찍한 상황이 벌어질 수도 있었으니까요. 결국 디안이 택한 방법은 카트린의 임신을 돕기 위해 카트린의 배란일이 되면 앙리 2세를 애무로 흥분시킨 다음, 카트린의 방으로 올려 보내 일을 끝내도록 하는 것이었습니다.[3] 믿거나 말거나 한 이야기지만, 덕분에 임신을 하여 1543년 첫아들을 출산한 카트린은 이후 12년에 걸쳐 무려 열 명의 자녀를 낳게 됩니다. 물론 그렇다고 해서 남편의 사랑이 돌아오지는 않았지요. 애첩의 도움을 받아 자기 아이를 임신해야 했던 왕비의 비애는 두말해 무엇하겠습니까?

카트린의 불행은 여기서 끝나지 않습니다. 1547년 왕위에 오른 남편 앙리 2세가 1559년에 사망하는데, 이게 또 워낙 특이한 죽음이라 오랫동안 인구에 회자됩니다. 앙리 2세는 어려서부터 격렬한 운동을 즐겨 했고, 당시 유행하던 마상 창 시합에서 뛰어난 실력을 보여 주었습니다. 말을 타고 달려오다가 서로 창으로 한 대씩 쳐서 먼저 쓰러지는 쪽이 지는 것이 마상 창 시합인데, 그야말로 남성 호르몬 테스토스테론이 뚝뚝 떨어지는 마초용 경기라 할 수 있습니다. 중세 기사들이 주인공인 영화에서 흔히 볼 수 있지요. 1559년 6월에는 맏딸 엘리자베스가 에스파냐의 펠리페 2세와 결혼하는 등 행사가 겹쳐 매일처럼 축제가 열렸고, 그 하이라이트로 국왕이 즐기는 마상 창 시합이 준비되었습니다.

여기서 우리 세대가 기억하는 유명한 에피소드 하나가 끼어들게 되지요. 고아로 자라나 남편의 사랑도 받지 못한 채 이국 궁정에서 거의 왕따 생활을 하고 있던 카트린이 유일하게 마음 붙인 것은 점성술과 예언이었습니다.[4] 그래서 그녀의 주변에는 늘 적지 않은 예언가들이 포진하여 그럴듯한 예언을 내놓고 있었지요. 당시 한창 잘나가던 예언가가 바로 그 유명한 노스트라다무스였습니다. 노스트라다무스가 1558년 펴낸 예언서 《제세기諸世紀》에는 이런 시가 나옵니다.

"젊은 사자가 맞대결에서 늙은 사자를 이기리라. 황금의 새장 속에서 그의 눈이 터져 나오리라. 둘은 하나에 상처를 입도다. 그리고 비참한 죽음을 맞으리라."

40대 이상의 분들 중에 책깨나 읽었다는 분들은 모두 고개를 끄덕이실 겁니다. 아, 그 유명한 시! 그렇습니다. 저도 중학교 때 '고도 벤'인가 하는, 이름도 잊을 수 없는 일본 작가가 쓴 《지구 최후의 날 1999》를 읽고 공포에 떨며 잠 못 이루던 기억이 납니다.

"1900, 90의 9년 7의 달 하늘에서 공포의 대왕이 내려오리라. 앙골모아의 대왕을 소생시키기 위해 그 앞뒤의 기간, 마르스는 행복의 이름으로 지배하리라."

무슨 뜻인지는 알쏭달쏭하지만 그냥 읽기만 해도 음산한 시였지요. 카트린도 우리와 비슷하게 늙은 사자에 관한 예언을 읽으며 공포를 느꼈습니다. 직감적으로 여기서 말하는 늙은 사자가 남편이라는 생각을 했던 것이지요. 그러나 아내의 만류에도 불구하고 창 시합에 나선 앙리 2세는 사보이 공작, 기즈 공작 등과의 대결에서 승리한 후, 마지막으로

스코틀랜드 출신의 호위대장인 몽고메리와 시합을 벌입니다. 그런데 이 마지막 시합 중에 몽고메리의 창이 부러지면서 그 끝부분이 앙리 2세의 투구를 뚫고 들어가 눈을 터뜨리고 뇌를 파고들게 되지요.[5] 만약 이 사건이 없었더라면, 노스트라다무스도 지금처럼 유명해지지는 못했을 겁니다. 그의 예언이 대중들의 신뢰를 받게 된 첫 번째이면서 가장 명확한 근거가 바로 이 사건이었으니까요.

앙리 2세는 사건 이후 10일 동안 죽도록 괴로워하다가 7월 10일 사망합니다. 이후 카트린은 평생 검은 상복을 벗지 않았기 때문에 영화 속에서도 늘 어두운 색조의 옷만 입고 등장하지요. 앙리 2세의 죽음 앞에서 당시 극렬하게 대립하고 있던 프랑스의 가톨릭은 절망했고, 프로테스탄트들은 환호했습니다. 재위 기간 동안 앙리 2세는 새로 등장한 이단(당연히 프로테스탄트)들을 처리하는 데 선왕인 프랑수아 1세와는 비교가 안 될 정도로 가혹한 정책을 취했기 때문입니다. 이단에 관한 재판 업무가 폭주하자 특별 법정이 설치되고, 여기서 내려지는 대부분의 판결은 화형이었기 때문에 사람들은 이 재판부를 아예 '화형 재판부'라고 불렀습니다.

앙리 2세의 뒤를 이은 왕은 카트린의 맏아들 프랑수아 2세였는데, 스코틀랜드의 어린 공주 메리 스튜어트와 결혼한 그는 재위 기간 2년을 넘기지 못하고 사망합니다. 뒤이어 왕이 된 것이 샤를 9세였습니다. 앞서 아들 세 명이 차례로 왕이 되었다고 언급했습니다만, 모후의 입장에서 보면 이것은 아들들이 차례로 죽어 나가는 것을 지켜봐야 했다는 의미이기도 합니다. 아들들이 왕위를 이어 나가면서 카트린은 약 30년간 프랑스 정치에 깊숙이 관여하게 됩니다.

세 명의 앙리

〈여왕 마고〉를 헷갈리지 않고 보기 위해서는 당시 프랑스를 지배하고 있던 세 개의 가문을 먼저 알아야 합니다. 하나는 왕가인 발루아 가문이고, 다른 하나는 가톨릭 진영을 이끌면서 강력한 무장 세력을 형성하고 있던 기즈 가문입니다. 마지막으로 손꼽을 수 있는 것이 프로테스탄트 진영의 부르봉Bourbon 가문으로, 당시 나바르 지역을 장악하여 독립적인 왕국을 유지하고 있었습니다. 나중에 샤를 9세가 사망한 후에는 왕권을 대표하는 앙리 3세 국왕, 가톨릭 무장 세력을 대표하는 기즈가의 앙리, 프로테스탄트 세력을 대표하는 나바르의 앙리 세 사람이 격돌하게 되어 흔히 '세 앙리의 전쟁'이라고 부르기도 하지요. 마고는 이 세 사람 모두와 밀접한 관련이 있습니다. 우선 앙리 3세의 여동생이었고, 나바르 왕 앙리의 아내였으며, 결혼 전에는 기즈 가문 앙리의 애인이었기 때문입니다. 영화 속 결혼식장에서 기즈 가문의 앙리가 보여 준 미묘한 미소도, 정략결혼을 하게 된 자기 애인의 결혼식장에 참석한 젊은이의 복잡한 심리 상태를 보여 준 것이었습니다. 알렉산더 뒤마의 원작 소설을 바탕으로 한 영화에서는 마고가 친오빠를 포함한 이 세 명의 앙리 모두와 성관계를 가졌음을 강하게 암시합니다. 《삼총사》, 《철가면》 등으로 유명한 뒤마가 워낙 흥미 위주로 소설을 썼기 때문에 마고가 오빠들과 성관계를 맺었다는 부분까지는 믿기 어렵지만, 그녀의 사생활이 상당히 문란했고 앙리 드 기즈와 결혼 전에 깊은 관계였던 것은 역사적 사실에 속합니다.

이 결혼식을 전후하여 세 가문이 수십 년간 전쟁을 벌이지만, 결혼식으로부터 불과 55년 전만 해도 이들 명문가들이 종교를 이유로 대립할 일은 전혀 없었습니다. 외형상 종교가 하나뿐이었으니까요. 적어도 1517년 비텐베르크에서 성경을 가르치던 수도사 마르틴 루터가 95개 조 반박문을 성당 정문에 붙일 때까지는 그랬습니다.

물론 프랑스의 종교개혁은 루터보다 칼뱅의 영향을 훨씬 많이 받았습니다. 칼뱅이 스위스의 제네바에서 주로 활동했기 때문에 잘 모르는 사람들은 칼뱅을 스위스 사람으로 오해하기도 하지만, 그는 프랑스 누아용 출신으로 파리에서 교육받은 프랑스 사람이었습니다. 당시 종교개혁자들 대부분이 그랬듯이 칼뱅도 원래는 인문주의의 영향을 많이 받은 자유주의적 가톨릭 신자였습니다. 칼뱅의 정신적 배경이나 개인사에 대해서는 다른 종교개혁자들에 비해 훨씬 덜 알려져 있습니다. 단순하고 투명했던 루터와 비교하면, 칼뱅의 생애는 놀라울 정도로 모호한 점이 많지요.

칼뱅이 프랑스에서 활동하던 시절의 지배자는 카트린의 시아버지 프랑수아 1세였습니다. 종교에 목숨 건 사람이 아닌 프랑수아 1세는, 상황에 따라 때로는 루터파의 편이 되기도 하고, 때로는 교황 편에서 루터파를 탄압하기도 했습니다. 남동생과 달리 일관되게 프로테스탄트들을 보호한 인물은 프랑수아 1세의 누나인 앙굴렘의 마르그리트 Marguerite d'Angoulême였습니다. 에스파냐와 접경한 프랑스 서남부 지대의 나바르 왕국을 통치하던 마르그리트 왕비는 에라스무스를 비롯한 인문주의자들의 영향을 많이 받아, 《데카메론》을 본뜬 《엡타메롱》이라는 저서를 남길 만큼 뛰어난 재원이었습니다.

1532년을 전후하여 종교개혁 진영에 가담한 칼뱅은 1533년 친구 니콜라스 콥Nicolas Cop이 소르본 대학 학장으로 선출되자 그의 취임 연설문을 대신 써주었다가 쫓기는 몸이 됩니다.[6] 연설문에 가톨릭교회를 강하게 공격하는 내용이 포함되어 있었기 때문입니다. 그가 파리를 빠져나가는 데 도움을 준 이가 앙굴렘의 마르그리트 왕비였고, 이후 3년 가량 순회 전도자로 생활하는 동안 칼뱅이 가장 많은 시간을 보낸 곳도 마르그리트 왕비의 고향 앙굴렘이었습니다.[7] 앙굴렘에서 구상을 시작한 그의 역작 《기독교 강요》는 스위스 바젤에서 완성되었고, 엉뚱하게도 박해자인 프랑수아 1세에게 헌정되었습니다. 초대교회의 변증가들이 로마 황제에게 관용을 호소했던 것과 비슷한 형식을 취하려 한 것이었습니다. 프랑수아 1세는 당연히 이 책을 읽지 않았습니다. 라틴어 초판이 1536년 처음 출간된 후 프랑스어로 간행된 것이 1541년인데, 누구보다 이 책을 열심히 읽은 것은 왕의 애첩 에탕프 부인과 앙굴렘의 마르그리트 왕비였습니다.[8]

칼뱅의 저서들은 이후에도 프랑스 종교개혁에 결정적인 영향을 미쳤고, 칼뱅이 제네바에서 사망한 후에는 그를 계승한 테오도르 베자Theodor Beza가 프랑스 프로테스탄트들의 자문관 역할을 했습니다. 1550년대 후반에 이르면 벌써 칼뱅파의 전국적인 조직이 모습을 드러내게 되고 대중적·민족적 성향이 강한 칼뱅 신학의 특성에 따라 프랑스 귀족의 절반 이상, 부르주아의 3분의 1 이상이 칼뱅파로 개종하여 프랑스 전역에 막강한 전초 기지를 구축하게 되지요. 칼뱅과 베자의 영향을 받은 프랑스 프로테스탄트들을 우리는 위그노Huguenot라고 부릅니다. 역사를 좀 아시는 분들은 고개를 끄덕이시겠지요. 아하, 위그노 전쟁이라는 말이 여기에서 나왔구나!

마르그리트 왕비의 딸 잔느 달브레Jeanne d'Albret는 부르봉 가문의 가장이자 제1왕족인 앙투안 드 부르봉Antoine de Bourbon과 결혼합니다. 이 결혼으로 나바르 왕국은 부르봉 가문의 소유가 되고, 프랑스 왕국의 일부가 되었지요. 잔느는 인문주의자 수준에 그쳤던 어머니의 신앙 성향을 넘어 칼뱅주의 쪽으로 급격하게 기울었고, 그에 따라 나바르 왕국은 프로테스탄트들의 중요한 망명처가 되었습니다. 남편 앙투안도 자동적으로 위그노의 우두머리가 되었지만, 사실 그 자신은 종교에 별 관심이 없는 사람이었습니다. 그의 신앙이란 뇌물만 먹으면 언제든지 중립적인 입장으로 돌아설 수 있는 것이었습니다.[9] 왔다 갔다 하는 이 사나이를 설득하고자, 칼뱅이 한번은 베자를 나바르로 파견합니다. 언변이 뛰어난 베자는 앙투안을 설득하여 "앞으로 다시는 가톨릭 미사를 드리지 않고 프로테스탄트 운동을 위해 뭐든지 하겠다"는 선언을 받아 내게 되지요. 그러나 앙투안은 얼마 후 자기 동생인 부르봉의 샤를 추기경이 도착하자마자 바로 다시 가톨릭 미사를 드림으로써 베자를 배신합니다. 생명의 위협을 느낀 베자는 곧바로 제네바로 돌아가게 되었지요.[10] 이처럼 '속 빈 강정' 앙투안과 경건하고 심지 굳은 잔느 사이에서 태어난 사람이 바로 오늘 결혼식의 주인공이자 마고의 남편인 나바르의 앙리였습니다. 누구나 짐작할 수 있다시피 앙투안 같은 남편을 가진 아내는 대개 아들에게 모든 기대를 쏟기 마련입니다. 잔느 역시 일찌감치 남편을 포기하고, 대신 아들을 올바로 양육하는 데 온 정성을 기울입니다. 하인리히 만의 소설 《앙리 4세》는 피레네 산맥 끝자락에서 마치 시골 농사꾼의 자식처럼 검소하게 양육받은 앙리의 소년 시절을 잘 묘사하고 있습니다.[11] 잔느가 중심이 된 프로테스탄트 세력에는 유명한 해군 제독 콜리니Gaspard de Coligny 등이 가담하고 있었습니다.

나바르의 왕비들과 부르봉 가문이 칼뱅주의의 영향을 받은 것 못지않게, 칼뱅주의도 나바르의 지도자들에게 적지 않은 영향을 받았습니다. 단순히 은신처를 제공하고 뒤나 좀 봐주는 수준이 아니었습니다. 부르봉은 작은 왕국 나바르에 대한 지배권뿐만 아니라 프랑스의 왕위 계승권까지 가지고 있었기 때문에 가문의 존재 자체가 다른 무엇보다 중요했습니다. 바로 저항권과 관련된 문제입니다.

칼뱅은 독재적인 통치자에게 저항할 수 있는 권리를 인정했습니다. 그러나 저항권이 모든 사람에게 허용된 것은 아니었습니다. 《기독교 강요》는 지도자가 아무리 나쁜 인물일지라도 우리가 복종해야 한다고 강조합니다. 좀 지나치다 싶을 정도로 거듭해서 말이지요. 이 책이 누구에게 헌정되었는지를 기억한다면 당연한 일일 겁니다. 칼뱅에 의하면, 왕에게 저항할 수 있는 유일한 사람들은 백성들을 위해 임명된 하위직 공직자들이었습니다. 왕이 폭력적으로 비천한 백성들을 괴롭힐 때, 일반 백성들은 저항권을 행사해서는 안 되지만 하위직 공직자들은 달랐습니다. 이들에게는 오히려 왕의 폭정을 못 본 체하는 것이 하나님에 대한 배신행위가 되었던 것입니다.[12] 결론적으로 칼뱅의 신학에서 통치자의 폭정에 대항할 수 있는 것은 일반 백성들이 아니라 하위직 공직자 즉 다른 지배자들뿐이었습니다.

이런 관점에서 볼 때 '백성들을 위해 임명된 하위직 공직자'에 속하는 나바르의 부르봉 가문은 칼뱅주의의 생존을 보장하는 마지막 버팀목이었습니다. 이는 정당한 전쟁의 요건과도 밀접한 관련이 있습니다.

정당한 전쟁이 되려면 정통성 있는 정부의 권위에 의해 행해져야 합니다. 칼뱅은 이런 권위를 하위직 공직자에게까지 확장했습니다. 나바르의 부르봉 가문은 이런 요건을 충족시킬 수 있는 흔치 않은 보물이었습니다.

부르봉 가문에 맞서는 프랑스의 오랜 명문 기즈 가문은 유명한 장군들을 많이 배출했습니다. 대표적인 사람이 프랑수아 드 기즈François de Guise(기즈 공작 2세)인데요, 카트린 드 메디시스와 동갑인 그는 프랑수아 1세 국왕 밑에서 이탈리아 원정에 가담하여 용맹을 떨쳤고, 에스파냐의 카를 5세에 맞선 싸움에서도 공을 쌓았으며, 1558년에는 영국의 지배하에 있던 칼레를 수복하여 프랑스인들의 숙원을 풀었습니다. 그의 누이 메리는 스코틀랜드 왕 제임스 5세와 결혼했고, 그 부부 사이에서 태어난 사람이 훗날 스코틀랜드 여왕으로 파란을 일으킨 메리 스튜어트Mary Stuart입니다. 메리 스튜어트는 평생 동안 영국 엘리자베스 여왕의 왕권을 위협하는 강력한 경쟁자 노릇을 하다가 1587년에 처형된 사람이지요. 메리 스튜어트의 첫 남편은 바로 카트린 드 메디시스의 아들인 프랑수아 2세입니다. 메리 스튜어트와 프랑수아 2세는 비극적 예언의 주인공인 앙리 2세가 사망하기 일 년 전인 1558년 결혼하는데요, 그 결혼식의 화려함은 시대를 대표할 만한 것이었습니다. 궁정에서 열린 '가면극과 무언극'에는 먼저 프랑수아 드 기즈와 그의 자녀들이 금은 마구로 장식된 인조 목마를 타고 행렬을 이끌었고, 그 뒤를 여섯 척의 배들이 따라갔는데, 첫 번째 배에는 앙리 2세 국왕과 어린 신부 메리 스튜어트가, 두 번째 배에는 카트린 드 메디시스 왕비와 세자 프랑수아가 타고 있었습니다. 횃불과 쇠 초롱만큼이나 참석자들이 착용하고 온 보석들이 반짝이던 이 가장행렬은 기즈 가문의 영예가 극에 달했음을 보여 주는 것이었습니다.[13] 메리 스튜어트는 이미 다섯 살 때 프랑스로 건너와 약혼자와 살며 카트린의 양육을 받았고, 그동안 스코틀랜드는 그녀의 어머니 기즈의 메리가 다스리고 있었으니, 기즈 가문의 영향력이 프랑스 내부에 국한되었던 것도 아니었습니다.

프랑수아 2세가 등극하고 조카가 왕비가 되면서, 기즈 공작은 프랑스 정치에 본격적으로 개입하기 시작합니다. 자신은 프랑스군의 총사령관을 맡고, 남동생인 로렌의 추기경 샤를 드 기즈는 국가의 재정을 담당했기 때문에 그야말로 두려울 게 없는 상황이었습니다. 기즈 가문은 프랑스의 안전이 전적으로 가톨릭 신앙의 유지에 달려 있다고 믿었습니다. 원래 기즈 공작이 신앙에 목숨을 건 사람은 아니었지만, 새로운 종교가 정부와 법질서를 무너뜨리는 것을 도저히 두고 볼 수 없었던 것입니다.[14] 필요하다면 나약한 프랑스의 국왕들을 몰아내고 자신들이 왕권을 접수하겠다는 야욕도 없지 않았습니다. 그러나 당시의 왕위 세습 절차상으로 기즈 가문이 왕위를 계승한다는 것은 거의 불가능에 가까웠습니다. 기즈 가문보다는 부르봉 가문 쪽이 왕권에는 훨씬 가까웠기 때문입니다.

프랑수아 2세의 집권기에 일어난 가장 큰 사건은 1560년의 앙부아즈 반란 음모입니다. 음모를 꾸민 측은 프로테스탄트였습니다. 앙리 2세 치하에서 모진 고통을 겪은 위그노들은 새로운 왕도 선왕보다 나을 게 없다는 위기감에 휩싸여 기즈 가문을 처단하기로 결심합니다. 주된 음모자였던 라 르노디는 제네바에서 칼뱅을 만나고 돌아온 다음, 스위스식 종교개혁 모델을 프랑스에 적용하고자 했습니다. 왕국을 스위스처럼 작은 주들로 나누려 한 것이지요. 음모자들은 투르에 집합했고 궁정을 목표로 진군했습니다. 이 음모가 발각된 것은 엉뚱하게도 영국을 통해서였습니다. 프로테스탄트인 엘리자베스가 집권하고 있던 영국에서 박해받던 가톨릭들이 이 정보를 바다 너머 샤를 드 기즈에게 알려 준 것입니다. 무적의 강군을 보유하고 있던 기즈 가문은 프로테스탄트 반란군을 간단하게 제압했고, 왕권 강화를 위해 무려 52명의 반란군 우두머리를 공개 처형하고, 졸개들은 강물에 던져 익사시켰습니다. 성벽이란 성벽은 참수된 사람들의 머리로 가득 찼고, 모든 왕족과 귀족들은 이 처형 장면을 의무적으로 관람해야 했습니다.[15] 이 사건 직후 기즈 가문은 부르봉 가문의 앙투안과 그의 동생 콩데를 반란의 배후로 지목하고, 콩데를 체포하여 앙부아즈 감옥에 감금시킵니다. 프랑수아 2세 집권기에 이 사건이 가장 중요한 일이 될 수밖에 없는 이유는 프랑수아 2세가 이 사건 직후 바로 사망했기 때문입니다.

프랑수아 2세가 사망하면서 기즈 가문은 빠르게 영향력을 잃게 됩니다. 샤를 9세와 카트린이 투옥된 프로테스탄트들을 석방하고 처형을 중지하는 등 화해 정책에 나섰기 때문입니다. 그런 관용을 최초로 확인한 것이 1562년의 '1월 칙령'이지요. 이 칙령에 따라 위그노들은 성벽을 갖춘 도시의 바깥에서는 공적인 예배를 드릴 수 있게 되었고, 도시 안쪽에서는 개인적인 회합을 허용받았습니다. 이런 화해 분위기는 강경파인 기즈 공작에게는 큰 위기였습니다. 프랑수아 드 기즈는 와시에서의 학살 사건으로 이런 위기를 정면 돌파합니다. 프랑스 동부의 와시는 기즈 공작의 영지였습니다. 1562년 3월 1일 일요일, 기즈 공작은 미사를 드리기 위해 성당으로 갑니다. 그런데 바로 그 성당 옆 헛간에서 무려 1천 명의 프로테스탄트들이 모여 예배를 드리고 있었습니다. 1월 칙령에 따르면 도시 안에서는 예배가 금지되었는데도 그걸 무시하고 말입니다. 그뿐만 아니라 예배를 마친 위그노들은 성당 정문으로 나와 큰소리로 노래를 부르기 시작했습니다. 규모나 태도 면에서 매우 공격적인 시위였지요. 기즈 공작은 그들에게 조용히 하라고 경고하면서 당장 헛간으로 돌아가라고 명령했습니다. 위그노들은 욕설과 돌팔매질로 맞섰습니다. 그 순간 날아온 돌멩이 하나가 기즈 공작의 얼굴에 명중했습니다. 이에 격분한 그의 부하들이 위그노들을 무력으로 진압하기 시작하지요. 이날의 충돌로 여자와 아이들을 포함하여 최소한 70명이 죽고 100여 명이 부상당했습니다.

물론 위그노 쪽의 이야기는 이것과 약간 다릅니다. 조용히 예배를 드리고 있는데 갑자기 기즈 공작의 부하들이 나타나 회합을 해산시키며 학살을 자행했다는 것입니다. 어쨌든 이 사건으로 위그노는 무장하여 재결집했고, 이는 이후 30년간 여덟 차례 계속되는 위그노 전쟁의 시발이 됩니다. 기즈 공작 프랑수아의 아들이 바로 세 앙리 중의 한 명인 앙리 드 기즈입니다.

결혼식의 대학살

어머니의 영향으로 프로테스탄트 반란 세력을 대표하게 된 나바르의 앙리, 아버지의 영향으로 가톨릭 무장 세력을 대표하게 된 기즈의 앙리, 그 중간에서 왕권을 수호하며 가톨릭과 프로테스탄트 사이를 시계추처럼 왔다 갔다 하게 된 발루아의 앙리(훗날의 앙리 3세, 이후부터는 편의상 앙리 3세로 표기합니다.) 등 세 명의 앙리가 격돌하기 시작하는 현장이 바로 마고의 결혼식이었습니다.

1568~1570년의 제3차 위그노 전쟁이 약간의 휴지기를 맞았을 때, 프로테스탄트와 샤를 9세는 급격히 가까워지기 시작합니다. 서로 맞서 싸우다가 다시 친구가 되기를 반복하던 시기라 별로 이상할 것도 없는 일이었습니다. 샤를 9세는 왕궁 출입을 허가받은 위그노 지도자 중 해군 제독 콜리니를 아버지처럼 의지하기 시작합니다. 죽은 아버지 앙리 2세와도 주고받지 못한 강한 애정을 느낀 것입니다. 이 와중에 마고의 어머니 카트린 드 메디시스와 나바르의 앙리의 어머니 잔느 달브레는 자녀들의 결혼을 통해 평화를 이룩하기로 약속합니다. 당시 카트린의 마음에 대해서는 여러 가지 다른 분석이 나옵니다. 콜리니 제독에게 아들의 사랑을 빼앗기게 된 분노와 질투심, 그리고 위기감 쪽에 중점을 두는 사람들은, 카트린이 이후에 일어난 모든 비극적인 사건에 책임이 있다고 말합니다. 나약한 아들들을 보살피며 왕국을 이끌던 외국 출신 모후의 입장을 이해하려는 사람들은, 이후의 비극에 카트린은 아무런 책임이 없고 그저 결혼을 통해 평화를 이루려 했을 뿐이라고 주장합니다. 결혼 준비에 혼신의 힘을 쏟다가 결혼식 직전 사망한 잔느 달브레의 사망 원인에 대해서도, 어떤 이들은 카트린이 독살한 것이라고 말합니다. 우리나라에 소개된 장 오리외 또는 G. F. 영의 책들은 이런 '악마적' 카트린 상像을 거부하지만, 알렉산더 뒤마나 하인리히 만 같은 소설가들은 이탈리아에서 마키아벨리즘을 수입하여 음모와 독살을 통해 아들들을 지배하는 '악마적' 카트린 상을 선호합니다. 진실은 하나님만이 아시겠지요.

드디어 1572년 8월 나바르의 앙리와 마고의 결혼식에 참석하기 위해 전국에서 500여 명의 위그노들이 파리로 모여듭니다. 파리는 전통적으로 가톨릭 세력이 석권하고 있는 지역이었습니다. 갑자기 모여든 어제의 반란 세력 위그노들을 바라보는 파리 시민들의 눈길은 싸늘했습니다. 우선 시커먼 복장을 하고 과도하게 경건한 척하는 위그노들의 태도가 마음에 들지 않았습니다. 위그노들의 마음도 편치만은 않습니다. 〈여왕 마고〉는 초반부에 우연히 여관에서 함께 묵게 된 두 사나이를 보여 줍니다. 한 명은 가톨릭, 다른 한 명은 위그노지요. "결혼식에 참석하러 왔나"라는 가톨릭교도의 질문에 위그노 젊은이는 "아니. 마고는 사악한 창녀네. 이 결혼은 우리에게 수치야"라고 대답합니다. 평화를 위해 자신들의 젊은 지도자를 적대적인 종파의 공주에게 내어 줄 수밖에 없는 위그노들의 복잡한 심경을 요약한 대화라 할 수 있습니다.

성대한 결혼식 이후 영화는 결혼을 축하하는 축제의 모습을 보여 줍니다. 온갖 화려한 보석과 드레스로 치장한 왕궁의 여인들, 축제를 즐기지 못하고 불안에 떨며 한쪽 구석을 맴도는 시커먼 복장의 위그노들, 훨씬 밝은 옷을 입은 가톨릭 젊은이들이 뒤엉켜 있습니다. 이때 샤를 9세의 동생 앙리 3세와 앙리 드 기즈, 그리고 신랑 앙리 드 나바르는 사소한 말다툼 끝에 몸싸움을 하게 됩니다. 그러는 동안 축제의 뒤편에서는 프랑스 지도자들의 회의가 계속되지요. 위그노 지도자 콜리니는 에스파냐와의 전쟁을 강력하게 주장하고, 샤를 9세는 그를 향해 끝없는 신뢰를 보냅니다. 영화 속의 카트린은 이에 질투를 느껴 콜리니의 암살을 사주합니다. 그러나 8월 22일 콜리니는 손과 팔에 부상을 입을 뿐 목숨을 부지하게 되지요.

원수들끼리의 결혼, 가톨릭 지배하의 파리에 모여든 위그노들, 가톨릭에 의한 위그노 지도자의 암살 시도……. 연이은 사건은 위그노와 가톨릭 사이의 적대감과 위기의식을 고조시킵니다. "혹시 가톨릭들이 우리를 선제공격하지 않을까", "파리 성내로 들어온 위그노들이 이 기회에 아예 반란을 일으키는 것은 아닐까." 어느 세력도 안심할 수 없는 상황이었습니다. 특히나 루브르 궁전에 머물고 있는 위그노들이 프랑스 제일의 검객들이라는 사실에 가톨릭교도들은 더 큰 위기감을 느꼈습니다.[16] 이런 위기에서 선수를 치고 나온 것이 가톨릭을 대표하는 기즈 가문이었습니다. 아버지의 뒤를 이어 기즈 공작이 된 앙리 드 기즈는 위그노들의 음모가 있었으므로 콜리니와 몇 명의 위그노들을 처벌해야 한다고 샤를 9세를 설득합니다.

심약한 샤를 9세의 승인을 얻은 이들은 성 바르톨로메오 축제일인 8월 24일 일요일 새벽에 행동을 시작합니다. 부상을 입어 치료 중이던 콜리니가 제일 먼저 살해당하고, 결혼식 하객으로 루브르 궁전에 머물던 약 200명의 위그노 귀족들이 학살당했습니다. 영화는 파리에서 진행되는 학살 장면을 섬뜩하도록 현실감 있게 그려 냈습니다. 긴 창을 든 가톨릭들은 눈에 띄는 대로 위그노들을 찔러 죽입니다. 목도 자릅니다. 거리마다 벌거벗겨진 시체로 가득 차고, 길바닥은 위그노들의 피로 얼룩집니다. 남자든 여자든 어린아이든 가리지 않습니다. 살인을 자행하는 사람들의 눈빛은 이미 정상이 아닙니다. 앙리 3세와 기즈 공작 앙리는 나란히 말을 타고 도시를 돌아다니며 이 학살을 지휘합니다.

이것만 해도 어마어마한 일인데, 사건은 여기서 그치지 않았습니다.

열악한 생활환경 속에 허덕이고 있던 파리의 하층민들은 거듭되는 전쟁 속에서 뭔가 출구를 원했습니다. 알 수 없는 분노와 증오심은 전쟁을 겪어 본 사람이라면 누구나 압니다. 우리나라도 불과 50여 년 전에 이런 일을 충분히 경험했습니다. 소규모 군사작전으로 시작된 위그노 제거 음모는 파리 하층민들이 가담하면서 대규모 학살로 변모합니다. 파리에서 3일 동안 학살이 진행되었고 부자 위그노들이 주된 표적이었습니다. 그냥 죽이는 것이 아니라 이교도 종교의식에 가까운 섬뜩한 신체 훼손도 있었습니다. 시커먼 옷을 입으면 무조건 위그노로 몰아 죽였으니, 무고한 가톨릭 희생자도 없지 않았겠지요. 이 3일 동안 몇 명이 죽었는지 정확히 알 방도는 없습니다. 파리에서만 약 3천 명의 위그노가 사망한 것으로 추정할 뿐입니다. 학살이 프랑스 전역으로 확산되어 그해 10월까지 계속되었기 때문에 전체 사망자는 1, 2만 명으로 추산됩니다.[17] 볼테르의 기록에 따르면, 당시 툴루즈 지방에서 학살당한 사람만 4천 명에 이른다고 합니다. 이 사건 이후 200년이 지나도록 그날의 학살을 축하하고 신에게 감사드리는 툴루즈 시민들의 축제는 매년 계속됩니다. 볼테르는 이 축제를 보고 이렇게 한탄합니다.

나는 혐오스런 마음으로, 그러나 진실하게 말하는 바이다. 박해자였던 사람은, 도살자이며 살인자였던 사람은, 바로 우리 그리스도교도들이다. 누구를 박해했는가. 다름 아닌 우리의 형제들이다. 콘스탄티누스 황제 시절에서부터 세벤 지방의 광적인 살육에 이르기까지 손에 십자가나 성서를 든 채 수많은 도시를 파괴했고, 끊임없이 피를 뿌리고 화형대의 장작에 불을 붙여 온 사람은 바로 우리들인 것이다.[18]

이 엄청난 학살 사건으로 짧았던 평화의 시기는 끝나고 프랑스는 다시 내전에 돌입하게 되지요. 외국에서도 다양한 반응이 나왔습니다. 프로테스탄트였던 영국의 엘리자베스 여왕이 이 사건에 깊은 조의를 표한 데 반해,[19] 가톨릭이었던 에스파냐의 펠리페 2세는 장모가 주도한 이 학살에 대해 다음과 같은 축사를 보내왔습니다. "나의 생애 중에서 가장 기쁜 일의 하나입니다."[20]

앙리 4세의 극적인 개종

피로 물든 결혼식에서 신랑 앙리는 어떻게 되었을까요. 신기하게도 나바르의 앙리는 부하들이 모두 학살당하는 참변 속에서도 목숨을 구합니다. 아내 마고와 샤를 9세의 비호 덕분이었습니다. 대신 그는 개종을 강요받게 됩니다. 개종하면 생명을 건질 수 있는 대신 자신의 성장 배경이자 정치적 지지자들인 프로테스탄트들을 포기해야 했고, 개종을 거부하면 목숨을 잃게 되는 상황이었습니다. 나바르의 앙리는 이 장면에서 주저 없이 가톨릭으로 개종합니다. 살기 위한 선택일 수도 있었겠지만, 이후 벌어지는 그의 삶을 보면 신앙 색깔이 앙리의 인생에 그리 중요한 기준이 아니었다고 보는 편이 더 옳을 듯합니다. 개종 후 나바르의 앙리는 루브르 궁정에 남아 방탕한 생활을 합니다. 그것 역시 살기 위한 몸부림이었을 겁니다.

그러나 프랑스 남부에서 봉기한 위그노들은 그를 그렇게 내버려 둘 수 없었습니다. 어느 날 밤 궁정에 잠입하여 갑자기 침실 커튼을 열어제치고 나타난 그의 부하는 이렇게 외칩니다.

"전하께서는 동지가 없다고 탄식하고 계십니다. 그러나 전하께서 눈에 눈물만을 흘리고 계시는 동안 동지들은 손에 무기를 들고 싸우고 있습니다. 그들은 전하의 적과 싸우고 있는데, 전하는 그 적을 섬기고 계십니다. 동지들은 하나님만을 두려워하는데, 전하는 동지들이 주먹을 쥐고 있는 이때에 여자[마고를 지칭]의 손을 쥐고 그 여자를 두려워하고 계십니다. 그들은 말을 타고 있는데 전하는 무릎을 꿇고 계십니다."[21]

이 질책에 자극을 받은 앙리는 바로 탈출하여 다시 위그노 반란군을 이끄는 지도자가 되지요. 탈출 후 다시 칼뱅주의 신앙으로 개종하였음은 물론입니다. 이러한 과정에서 위그노의 결집에 크게 기여한 것이 바로 칼뱅의 후계자인 베자였습니다. 성 바르톨로메오 학살 이후, 프랑스에서 제네바로 난민들이 물밀듯이 몰려왔습니다. 베자는 이들을 물심양면으로 지원했고, 거의 와해되다시피 한 위그노들을 돕기 위해 외국의 군대도 끌어들입니다. 종교전쟁 기간 내내 그는 나바르의 앙리를 편지로 계속 격려했습니다. 제네바는 위그노 반란군에게 일종의 배후 기지역할을 했고, 그로 인해 프랑스의 보복을 받을 위험에 노출되었지만, 베자에게는 제네바보다 조국 프랑스가 오히려 더 중요했던 것입니다.[22]

성 바르톨로메오의 학살 사건이 일어나고 2년 후, 샤를 9세가 결핵으로 사망합니다. 형인 프랑수아 2세와 마찬가지로 샤를 9세도 생전에 후사가 없었기 때문에 그의 동생 앙리가 뒤를 이어 앙리 3세가 되지요. 학살 사건 이후 누구도 견제할 수 없을 만큼 비대해진 기즈 가문의 위상은 곧 왕가의 견제를 불러왔습니다. 함께 손잡고 학살을 주도했지만, 앙리 3세의 마음은 점차 위그노 쪽으로 기울기 시작합니다. 자신의 인기가 자꾸 떨어져 가는 상황에서 파리 시민들이 가톨릭 수호자인 기즈 가문 앙리 공작에게 보내는 열광이 부담스러웠던 것입니다. 문제는 후계자였습니다. 앙리 3세가 또 아들을 낳지 못하고 사망한다면, 그다음 왕위 계승자는 반란군의 수괴인 나바르의 앙리였습니다. 가톨릭 동맹 쪽에서는 도저히 이를 묵과할 수 없었습니다. 그래서 가톨릭 동맹이 선택하여 밀어붙인 합법적 후계자는 나바르의 앙리의 삼촌인 가톨릭 추기경 샤를이었습니다. 바로 형 앙투안을 설득하여 오락가락하게 했던 그 사람입니다.

1588년에 이르면 기즈 공작 앙리가 파리에서 사실상 왕이나 마찬가지인 권력을 누리게 됩니다. 늙은 카트린도 별 힘이 없어서 가장 사랑하는 아들 앙리 3세를 도울 방법이 없었습니다. 결국 앙리 3세는 수도 통제권을 회복하기 위한 마지막 조치로 6천 명의 병사를 파리로 입성시키지만, 이런 시도는 가톨릭 수도사들과 대학생이 중심이 된 민중 봉기에 봉착하여 실패로 끝나게 됩니다. 유혈 충돌 끝에 앙리 3세는 도망쳐야 했고, 7월 5일에는 기즈 공작에게 굴욕적으로 항복하게 되지요. 한때는 함께 손잡고 하나님의 이름으로 대학살을 주도했던 사람들끼리 등을 돌려 원수로 변한 셈입니다.

그나마 역전의 계기는 외국에서 찾아옵니다. 9월에 이르러 에스파냐의 무적함대가 영국 해군에 패배하면서 가톨릭의 기세가 한풀 꺾이게 된 것입니다. 이 기회를 이용하여 앙리 3세는 기즈 공작 앙리와 그의 동생 로렌 추기경을 암살합니다. 당연히 파리 시는 다시 봉기했고, 이런 상황에서 다른 출구를 찾을 수 없던 앙리 3세는 위그노 지도자 나바르의 앙리에게 손을 내밀게 되지요. 앙리 3세와 앙리 드 나바르 사이에 동맹이 체결된 것이 1589년 4월 3일이었고, 7월부터는 왕과 프로테스탄트 군대가 파리를 공략하기 시작하지요. 암살은 끝없는 암살을 불러온다던가요? 앙리 3세는 이런 와중에 도미니크회 소속 가톨릭 수도사의 공격을 받아 사망하게 되는데요, 죽기 직전 그는 앙리 드 나바르를 후계자로 지명합니다. 정말이지 반전에 반전을 거듭하는 역사가 아닐 수 없습니다.

참고로 카트린 드 메디시스는 가장 사랑하는 아들 앙리 3세가 암살당하기 3개월 전에 사망했습니다. 그녀는 마지막 순간까지 예언자들에 대한 믿음을 버리지 않았습니다. 임종 시 고해성사를 받으러 온 수도원장의 이름이 쥘리앵 드 생제르맹이라는 사실을 확인하고 그녀는 "그렇다면 난 이제 가망이 없군"이라고 말했다고 합니다. 루기에리라는 예언자의 예언에 따르면 그녀는 '생제르맹' 옆에서 죽게 되어 있었기 때문입니다.[23]

거듭된 반전의 대미를 장식한 것은 왕권을 계승하여 앙리 4세가 된 나바르의 앙리가 가톨릭으로 개종한 사건이었습니다. 워낙 개종을 자주 한 사람이라 별 화제가 될 수 없을지 모르지만, 그의 마지막 개종은 위그노 전쟁을 마감하는 역사적인 의미를 갖습니다. 1589년 왕위를 계승했지만, 가톨릭 동맹을 지원하는 에스파냐의 침공으로 영토의 상당 부분을 잃게 된 앙리 4세로서는 더 이상 물러날 곳도 없었습니다.

이런 위기 속에서 던진 앙리 4세의 승부수는 다시 절묘한 반전을 가져옵니다. 1593년 5월 17일 프로테스탄트 반란군의 상징이던 그가 가톨릭으로 개종함에 따라, 어제까지 원수였던 가톨릭과 위그노들이 에스파냐에 대항하여 공동전선을 펴게 된 것입니다. 가톨릭 동맹의 지도자들도 순차적으로 앙리 4세에게 복종하게 되지요. 이 소식에 가장 실망한 것은 앙리 4세의 영적 스승을 자임하던 제네바의 베자였습니다. 미리 그 소식을 들은 베자는 황급히 왕의 개종이 가져올 끔찍한 결과들을 경고하는 편지를 쓰지만, 그 편지가 도착하기 전에 앙리 4세는 개종을 선포했습니다.[24] 1598년, 이제는 가톨릭이 된 앙리 4세와 어제의 동지인 위그노 지도자들은 협상 끝에 종교적 소수파의 자유를 인정하는 낭트칙령을 선포하게 됩니다.[25] 낭트칙령에 따라 사적으로 드리는 예배는 모든 장소에서 허용되었고, 공적으로 드리는 예배는 귀족들의 영지를 포함한 광범위한 장소에서 허용되었으며, 위그노들은 공직 취임을 포함해 완전한 시민권을 보장받았습니다.[26] 30여 년간의 전쟁으로 하나님의 이름 아래 이미 엄청나게 많은 사람들이 죽어 나간 후의 일이었습니다.

그럼 마고는 어떻게 되었을까요? 사실 〈여왕 마고〉라는 제목은 잘못된 번역입니다. 마고는 한 번도 여왕인 적이 없었으니까요. 정확하게 번역하자면 〈마고 왕비〉 정도가 그럴듯한 영화 제목일 겁니다. 어쨌든 마고는 남편의 생명을 구해 주기는 했지만, 끝내 남편의 영원한 사랑을 얻는 데는 실패했습니다. 프로테스탄트와 가톨릭을 오가며 절묘하게 정치력을 발휘했던 앙리 4세는 앞서 간 프랑스 왕들의 전철을 밟아 아내보다는 가브리엘 데스트레Gabrielle d'Estrees라는 정부를 훨씬 더 사랑했습니다. 가브리엘은 전쟁터까지 따라다니며 앙리 4세를 보필할 정도로 박력과 미모를 겸비한 가톨릭 신자였고, 무려 56명에 이른다는 앙리 4세의 정부들 중에서 끝까지 사랑을 잃지 않은 유일한 여성이었습니다.[27] 마고도 한 남자에게 만족할 수 없어서 남편 못지않게 많은 염문을 뿌렸는데, 결국 1599년 교황은 앙리의 요청을 받아 1572년의 결혼을 취소하게 됩니다. 한 남자에게 헌신하는 스타일은 아니었지만 뛰어난 지성을 갖춘 마고는 결혼 취소 이후 앙리 4세와 오히려 좋은 친구가 되었고, 《회상록》이라는 뛰어난 작품을 남깁니다.

낭트칙령이 선포되어 프랑스에 종교적 평화가 찾아왔지만, 그리 오래 지속되지는 못합니다. 앙리 4세의 즉위로 시작된 것이 부르봉왕조입니다. 절대왕정을 대표하는 바로 그 부르봉이지요. 앙리 4세는 마고와의 결혼을 취소한 후 메디치 가문 출신이던 마리 드 메디시스와 결혼했고, 1610년 광신적인 가톨릭 신자에 의해 암살당합니다. 앙리 4세와 마리 사이에서 태어난 이가 루이 13세인데, 여섯 살에 왕이 된 어린 아들을 대신하여 마리가 섭정을 맡았고, 그 시절 두각을 나타낸 것이 추기경 리슐리외Richelieu입니다. 리슐리외, 어쩐지 익숙한 이름 아닙니까? 《삼총사》에서 왕과 왕비를 해치기 위해 온갖 모략을 부리다가 달타냥의 용기 때문에 번번이 좌절되는 나쁜 총리, 바로 그 사람입니다. 유능한 정치가였던 리슐리외는 재임 기간 내내 위그노들의 반란을 진압하는 데 총력을 기울였고, 독일이나 에스파냐와 대립하며 부국강병의 기초를 쌓았습니다.

루이 13세의 뒤를 이은 것이 태양왕 루이 14세인데, 그는 절대왕정을 강화하기 위해 낭트칙령을 매우 좁게 해석하여 프로테스탄트들을 탄압하기 시작했습니다. 용기병dragoon들을 프로테스탄트의 집에 거주하게 하고, 이 병사들이 벌이는 강도, 폭행, 강간을 눈감아 주는 식으로 프로테스탄트들을 압박하여 이를 통해 약 3만 명의 위그노들을 가톨릭으로 개종시키는 데 성공하지요. 이에 자신을 얻은 루이 14세는 1685년 10월 18일 낭트칙령을 폐지합니다. 부유한 위그노들은 목숨을 걸고 해외로 망명했고, 남아 있던 세벤 지방의 위그노들은 반란을 일으켰다가 철저한 말살 정책에 씨가 마르게 됩니다. 1702년부터 시작된 반란의 결과, 460여 개의 마을이 초토화되고 주민들은 모두 학살당했습니다. 이것이 바로 앞서 볼테르가 한탄하던 세벤 지방의 광적인 살육이지요. 낭트칙령의 폐지로 프랑스의 경제와 문화는 이처럼 큰 손실을 입습니다. 부르봉왕조는 루이 16세까지 이어지다가 결국 프랑스 혁명으로 문을 닫는데, 위그노 문제는 프랑스 대혁명이 일어나기까지 전혀 해결되지 못했습니다. 볼테르가 생의 마지막 순간까지 칼뱅파 위그노들에 대한 관용을 호소하며 쓴 유명한 책이 바로 《관용론》이지요.[28] 결국 프랑스의 종교전쟁은 '이성'이라는 새로운 신에게 모든 주도권을 넘겨주고 난 뒤에야 마무리될 수 있었습니다.

국가와 교회의 결합, 최악의 결과

16세기에 하나님의 이름으로 벌어진 끔찍한 사건들 중, 성 바르톨로메오의 대학살이 대표적인 것은 아닙니다. 그보다 훨씬 나쁜 일도 많았습니다. 가톨릭이 주도하던 시대에 프로테스탄트가 새로운 이단으로 등장했고, 그걸 진압하기 위한 온갖 폭력이 자행되었으므로 숫자 면에서는 프로테스탄트 피해자가 더 많았을지 모르지만, 잔인성 면에서는 프로테스탄트들도 만만치 않았습니다. 앞서 설명한 프랑스에서의 학살 사건을 제대로 알면 영국, 에스파냐, 독일, 네덜란드에서 일어난 폭력의 양상도 훨씬 쉽게 이해할 수 있습니다.

카트린의 딸 엘리자베스는 에스파냐 왕 펠리페 2세와 결혼했습니다.

펠리페 2세는 신성로마제국과 에스파냐를 통치했던 아버지 카를 5세의 뒤를 이어 에스파냐 왕이 된 사람입니다. 그의 재위 기간 동안 종교재판소는 금서 목록을 작성하여 많은 종교 서적의 유포를 금지했고, 금서들을 찾기 위해 조직적인 조사와 검열을 했습니다. 심지어 에스파냐 학생들이 잘못된 종교개혁 사조에 물들지 않도록 해외유학도 전면 금지했습니다. 1566년 에스파냐 지배하의 네덜란드에서 칼뱅파 교도들이 성상 파괴 운동을 벌이자, 알바 공작을 파견하여 가혹하게 진압한 것도 펠리페 2세였습니다.[29] 네덜란드에 도착하여 폭동 재판소를 설치한 알바 공작은 재판을 통해 약 1,100명의 칼뱅교 목사들, 성상 파괴자들, 무력 봉기자들을 처형합니다. 도망친 9천 명에 대해서도 궐석재판을 통해 사형선고를 내렸으니 탄압의 규모를 짐작할 수 있지요.[30]

펠리페 2세는 네 번 결혼했는데, 당시의 관행에 따라 모두 정략결혼이었습니다. 첫째 부인은 포르투갈의 마리아, 둘째 부인은 영국 여왕 메리, 셋째 부인은 프랑스 공주 엘리자베스, 넷째 부인은 오스트리아의 안나 공주였지요. 가톨릭의 수호자 노릇을 하고 있던 펠리페가 두 번째 결혼한 메리는 '피의 메리Bloody Mary'로 유명합니다. 아버지인 영국왕 헨리 8세가 에스파냐 출신의 캐서린 왕비와의 사이에서 낳은 딸이지요. 캐서린이 아들을 낳지 못하자 헨리 8세가 궁녀인 앤 불린Anne Boleyn과 결혼하려고 소동을 벌인 것이 영국의 종교개혁이었습니다. 종교개혁으로 영국국교회의 수장이 된 헨리 8세는 나중에 간통죄를 덮어씌워 앤 불린을 처형하는 등 엽기 행각을 거듭하다 사망하고, 뒤이어 그의 아들 에드워드 6세가 즉위하지만 16세의 나이로 요절합니다. 남동생의 사후 국왕 자리는 메리에게 넘어갑니다. 메리 여왕은 아버지가 감행한 종교개혁을 모두 무효로 돌려놓기로 결심한 독실한 가톨릭 신자였기 때문에, 5년간의 재위 기간 동안 여성 60여 명을 포함하여 최소한 3백 명을 화형시켰습니다. 마르지 않은 생나무를 장작으로 쓴 까닭에 불이 잘 붙지 않아서 무려 45분 동안 제대로 타지 않고 거의 구워진 채로 죽어 갔던 존 후퍼 주교도 희생자 중의 한 명이었습니다.[31] 약 7천 명이 구경했다고 전해지는 후퍼 주교의 화형식은 사람들을 가톨릭으로 되돌리기는커녕 잔혹한 처형에 혐오감만 불러일으켰습니다.

메리가 죽고 난 다음 집권한 엘리자베스 여왕은 앤 불린의 딸이었습니다. 당연히 언니와는 달리, 아버지의 종교개혁 정책을 그대로 계승하여 통일법에 따라 국교회를 확립하려고 했지요. 초기에는 언니와 같은 방식의 탄압책을 전혀 사용하지 않았습니다. 그렇게 끔찍하게 가톨릭 신자들을 죽이지 않더라도, 국교회에 저항하는 가톨릭 사제들을 모두 면직시킨 이상, 세월이 지나 그 사람들이 모두 죽고 나면 영국의 가톨릭 사제들은 자연히 소멸하리라 기대했던 것입니다. 그러나 문제가 그렇게 간단하지 않았습니다. 세인트 메리 홀의 전직 학장이었다가 추방된 윌리엄 앨런은 1568년 에스파냐령 두에 지방에 가톨릭 신학교를 세웠고, 여기서 교육받은 사제들을 1574년부터 영국에 선교사로 파견하기 시작했습니다. 목숨을 건 선교사들의 사역 덕분에 영국의 가톨릭은 세력을 넓혀 갔고, 여기에 위협을 느낀 엘리자베스 여왕은 1577년부터 가톨릭 사제들을 처형하기 시작합니다. 1580년 옥스퍼드 출신으로 두에 신학교에서 공부한 예수회 소속의 로버트 파슨스와 에드먼드 챔피언이 영국 땅에 들어오면서 정부는 크게 당황하게 됩니다. 결국 영국 정부는 이들 가톨릭 사제들에게 반역죄를 적용하게 되었고, 체포된 파슨스는 1581년 잔혹한 고문을 받은 끝에 처형됩니다. 엘리자베스의 집권 기간 동안 모두 183명의 가톨릭이 처형되었고, 그중 123명은 사제였습니다.[32]

엘리자베스가 가톨릭을 이처럼 반역죄로 처형할 수 있었던 데는, 당시 영국에서 연금 상태에 놓여 있던 가톨릭 출신의 스코틀랜드 여왕 메리 스튜어트의 존재가 결정적인 영향을 끼쳤습니다. 카트린 드 메디시스의 며느리였던 메리 스튜어트는 남편인 프랑수아 2세가 사망한 뒤, 스코틀랜드로 돌아와 여왕 노릇을 하고 있었습니다. 그러나 스코틀랜드의 프로테스탄트 귀족들이 일으킨 반란 때문에 1568년 영국으로 망명하게 되었고, 이후 계속해서 연금 상태로 감시를 받게 되지요. 비록 몸은 자유롭지 못했으나 메리 스튜어트는 엘리자베스가 사망할 경우 그를 이을 첫 번째 왕위 계승자였습니다. 가톨릭 신자들의 희망과 기대는 당연히 메리 스튜어트에게 모아졌습니다. 이런 복잡한 정치 상황 때문에 예수회 출신의 공격적인 선교 활동은 반역죄로 엄히 처벌될 수밖에 없었던 것입니다. 엘리자베스 아래에서 겨우 생명을 이어 가던 메리는 1586년 배빙턴의 반역 사건에 연루되어 다음 해에 결국 형장의 이슬로 사라지게 되지요.[33] 재미있는 것은 가톨릭과 프로테스탄트가 이런 극렬한 대립을 보이고 있던 시절에도 엘리자베스 여왕은 카트린 드 메디시스의 막내아들이던 알랑송이나 에스파냐의 펠리페 2세 등과 끊임없이 결혼 협상을 벌이고 있었다는 사실입니다.[34] 종교가 모든 분쟁의 원인이었지만, 다른 한편 종교가 아무것도 아니기도 했던 시절이었지요. 미혼의 엘리자베스 여왕이 사망하자, 그의 뒤를 이은 것은 바로 메리 스튜어트의 아들이자 스코틀랜드 왕이었던 제임스 1세였습니다. 바로 이 제임스 1세 치하에서 국교회의 탄압을 피해 신대륙행을 결심한 사람들이 탄 배가 메이플라워호였습니다. 일부 기독교인들이 신주단 지 모시듯 하는 '흠정역King James Version 성경'의 번역 작업을 지시한 것도 제임스 1세지요. 그의 아들이 바로 왕권신수설에 도취되어 의회와 싸우다가 청교도 혁명의 와중에 처형된 찰스 1세입니다. 찰스 1세의 아내는 앙리 4세의 딸이었습니다.

종교적 불관용, 우리 모두의 어두운 뿌리

자, 이제 16세기 유럽 이야기를 마칠 때가 되었습니다. 영화 한 편의 배경을 설명하는 데도 이런 노력이 드니, 종교개혁 시대를 제대로 이해하기 위해서는 평생을 바쳐도 모자랄 지경입니다. 그래서 국제정치학을 하는 분들은 종교적 요인을 거의 무시한 채 정치적 관점으로만 16세기를 이해하려 하고, 신학을 전공한 분들은 국제 정세의 이해는 처음부터 포기한 채 루터, 칼뱅, 츠빙글리, 베자 등등이 남긴 글만 파고듭니다. 교회를 수십 년 다녀도 이 끔찍한 종교개혁 이야기는 전혀 들을 수 없습니다. 시민들이 종교에 목숨을 걸었던 시대가 얼마나 끔찍한 결과를 낳았는지 교인들은 알 수 없습니다. 목사님들이 잘 모르기도 하고, 잘 알더라도 별로 이야기하고 싶지 않은 역사니까요. 그저 종교개혁 주일을 맞아 루터나 칼뱅을 기념하는 것이 고작입니다. 결과적으로 대개의 개신교 신자들은 다음과 같은 간략한 이미지로 종교개혁을 이해하게 되지요.

"교황 레오 10세라고 하는 아주 나쁜 놈이 있어서, 딸랑하고 동전이 떨어질 때마다 우리 조상이 연옥에서 천국으로 옮겨진다고 사기를 쳤지. 거기에 반발한 루터 형님과 칼뱅 형님이 종교개혁에 나서서 가톨릭과 맞장을 떴지. 그래서 악의 세력인 가톨릭을 몰아내고 정의의 세력인 프로테스탄트가 승리하게 되었어."

그게 사실이라면 얼마나 좋겠습니까. 그러나 종교개혁 시기를 가톨릭이라는 '악'과 프로테스탄트라는 '선'의 관계로 이해하거나, 또는 그 반대로 이해하는 것은 매우 위험한 일입니다. 프로테스탄트 종교개혁을 통해 교회가 초대교회 시절의 원형을 회복했다고 믿는 것도 착각입니다. 폭력성과 공격성, 자기중심성이라는 면에서 프로테스탄트도 가톨릭과 본질적으로 다르지 않았습니다. 종교개혁이 세계사에 끼친 선한 영향은 어쩌면, 그렇게 오랜 기간에 걸쳐 잔인하게 죽고 죽임으로써 더 이상 종교와 양심을 이유로 사람을 죽여서는 안 되겠다는 반성과 계몽의 시대를 열게 되었다는 점에서 찾아야 할지도 모릅니다. 종교개혁의 역사는 이 책의 도입부에서 제가 털어놓은 경험들과도 결코 무관하지 않습니다. 어제의 역사라기보다는, 오늘의 우리 현실을 비춰 주는 살아 있는 거울인 셈입니다.

문제는 언제나 종교적 불관용입니다. 그때나 지금이나 다른 종교, 다른 교파에 대한 기독교인들의 공격성은 변함이 없습니다. 16세기에 주로 화형이나 학살로 상대방을 처리했다면, 오늘날에는 말이나 글로 상대방의 영혼을 죽이지 못해 안달합니다. 기회만 주어진다면 상대방의 목숨을 뺏는 데 주저 없이 나서리라 생각되는 기독교인을 찾는 것도 그리 어렵지 않습니다. 이런 사람들은 대개 상대방과 자신이 차이점보다는 공통점이 훨씬 많다는 것을 무시하는 경향이 있습니다. 죽고 사는 싸움을 하던 원수들이지만, 따지고 보면 이들 모두는 하나님의 존재를 믿고, 예수 그리스도를 구주로 고백하며, 성경을 하나님의 말씀으로 받아들이는 사람들입니다. 그때나 지금이나 전 세계를 놓고 보면, 이런 공통점을 지닌 사람들보다는 그렇지 못한 사람들이 훨씬 많습니다. 다른 점보다 같은 점이 훨씬 많다는 사실을 무시하는 경향도 일종의 병이라고 할 수 있습니다. 더 순수한 것에 집착하는 이들의 결벽증은 1퍼센트의 차이 때문에, 실제로는 같은 편인 사람들을 죽도록 만듭니다.

정치권력과의 결탁은 어떨까요? 프랑스, 영국, 에스파냐, 이탈리아의 왕족 계보를 공부하는 것이 종교개혁사를 이해하는 데 이렇게 도움이 되는 것은 과연 정상일까요? 왕들은 가톨릭이나 프로테스탄트를 왕권 강화의 수단으로 이용했습니다. 루터도 칼뱅도 종교개혁 과정에서 철저하게 세속 권력에 의존했습니다. 하나님의 나라와 세속 왕국은 구별된다는 신학적 입장을 취하면서도 정작 본인들은 정치권력의 그늘을 한 번도 벗어나 본 적이 없었던 것입니다.

루터는 세속 권력인 독일 선제후 프리드리히의 보호를 받았습니다. 토마스 뮌처의 반란이 시작되자, 루터는 완전히 군주들 편으로 입장을 선회하여 무고한 농민들의 처형을 묵인했고, 심지어 이런 글을 남기기도 했습니다.

"영주 여러분, 반란자들을 죽이고 쳐부수고 목 조르십시오. 더 축복된 죽음은 없습니다. 여러분들은 주님의 명령에 따랐기 때문입니다. 농민들은 양심의 가책도 느끼지 않으며 그들의 행위가 정당하지도 않기 때문에 그들의 영혼은 사탄의 손에 들어갈 것입니다."

루터의 주장에 고무된 자들의 손에 7만 5천여 명의 농민들이 목숨을 잃었습니다.[35] 제네바를 정치적으로 장악하여 하나님의 도시로 만들려고 했던 칼뱅도 루터와 크게 다르지 않았습니다. 그는 위그노 전쟁을 통해 조국 프랑스에서 프로테스탄트의 자유를 획득하려 했고, 신학적인 반대파를 화형으로 제압했습니다. 정치권력과 손잡은 반란을 적극적으로 지원한 칼뱅이었지만, 정치적 기반 없이 투쟁에 나선 농민반란에 대해서는 철저하게 반대하는 입장에 섰습니다. 츠빙글리는 군목으로 전쟁에 참가한 뒤 취리히에서 정치적 지도자로 활동했습니다. 이웃 가톨릭 지역으로부터 공격받기 전에 선제공격을 감행하자고 주장한 것이나, 가톨릭군과의 싸움에서 그야말로 '장렬히' 전사한 것은 츠빙글리의 신학적 입장을 잘 보여 줍니다.

재세례파를 제외한 모든 종교개혁 그룹은 1618년 베스트팔리아 평화조약이 이루어질 때까지 다양한 형태로 종교전쟁에 관여하게 됩니다. 이처럼 종교개혁 그룹들이 주저 없이 전쟁에 참전하게 된 바탕에는, 가톨릭의 '정당한 전쟁' 전통을 그대로 받아들인 종교개혁 지도자들의 신학이 자리 잡고 있습니다. 마르틴 루터는 그의 두 왕국론을 통해 국가와 교회를 엄격하게 구분하면서, 국가는 세상 왕국에서 악의 세력을 응징하고 질서를 유지하기 위해 하나님이 기름 부으신 조직체라고 주장했습니다. 이러한 입장에 서게 될 때 국가가 행하는 정당한 전쟁 역시 당연히 정당화될 수 있습니다. 종교전쟁에서 전사한 츠빙글리의 입장은 두말할 나위도 없습니다. 정의롭지 않은 통치자에 대한 반란 가능성을 부인하지 않았던 칼뱅의 입장은 이미 살펴보았습니다. 칼뱅의 뒤를 이은 베자는 "독재자에 대한 반란은 기독교인의 권리일 뿐만 아니라 의무이기도 하다"고 주장했습니다. 하나님의 나라와 세상 나라의 분리를 말하면서도, 다른 한편 세상의 권력 또는 권력적 수단을 종교개혁에 이용하려고 한 이들의 태도는, 국가-교회의 관계에 관한 한 가톨릭의 기존 입장과 크게 다르지 않았습니다.

그런데 가톨릭이나 프로테스탄트를 지원했던 그 많은 군주들 중에 정말 기독교인의 모범이라 할 만한 사람이 한 사람이라도 존재했을까요. 어떤 이는 국가와 자신의 운명을 알기 위해 점성술이나 예언에 의존했고, 어떤 이는 아내를 버리고 애첩들의 품에서 평생을 보냈으며, 이들 모두는 적의 생명을 빼앗는 데 조금도 주저하지 않았습니다. 모범은커녕, 과연 이들을 기독교인이라고 볼 수 있는지조차 의심스럽습니다. 교회 속으로 세속의 논리가 들어와 사회적 지위가 그대로 교회의 지위로 인정되고 나면, 군주에게 기독교 윤리나 도덕을 요구하기란 불가능해집니다.

프로테스탄트들이 종교의 자유를 획득하는 것은 아마도 올바른 목표였을 것입니다. 그러나 그 수단으로 폭력을 사용한 것은 정당한 것이었을까요? 기득권을 쥐었던 가톨릭 측에서 학살과 종교재판으로 '이단'인 프로테스탄트를 억압하려 한 것은 어떻습니까? 가톨릭을 도발하기 위해 성상 파괴에 나섰던 프로테스탄트 군중은 이후 벌어진 모든 폭력에 아무런 책임이 없는 걸까요? 올바른 교리 못지않게 올바른 수단도 중요합니다. 창검을 손에 든 가톨릭과 프로테스탄트들이 자신들의 승리를 기원할 때 하나님은 누구의 편을 드셔야 했을까요? 기독교인들이 하나님의 이름으로 기독교인들을 죽이는 현장에서 예수님은 무슨 생각을 하셨을까요? 갑옷을 입고 어느 한편에서 칼을 휘두르고 계신 예수님의 모습을 상상해 보십시오. 십자가에 달린 예수님과 그런 예수는 어떤 공통점이 있을까요? 이런 폭력이 하나님의 이름 아래 자행된 것은 '나는 언제나 정의의 편'이라는 확신 때문이었을 것입니다. '하나님이 언제나 나의 편'이라는 확고한 믿음은 기독교인에게 힘과 용기를 주는 근원인 동시에 남을 해칠 수 있는 위험한 생각이기도 합니다.

6장 중세의 이단

먼저
실험을
시작한
사람들

주류 교회가 국가와의 연합 속에서 안락한 삶을 누리며 '선線'으로 이어지는 역사를 써 나가는 동안, 비주류에 속한 소수의 사람들은 박해 속에 끊임없이 소멸되면서도 성경 말씀에 기초하여 억세게 다시 살아나는 '점點'의 역사를 써 나갔습니다. '점'으로 쓰는 역사는 자기희생과 피의 역사였습니다. 그들은 먼저 실험을 시작한 대가로 자신들의 피를 내놓았습니다. '다른 사람들의 피로 십자가 군기를 물들이는 기독교'와 '자신의 피로 십자가를 물들인 예수 그리스도' 사이에는 큰 차이가 있습니다.

킹제임스 성경만이 진짜?

　자기주장이 너무 강한 사람과 대화를 나누는 것은 피곤한 일입니다. 예를 들어 한국이나 미국에는 킹제임스 성경만이 진짜 성경이라고 주장하는 분들이 있습니다. 영어 킹제임스 성경은 하나님의 섭리적 역사의 결정판으로, 이 성경만이 단 하나의 오류도 없는 하나님의 순수한 말씀이라는 것입니다. 그분들 이야기를 듣다 보면 처음에는 혹할 수도 있지만, 대화를 계속하다 보면 누구나 피로를 느낍니다. 간단한 영어 문장 하나라도 번역해 본 사람이라면 누구나 번역에 '유일, 무오류, 순수' 같은 표현이 쓰일 수 없다는 사실을 압니다. 번역은 그 자체로 하나의 해석 작업이어서, 언제나 번역자의 주관이 반영되기 마련입니다. 그래서 "번역은 반역"이라는 유명한 말도 생긴 것입니다. 또한 성경은 '원본'이라는 것이 존재하지 않습니다. 모세가 자기 손으로 직접 쓴 원본이란 게 존재하지 않음은 물론, 마태, 마가, 누가, 요한, 베드로, 바울

등 비교적 후대의 저자들이 자기 손으로 직접 쓴 원본도 존재하지 않습니다. 우리가 가진 것은 예외 없이 모두 후대의 필사가들이 엄청난 노력을 들여 손으로 옮긴 사본들뿐입니다. 그 사본들 사이에는 적지 않은 차이가 있고, 그중 어떤 것이 원본에 가까운지 판단하는 것은 신학자들의 오랜 과제와 논쟁거리가 되어 왔습니다. 단순히 오래된 사본이라고 해서 진실에 더 가깝다고 인정할 수도 없습니다. A라는 사본이 B라는 사본보다 수백 년이 앞섰다 해도, B사본의 기초가 된 B′사본이 A사본의 기초가 된 A′사본보다 훨씬 앞선 것일 수 있기 때문입니다. 원본이 존재하지 않는 책이 필사를 거듭하며 수천 년이 흐르고 새로운 언어로 번역까지 되다 보면, 그 많은 번역본 사이에는 수많은 차이가 존재하기 마련입니다.[1] 번역에는 근본적으로 '문자 대 문자'로 원문을 있는 그대로 재현하는 방법이 있는가 하면, '뜻 대 뜻'으로 원문의 의미를 최대한 살리는 방법도 있습니다. 어느 쪽을 선택하느냐에 따라 성경은 번역한 사람 수만큼의 새로운 판본이 존재하게 됩니다. 어차피 영어나 한국어로 번역된 성경만 읽는 우리 입장에서는, 성경에 오류가 없다는 분들에게 먼저 "어떤 성경에 오류가 없다는 말씀인지?" 물어보아야 할 필요가 있습니다. 이 사실을 알고 나면, 여러 종류의 성경 번역본을 읽고 하나님의 뜻에 대한 다양한 해석을 발견하면서 오히려 큰 기쁨을 누릴 수 있게 됩니다.

킹제임스 성경만이 진짜라고 주장하는 분들은 킹제임스 성경 이후 서구 신학이 쌓아 온 놀라운 발전을 완전히 무시하고 17세기 초반으로 자신의 사고를 고정시키게 됩니다. '무오류'의 킹제임스 번역을 한국말로 옮기는 과정에서 수정에 수정을 거듭한 그분들에게는 "처음에 나온

'한글' 킹제임스 성경에는 오류가 없었냐?"고 짓궂은 질문을 던지고 싶습니다. 그분들 중 일부가 다른 성경은 아예 이단이라고 말하는 것을 듣다 보면, '이 사람들이야말로 이단 아닌가? 누가 이단으로 지목해 주면 좋겠다'는 치사한 마음이 들 때도 있습니다. 그런 마음으로 인터넷을 검색해 보니 벌써 오래전에 발 빠른 어떤 교단이 이들을 이단으로 지목했음을 확인할 수 있었습니다. 마음이 닫힌 분들이 자기만의 세계에 갇혀 어떤 성경을 유일한 진짜로 지목하고 나머지를 가짜라고 주장하자, 또 다른 마음 닫힌 분들이 그들을 이단으로 지목한 형국입니다.

하긴 지금까지 제가 언급한 이야기만으로도 "그렇다면 너는 성경에 오류가 있다는 말이냐? 너야말로 이단이다"라고 일단 돌멩이부터 들고 나설 기독교인들이 많을 겁니다. 이런 살벌한 분위기가 한국 교회의 생명력을 죽이고 있습니다. 우리나라에는 미국이나 유럽에서 공부하고 돌아온 신학자가 세계 어느 나라보다도 많습니다. 목사님들이 자기를 과대 포장하기 위해 엉터리로 취득한 정체불명의 학위들을 다 빼더라도 그렇습니다. 그런데 그 훌륭한 신학자들이 제대로 된 저작을 내놓는 일은 거의 없습니다. 미국이나 유럽에서 신학을 공부할 때는 그쪽 분위기에 맞춰 최신 이론들을 연구하여 논문을 쓴 분들이 일단 귀국하고 나면 그런 내용들을 절대 국내에 소개하지 않습니다. 이단까지는 아니더라도 국내에서 한번 '자유주의' 신학자로 낙인찍히면 살아남기가 매우 어렵다는 사실을 그분들이 누구보다 잘 알기 때문입니다. 귀국해서 철저히 입조심을 하고 살았지만, 반대파의 교수가 자신의 미국 유학 시절 영어 논문을 추적하여 폭로하는 바람에 고생한 신학 교수들도 있습니다. 신학자들조차 이런 형편이다 보니, 신자들이 제대로 된 신학을 맛

볼 기회는 전혀 없습니다. 이럴 바에는 차라리 신학자들의 유학을 금지했어야 합니다. 자유주의 신학은 절대 안 된다면서, 자유주의 신학의 본산인 미국과 유럽으로 왜 자꾸 유학을 가는지 모르겠습니다. 지금 한국의 중세적 신학 분위기에서 미국 신학교 중 자유주의 낙인을 받지 않을 학교가 몇 개나 남아 있는지도 의문입니다. 한동안 각광받던 '스터디 바이블'들도 이제는 거의 씨가 말랐습니다. 미국에서 자주 이용되는 스터디 바이블 중 상당수는 한국 기준으로 보면 자유주의 신학이란 소리 듣기가 십상이기 때문에 아예 번역이 안 되고 있는 것 같기도 합니다. 덕분에 성경을 더 깊이 알고 싶은 사람들은 이제 영어 공부를 열심히 해서 성경도, 스터디 바이블도, 신학 책도 영어 원서를 볼 수밖에 없게 되었습니다.

'이단 감별사'가 자기 교단에서 이단으로 판정받기도 하는 살벌한 분위기에서 교회다운 교회를 만들기 위한 실험에 나서기란 매우 어렵습니다. 뭐 하나 새로운 시도를 하다 보면 졸지에 이단 낙인이 찍힐 수 있습니다. 정직하고 청빈한 삶과 설교로 후배 신학도들과 신자들의 존경을 받던 어떤 목사님이 동네 경쟁자들의 뜬금없는 이단 시비로 고통받는 걸 보면서, 저는 몇 명의 옛날 이단들을 떠올리게 되었습니다.

잊혀진 이단, 발도파[2]

1170년경 프랑스 리옹에 피터 발도Peter Waldo라는 상인이 살고 있었습니다.[3] 장사하여 남은 이득으로 틈틈이 고리대금업도 해서 상당한 재산을 모은 사람이지요. 중세 가톨릭교회는 돈을 꾸어 주고 이자 받는 것을 저주받을 짓으로 보았지만, 그때나 지금이나 기독교인들은 그런 금지 규정에 별로 신경 쓰지 않습니다. 그런데 고리대금으로 재산을 불려 가던 발도는 어느 날 리옹의 유력자가 갑작스럽게 사망하는 것을 보고 삶과 죽음에 대한 깊은 회의에 빠지게 됩니다. 그 상태에서 우연히 리옹 광장에서 음유 시인들이 성 알렉시스St. Alexis에 대해 부르는 노래를 듣게 되지요.[4]

발도가 전해 들은 알렉시스의 이야기를 정리해 보면 이렇습니다. 알렉시스는 부유한 로마 원로원 의원의 아들로 태어나 잘 먹고 잘 살던 복 받은 인생이었습니다. 그러던 어느 날 그는 갑자기 자기 재산을 가난한 사람들에게 모두 나눠 줘야겠다는 결심을 합니다. 그것이 예수님의 가르침이라고 생각했기 때문이었습니다. 아들이 완전히 맛이 갔다고 본 그의 아버지는 '아들 녀석이 세상 물정을 몰라서 그렇지, 예쁜 신부만 붙여 주면 마음이 돌아설 거야'라고 생각하여 이웃의 부자 처녀와 아들을 결혼시킵니다. 가족들에게 떠밀려 억지로 결혼한 알렉시스는 첫날밤 신부에게 "하나님을 위해 당신을 떠나고 싶으니 허락해 달라"고 간청합니다. 그리고 아내의 동의를 얻자 바로 동방의 시리아로 떠납니다. 방랑 끝에 에데사의 한 도시에 정착한 알렉시스는 자신이 가진 모든 것을 가난한 사람들에게 나눠 주고 지역의 교회 근처에서 무려 17년 동안 거지 생활을 합니다. 그런데 17년이 지난 어느 날 엄청난 일이 생깁니다. 성모의 환상이 그 지역 사람들에게 나타나 '하나님의 사람'을 찾으라고 명령한 것입니다. 성모의 지시에 따라 하나님의 사람을 찾아 나선 사람들은 곧 성모가 말한 하나님의 사람이 알렉시스인 것을 알게 됩니다. 알렉시스는 졸지에 유명 인사가 되었지요. 그런 식으로 유명해지기를 전혀 바라지 않았던 거지 알렉시스는 시리아에서 도망칩니다. 달리 갈 곳이 없던 그는 이곳저곳을 떠돌다 결국 로마의 고향집으로 돌아오게 됩니다. 워낙 세월이 많이 흘렀기 때문에 거지 행색으로 자신의 집을 찾은 알렉시스를 알아보는 사람은 아무도 없었습니다. 부모님조차도 아들인 줄 몰랐습니다. 다만 알렉시스가 집을 떠난 후 아들을 그리는 마음으로 거지들에게 유난히 관대했던 그의 부모는 동방에서 온 이 불쌍한 거지를 거두어 집에 머물게 했습니다. 그래서 거지 알렉시스는 자기 집 계단 밑에서 빌어먹으며, 틈만 나면 교회에 가서 기도하는 생활을 시작합니다. 낮에는 동네 어린아이들을 모아 놓고 하나님에 대해 가르치기도 했습니다. 하인들은 일거리만 만들어 내는 거지를 귀찮게 여겨서 그를 무척 험하게 대했지요. 빵 한 쪽을 얻어먹으려고 해도 엄청난 수모를 감수해야 했습니다. 그러나 그는 한 번도 자신이 그 집 아들임을 말하지 않았습니다. 다시 17년이 지난 어느 날 또 이상한 일이 벌어집니다. 이번에는 교황 이노켄티우스 1세가 황제와 함께 예배를 드리고 있는데 하나님의 음성이 들립니다. 누구누구네 집에 가서 하나님의 사람을 찾으라는 것이었습니다. 교황과 황제는 곧 하나님의 사람을 찾아 나섰지만, 그들이 알렉시스의 집에 도착했을 때는 이미 그가 사망한 뒤였습니다. 그제야 집안 사람들은 거지의 시신 옆에서 그가 평생을 기록해 온 노트를 발견하고 그 정체를 알게 됩니다.

원래 동방에서 유행했던 거지 알렉시스의 전설은 중세 후반에 가서야 유럽에 알려집니다. 알렉시스가 실존 인물인지는 전혀 알 수 없습니다. 전설마다 내용이 조금씩 다른 데다가 공식적인 기록이 없는 걸로 봐서는 사실이 아닐 가능성이 높습니다. 어쨌든 이 이야기를 들은 발도는 자신이 그동안 쌓아 온 부귀영화가 어쩌면 영혼을 팔아먹은 대가로 얻은 것일지도 모른다는 고민에 빠집니다. 그리고 성경을 공부해야겠다고 마음먹습니다. 하지만 당시에는 라틴어 성경만 존재했기 때문에 라틴어를 모르는 발도는 성경을 읽고 싶어도 읽을 방법이 없었습니다. 다행히 그동안 축적해 놓은 재산이 있었기에, 그는 성직자 두 명에게 돈을 주고 성경의 일부를 프랑스어로 번역시킬 수 있었지요. 그 일부의 복음만 읽고도 그는 자신의 지난 인생이 전혀 기독교적이지 않았음을 깨닫게 되었습니다. 특별히 예수님이 부자 청년에게 하신 말씀이 그의 영혼을 깨웠습니다. "네가 온전하고자 할진대 가서 네 소유를 팔아 가난한 자들에게 주라. 그리하면 하늘에서 보화가 네게 있으리라. 그리고 와서 나를 따르라"(마 19:21). 그 말을 들은 부자 청년은 재산이 너무 많았기 때문에 근심하며 자리를 떠났습니다. 그 청년을 보고 예수님이 남긴 유명한 말씀이 바로 "낙타가 바늘귀로 들어가는 것이 부자가 하나님의 나라에 들어가는 것보다 쉽다"(마 19:24)는 것입니다. 이 말씀이 자신을 향한 것이라고 받아들인 발도는 곧 자기 재산을 사람들에게 나눠 주고 사도들의 본을 따라 일종의 방랑 설교자로 살아야겠다고 결심하지요.

그러나 그의 아내는 남편의 이런 급진적인 변화를 받아들일 수 없었습니다. 그래서 이를 리옹의 대주교에게 알리고 도움을 구하지요. 대주교는 발도에게 허락 없이 설교하지 말도록 명합니다. 발도는 전혀 흔들리지 않았습니다. 그는 자신의 전 재산을 팔아 아내와 가난한 사람들에게 나눠 주고 집을 떠나지요. 이미 설교를 듣고 그의 뒤를 따르기 시작한 사람들이 동행했습니다. 그를 따르는 사람들 대부분이 극빈층에 속해 있었기 때문에 이들은 곧 '리옹의 가난한 사람들'이라고 불립니다. 발도는 자신의 제자들을 두 명씩 짝 지워 보내면서 음식과 처소를 구걸하며 복음을 전하라고 명합니다. 이들이 설교하며 돌아다닌 시대에 프랑스 남부에는 카타르파the Cathari가 한창 위세를 떨치고 있었습니다. 그러다 보니 발도파와 카타르파가 때때로 함께 복음을 전하며 돌아다니는 일까지 생겼지요. 그러나 발도파와 카타르파는 큰 차이가 있었습니다. 발도파는 일체의 서약을 금지하고, 군복무를 거부할 뿐 아니라, 레퀴엠, 연옥, 면죄부 등의 가톨릭 교리에 반대했지만, 근본적으로 기독교 교리의 큰 틀을 벗어나지 않았습니다.[5] 카타르파는 이와 달리 이원론dualism적 성향이 매우 강하여 기독교 교리에서 더 멀어진 상태였지요.

성경, 더 정확히 말하자면 복음서는 발도파 신앙을 규정하는 가장 중요한 바탕이었습니다. 이들이 볼 때 복음서가 전하는 하나님의 말씀은 너무나 분명하여 해석이 필요 없는 수준이었습니다. 문제는 해석이 아니라 적용이었습니다. 이러한 복음을 전하는 것은 모든 신자의 분명한 의무이고, 따라서 설교는 성직자의 전유물일 수 없었습니다. 발도파는 서품된 성직자가 없는 철저한 평신도 집단이었습니다. 나중에 가면 설교자들을 따로 집사라고 부르는 경우도 생기지만, 기본적으로 평등을 지향한 공동체여서 여성에게도 동등하게 설교할 권한을 인정했지요. 아직도 여성 목회자를 인정하지 않는 교단이 힘을 쓰는 우리나라 형편과 비교해 볼 때, 시대를 앞선 독보적인 선택이 아닐 수 없습니다. 발도파 공동체의 지도자가 되려면 여러 해 동안 혹독한 훈련을 거친 후, 세

속적 삶을 포기하고, 결혼하지 않은 상태에서 구걸하며 방랑 설교자의
삶을 살아야 했습니다.

이들의 가르침은 곧 가톨릭교회와 충돌합니다. 우선 청빈을 가장 큰
가치로 여긴 발도파의 태도는 이미 너무 많은 것을 소유한 가톨릭교회
를 불편하게 했습니다. 거기다가 '만인 제사장주의'를 내세워 평신도
설교권을 인정하는 입장은 가톨릭교회의 기존 제도를 무시하는 것이
었습니다.[6] 심심하면 만인 제사장주의를 떠드는 현대 한국 교회에서도
목사 외의 사람에게 설교를 인정하는 일은 거의 없습니다. 평신도 설교
권은 그만큼 뜨거운 감자입니다. 또한 복음서의 가르침을 있는 그대로
받아들인 발도파는 어떤 이유로든 살인을 거부했습니다. 살인을 거부
하는 그들의 태도는 어떤 예외도 인정하지 않아서 전투에서의 살인이
나 사형 집행 등도 모두 하나님의 뜻에 어긋나는 것이라고 생각했지요.
발도파의 평화주의 입장은 이들에 대한 재판 기록 곳곳에 남아 있습니
다. 1291년 도미니크 수도회 출신의 종교재판관이었던 모네타Moneta
of Cremona가 남긴 논문에 따르면, 발도파는 전쟁 그 자체 및 전쟁 가
담 행위를 잘못된 것으로 간주했고, 진짜 기독교인이나 교회라면 결코
전투에 관여할 수 없다고 믿었습니다.

발도파들이 남긴 수많은 문학작품들도 살인과 전쟁, 사형에 대해 비
슷한 입장을 취하고 있습니다. 심지어 무슬림에 대한 십자군 운동이나,
뒤에서 살펴볼 알비 십자군 등에 대해서도 비기독교적 행동이라고 평
가했습니다. 이런 입장이 무슨 해가 되겠는가 싶겠지만 중세 유럽은 기
사도에 대한 찬양과 사형을 중심으로 한 사법제도의 기반 위에서 유지
되던 사회였으므로, 발도파의 이런 태도는 봉건사회와 가톨릭의 기본

을 흔드는 위험한 주장이었습니다.[7]

여러 모로 위험한 종파이기는 했지만, 그들도 초기에는 교황청의 승인을 원했습니다. 그래서 리옹 대주교로부터 설교 금지령을 받은 뒤 발도는 교황 알렉산더 3세에게 설교를 허용해 줄 것을 요청했지요. 교황은 발도파의 '자발적 청빈'은 승인했지만, 설교는 금지했습니다. 너 혼자 가난하게 사는 것은 알 바 아니지만, 그런 내용을 널리 퍼뜨리지는 말라는 것이었지요. 1179년에는 발도파들이 교황청을 방문하여 선교 활동과 성경 번역을 승인해 달라고 요청했고, 이를 검토하기 위한 위원회가 조직되지만, 로마 지도자들의 눈에는 발도파들이 너무나 단순하고 무식해서 교리 논쟁을 하기에는 적합해 보이지 않았습니다. 영국 출신의 사제로 위원회를 이끌던 월터 맵Walter Mapp은 이들의 지적 천박함을 증명하는 데 논의를 집중했습니다.

위원회가 가장 먼저 물은 것은 발도파가 과연 삼위일체의 위격을 믿느냐는 것이었습니다. 발도파들은 거리낌 없이 "믿는다"고 답변합니다. 그러자 이번에는 그리스도의 어머니를 믿느냐는 질문을 던집니다. 역시 답변은 "믿는다"는 것이었지요. 그러나 이 질문에는 함정이 있었습니다. 삼위일체의 위격을 믿느냐는 질문에는 "믿는다believe in"고 답변해야 하지만, 성모 마리아를 믿느냐는 질문에 대해서는 "마리아를 믿는다believe in"고 대답해서는 안 되고 반드시 "마리아에 관해서 믿는다believe on"고 대답해야 했기 때문입니다. 성모 마리아를 삼위일체 하나님과 같은 위치에 두는 것은 가톨릭 입장에서 무식한 일이었습니다.[8] 발도파를 손쉽게 웃음거리로 만든 월터 맵은 "돼지에게 진주를 던져야 하는가? 이런 무식한 자들에게 말씀이 주어지는 것이 과연 옳은가"라고 한탄했습니다. 그토록 발도파를 무시한 월터 맵이 발도파들의 청빈을 문제 삼아 "만약 그들을 허용한다면, 우리가 오히려 밀려나게 될 것"이라고 경고한 것은 흥미로운 일입니다. 어쨌든 교황은 월터 맵의 의견을 존중하여 발도파의 승인 요청을 거절했습니다.

베드로의 후계자라는 교황에게 승인을 거절당한 발도는 "사람보다 하나님께 순종하는 것이 마땅하다"(행전 5:29)는 베드로의 말에 의지하여 설교를 계속합니다. 그뿐 아니라 도나투스파의 사례를 거론하면서 무자격한 사제들이 집례하는 성사들은 모두 무효라고 주장하기도 했습니다. 이는 교황청에 대한 심각한 위협이었습니다. 발도파는 남부 프랑스와 북부 이탈리아로 빠르게 퍼져 나갔고, 1184년 교황 루키우스 3세는 이들을 파문하고 철저히 탄압할 것을 명령합니다.[9] 파문 뒤에는 종교재판과 엄청난 박해가 따라왔습니다. 한창 사탄 숭배나 마법에 대한 신화가 넘쳐 나던 시대라서, 발도파는 악마가 주재하는 난교 파티에 참여했다는 이유로 교황 그레고리우스 9세에 의해 고발당하기도 하고, 나중에 가면 발도파라는 단어에서 유래한 보드리*Vauderi*라는 말이 아예 마법을 뜻하게도 됩니다.[10] 이런 오해의 결과로 1211년 한 해 동안 스트라스부르에서만 약 80명의 발도파가 화형을 당했고, 14세기 프랑스 전역에서 벌어진 심각한 박해로 발도파는 더 이상 성장하지 못합니다. 이들 중 일부는 마지막에 알프스 산속으로 피신하여 그곳에서 16세기까지 버티게 되지요.

발도파가 어떤 사람들이었는지는, 그들을 당대에 가장 위험한 이단으로 묘사한 어느 익명 작가의 글에 잘 표현되어 있습니다. 그의 표현에 따르자면 발도파가 그처럼 위험한 이유는, "첫째 그들은 다른 어떤 이단들보다도 오랫동안 살아남아 왔고, 둘째 다른 어떤 이단보다도 넓게 퍼져 있었으며, 셋째 가톨릭교회의 일부 가르침을 거부하고 있기는 하지만 경건한 삶을 살면서 기독교의 모든 신조를 지키고 있기 때문"이었다고 합니다.[11]

발도파는 지도자의 죽음과 동시에 소멸하거나, 가톨릭교회의 박해를 이겨 내지 못한 많은 '이단'들과 달리 종교개혁 시대까지 명맥을 이어 갑니다. 1532년 알프스 산맥에서 숨어 지내던 발도파들은 외부로부터 특이한 방문객을 맞아들이게 됩니다. 자신들과 상당히 비슷한 교리를 가지고 온 사람이었습니다. 세상에서 자신들만이 가톨릭교회에 대항하여 외로운 투쟁을 벌이는 줄 알았는데, 믿어지지 않는 동반자를 찾게 된 것입니다. 그 방문객의 이름은 기욤 파렐Guillaume Farel이었습니다. 파렐은 제네바에서 종교개혁 운동을 주도한 사람으로, 칼뱅을 제네바로 초청한 바로 그 사람이지요. 파렐은 그해 앙그론 계곡의 샹포랑에서 열린 발도파 대회에 참석하여 종교개혁 교리를 받아들이도록 설득합니다. 종교개혁 교리 중 만인 제사장주의나 성경 중심주의는 발도파가 이미 루터나 칼뱅보다 350년이나 앞서 주장한 내용이었기 때문에 별로 문제될 것이 없었고, 알프스의 발도파는 파렐의 제안을 받아들여 프로테스탄트에 귀의합니다.[12]

이후 발도파의 교육을 위해 파견된 칼뱅파 교사가 올리베탕Pierre Robert Olivetan이었습니다. 칼뱅의 사촌인 올리베탕은 알프스 산악 지대에서 발도파들을 가르치면서 히브리어 구약성경과 그리스어 신약성경을 프랑스어로 번역합니다. 발도파들의 정신적 물질적 지원이 그 토대가 되었음은 물론입니다. 이것이 프랑스어로 된 최초의 프로테스탄트 성경입니다.[13] 16세기에 이들을 주로 탄압한 것은 앞서 살펴본 프랑스 왕 프랑수아 1세입니다. 1545년 프랑스의 루앙 지역에 남아 있던 무려 3,600여 명의 발도파 신자들이 프랑스군에 의해 학살당하자 칼뱅은 발도파를 위한 탄원서를 국왕에게 제출하고 많은 사람들이 스위스로 피신하도록 돕습니다.[14] 이로써 발도파는 프로테스탄트에 합류하고, 평화주의자로서의 발도파는 역사에서 사라지게 되지요. 수백 년을 버틴 이 소수 종파도 종교개혁의 폭력성 앞에서는 살길을 찾아 나설 수밖에 없었던 것입니다.

미스터리의 단골 소재, 카타르파

그나마 발도파는 운이 좋았던 편입니다. 일단 그들은 16세기까지 살아남아 칼뱅파와 연결됨으로 다른 중세 이단들보다는 훨씬 좋은 평가를 받을 기회를 얻었습니다. 중세에 '그리스도의 평화'를 실천하려 했던 사람들이 발도파만은 아니었지만, 대부분의 소수 종파들은 발도파보다 훨씬 가혹한 운명을 맞이해야 했습니다.

중세 이단을 이야기할 때 빼놓을 수 없는 것이 카타르파입니다. 발도파보다는 카타르파가 우리에게 훨씬 익숙한 이름이지요. 역시 《다빈치코드》 열풍 덕분입니다. 중세의 이원론 분파로서 11~12세기에 이탈리아 북부와 프랑스 남부에 널리 퍼져 있던 카타르파는 보물이나 비밀을 좋아하는 음모론 추종자들에게 언제나 그럴듯한 이야깃거리를 제공하는 단골 소재였습니다. 《다빈치 코드》는 그런 이야기들을 종합한 책이니 당연히 카타르파 이야기가 빠질 수 없었겠지요.

카타르파는 땅과 모든 물질적인 것들을 사탄의 창조물로 여겼고, 하나님은 영적인 것만 창조하셨다고 믿었기 때문에 육식과 성교를 금하고, 가톨릭교회의 여러 의식에 반대했습니다. 그들은 하나님이 우리에게 육체를 이겨 내고 성행위라는 부도덕한 사슬에서 벗어날 수 있는 길을 보이고자 예수를 세상에 보냈다고 믿었습니다.[15] 이와 같은 이원론二元論 또는 이신론二神論, dual god 입장은 우리나라에서는 이문열의 소설《사람의 아들》을 통해 널리 알려진 것입니다. 민요섭과 조동팔의 이야기 속에 예수와 아하스 페르츠의 이야기를 심어 놓은 이중 구조를 지닌《사람의 아들》은 조로아스터교의 선신과 악신 신앙을 기반으로 한 것이지만, 카타르파와 같은 극단적 이원론을 이해하는 데도 큰 도움이 되지요.

카타르파 안에 여러 분파가 있었기 때문에 일률적으로 말하기는 어려워도, 예수 그리스도의 성육신을 인정하지 않는다는 점에서 카타르파는 비교적 명확한 이단 또는 이교로 분류됩니다.[16] 가톨릭 쪽에서는 대체로 이들이 마니교에 뿌리를 두고 있다고 주장하고 있습니다. 마니교처럼 카타르파도 성행위를 신성모독으로 생각하고, 결혼을 비난했기 때문입니다. 이렇게 본다면, 마니교는 조로아스터교와 카타르를 잇는 일종의 고리인 셈입니다. 카타르파는 심지어 성행위의 과정과 관련이 있는 음식을 먹는 것조차 거부했습니다. 여기에 해당되는 음식이 달걀, 우유, 버터, 치즈 등이었습니다. 다행히도 그 시대까지 사람들은 식물과 물고기는 섹스를 안 한다고 믿었기 때문에 카타르파는 식물과 생선은 자유롭게 먹었습니다. 그렇지 않았다면 그들은 훨씬 일찍 굶어 죽었을 것입니다. 윤회도 믿었기 때문에 어떤 형태로든 다른 사람이나 동물의 생명을 빼앗는 것도 거부했습니다. 전쟁 참여와 사형 제도를 거부한 것도 당연합니다. 그런 의미에서 발도파처럼 카타르파도 평화주의 종파였습니다. 교리 면에서 상당히 문제가 많았음에도 이들이 유럽 전역에서 얻은 폭발적인 호응은 가톨릭에 절망한 민중들이 이들의 금욕적인 삶에서 어떤 희망을 발견했음을 보여 줍니다. 교리야 어찌 되었든 민중들이 볼 때는 최소한 이들의 삶이 부패한 성직자들의 삶보다는 기독교의 원형에 가깝다고 생각했던 것입니다. 물론 가톨릭 입장에서는 카타르파를 색출하는 것이 발도파를 색출하는 것보다 훨씬 쉬웠습니다. 카타르 혐의자를 붙잡아 닭을 죽이라고 시키면 충분했으니까요.[17] 닭도 못 죽이면 카타르파가 틀림없었습니다.

그러나 카타르파에 대한 이런 진술도 100퍼센트 신뢰할 수 있는 것은 아닙니다. 일부 프로테스탄트 신학자들은 육식과 성교를 금하는 카타르파의 교리가 마니교와 유사했기 때문에 마니교의 영향을 받았다고 오해받았을 뿐이지, 그들이 실제로 마니교와 관련 있다는 증거는 어디에도 없다고 봅니다.[18] 카타르파에 대한 대부분의 진술이 이들을 단죄한 재판 기록에 기초한 것이라, 전적으로 신뢰하기 어렵다는 것도 문제입니다. 그러다 보니 학자들의 입장도 둘로 갈리게 됩니다. 캘리포니아 대학의 제프리 버튼 러셀Jeffery Burton Russell 교수 같은 저명한 역사학자는 카타르파가 악마의 힘을 강조하는 과정에서 악마 숭배의 길로 빠질 가능성이 있었다고 평가합니다. 그는 중세에 실제로 악마를 숭배하는 사람들이 있었다고 믿습니다.[19] 그에 반해 영국 서섹스 대학의 노만 콘Norman Cohn 교수 같은 중세 전문가는 이런 재판 기록들이 세상에서 일어날 수 있는 모든 악을 억지로 한군데 구겨 넣은 허구에 지나지 않는다고 평가합니다. 노만 콘에 따르면 악마 숭배나 마녀는 민중 문화 속에 결코 존재하지 않았고, 다만 성직자 지식인 집단의 과도한 상상력과 편집증적인 망상 속에서만 존재했다는 것입니다.[20] 프로테스탄트 학자들 중에는 카타르를 중세 교회의 부패에 대한 저항 세력으로 보고, 초대교회 공동체의 신앙을 회복하려 한 신앙 운동이자 종교개혁의 선구로 이해하는 사람도 없지 않습니다.[21]

프랑스의 저명한 역사학자 자크 르 고프 Jacques Le Goff는 최근 번역된 그의 대담집에서 카타르파는 봉건제에 대한 반동인 동시에 새로운 휴머니즘의 낙관론에 대한 반동이었다고 평가합니다. 그가 볼 때 카타르파는 기독교가 옆길로 새어 나간 것이라기보다는 전혀 다른 종교가 외견상 기독교적인 용어와 예식을 빌린 것에 불과했습니다. 그는 카타르파에게 가해진 무서운 탄압을 비판하면서도 "카타르파가 성공했더라면 서구가 아주 암담한 세월을 겪었을 것"이라고 주장합니다. 카타르파의 극단적인 주장은 그들을 탄압한 사람들보다도 훨씬 보수적이었기 때문입니다.[22]

초기에 교황청은 이들을 회유하려 노력했으나, 이에 실패하자 1209년 카타르파의 거점이던 알비 지역을 공격하기 위한 십자군을 조직합니다. 처음부터 종교적인 동기와는 거리가 멀었던 십자군 운동은 13세기로 넘어오면서 최소한의 양심도 상실하게 되는데, 그걸 보여 주는 대표적인 예가 바로 콘스탄티노플 약탈과 알비 십자군Albigensian Crusade이었지요.

1209년 프랑스 남부에 위치한 알비 지역의 이단들을 토벌하기 위해 소집된 십자군은 아르노-아말리크Arnauld-Amalric라는 시토회 수사가 이끌고 있었습니다. 베지에 지역을 공략하던 십자군은 "알비 사람들은 사탄의 도구로서 유대인들의 옹호자이며 엄청난 부를 소유하고 있다"고 배웠기 때문에 눈에 띄는 사람들을 모두 무참하게 학살하면서도 전혀 죄책감을 느끼지 않았습니다. 그런 학살 와중에 그나마 양심적인 어떤 군인이 아르노-아말리크에게 "이단들과 가톨릭을 구별할 수 있는 방법을 알려 달라"고 물었습니다. 그걸 알아야 가톨릭 신자들이 억울하게 죽는 것을 막을 수 있지 않느냐는 것이었습니다. 아르노-아말리크는 간단하게 답변했습니다. "남김없이 모두 죽이시오. 하나님이 자기 백성을 직접 가려내실 것이오." 다 죽이되 혹시 살아남는 사람이 있으면 그를 가톨릭 신자라고 생각하면 된다는 무서운 말이었습니다.[23] 로마가톨릭교회에서 미사를 드리고 있던 약 7천 명의 여성과 어린아이들도 예외 없이 학살당했습니다.

남부 프랑스에 피바람을 일으키며 이후 30여 년간 계속된 알비 십자군은 프랑스 왕정의 기반 확립과도 밀접한 관련이 있을 뿐 아니라 중세 종교재판의 기원이 됩니다.[24] 카타르파의 비극적인 종말은 보물과 음모의 이야기뿐 아니라, 지역적으로 가톨릭에 저항하는 남부 프랑스의 독특한 전통도 만들어 냈습니다. 이미 살펴본 앙리 4세를 비롯한 프랑스 위그노파의 주요 근거지도 모두 남부 프랑스에 기반하고 있었습니다.

누구 입장에서 이단? 위클리프와 후스

1414년 신성로마제국의 지기스문트Sigismund 황제는 동서교회의 대분열을 치유하고 교회 내의 분파 문제를 해결하기 위해 콘스탄츠공의회를 개최했습니다. 로마계, 아비뇽계, 공의회계 등 세 분파로 갈리어 교황 세 명이 난립하고 있는 상황을 해결하고자 했던 것입니다. 세 명의 교황을 각각 폐위, 자진 사직, 투옥의 방식으로 해결한 황제와 추기경들은 새로 마르티누스 5세 교황을 선출했습니다. 동시에 콘스탄츠공의회는 신학자 셋을 이단으로 규정했습니다. 한 명은 영국 출신의 존 위클리프John Wycliffe였고 다른 두 명은 보헤미아 출신의 얀 후스Jan Hus와 프라하의 제롬Jerome of Prague이었습니다.

당시 얀 후스는 이단 문제 토론을 위해 정식으로 공의회에 초청되면서 황제로부터 '안전 통행권'을 보장받은 상태였고, 존 위클리프는 이미 30년 전에 사망한 사람이었습니다. 위험을 감수하더라도 자신의 신학적 입장을 옹호하고 싶었던 후스는 공의회에 도착하면서부터 그의 입장을 철회하라는 요구를 받았습니다. 교황은 지기스문트 황제에게 안전 통행권을 취소하라고 요구했지요. 후스는 교황의 입장 철회 요구를 거절했고, 지기스문트 황제는 교황의 안전 통행권 취소 요구를 받아들였습니다. 안전 통행권 따위는 어차피 휴지나 다름없는 시절이었던 것입니다. 후스는 이 공의회의 재판 결과 1415년 화형으로 생을 마감하게 됩니다. 사상만 철회하면 목숨을 살려 주겠다는 요청을 끝까지 거절하다가 찬송가를 부르며 죽어 간 것입니다. 교회 당국자들은 혹시라도 후스의 추종자들이 그의 유물을 찾아 보헤미아로 가져갈까 봐 그의 화형 집행대와 주변 흙까지도 모두 퍼서 다른 장소로 옮기는 조치를 취합니다.[25] 오래전에 사망한 존 위클리프는 무덤에서 시체라도 꺼내서 화형을 시킵니다. 생전에 한 번도 만난 일이 없지만 신학적 입장을 같이했던 두 사람은 이렇게 죽음의 길에 동행합니다. 함께 이단으로 몰린 제롬은 콘스탄츠에서 탈출하는 데 성공하지만 다음 해 붙잡혀 화형당함으로써 이 여로에 동참하게 되지요.

1330년경 출생한 위클리프는 옥스퍼드 대학에서 교수를 지내며 여러 편의 논문을 남겼습니다. 성경이 교황, 교회, 교부들의 어떤 가르침보다도 우월하다고 주장한 점에서 그의 사상은 200년 후에나 나타날 프로테스탄트의 선구라 할 수 있습니다. 그는 교황을 포함하여 모든 성직자들이 생존을 위한 최소한의 돈과 소유만을 가지고 '사도적 빈곤'의 삶을 살아야 한다고 주장했고, 교회의 머리이신 그리스도를 대신한 교황들은 결국 적그리스도에 지나지 않는다고 선언했습니다. 교황을 '마귀의 수석 대리자', '불법의 사람' 등으로 지칭하고, 교황들 중 상당수가 멸망에 들어갔다는 그의 주장은 당시 상황에서 거의 만용에 가까운 것이었지요.[26] 평등에 관한 그의 주장도 독보적이어서 1374년 발표한 논문 "시민 주권에 관해서"는 "하나님이 지은 모든 선한 것들은 공유되어야 한다"는 상당히 과격한 내용을 담고 있기도 합니다.[27] 당연히 그의 주장들은 교황청의 주목을 받았고 여러 차례에 걸쳐 이단으로 규정되었으나, 영국의 주교들은 그를 보호하였지요.

1370년대에 그는 라틴어 성경을 영어로 번역하기로 결심했습니다. 다수의 평신도들이 라틴어 성경을 알아듣지도 못하는 현실 속에서 성경이 교회의 유일한 권위가 되기 위해서는 반드시 자국어 성경이 필요하다고 생각한 것입니다. 그는 1384년 사망할 때까지 성경의 대부분을 번역했고, 그가 마무리하지 못한 나머지 부분은 옥스퍼드 대학의 동료들이 1396년 번역을 마쳤습니다.[28] 옥스퍼드의 많은 교수들이 위클리프의 가르침에 동조했고, 일반인들 중에도 지지자가 많아서 연대기 저자인 나이튼Henry Knighton 같은 이는 "길을 가는 사람들 둘 중의 하나는 롤라드파the Lollards였다"고 기록했을 정도입니다. 롤라드파는 위클리프의 영향을 많이 받은 사람들을 지칭하는 것입니다. 그러나 옥스퍼드에서 위클리프를 따르던 사람들은 나중에 박해가 시작되자 자신들의 믿음을 대부분 철회합니다.

위클리프가 한 세기 앞서 존재했던 발도파에 대해 얼마나 알았는지는 알 수 없지만, 롤라드파는 여러 가지 면에서 발도파와 동일한 전도 전략을 취했습니다. 위클리프는 자신의 제자들로 두 명씩 전도 팀을 구성하여 검소한 옷을 입고 청중을 찾아 유랑하며 복음을 전하게 했습니다.[29] 그가 성경 번역에 몰두한 것도 이런 전도 팀들이 들고 나갈 복음을 준비하기 위한 것이었습니다. 롤라드파는 하나님의 특별한 계시가 없는 이상, 전투에서 사람을 죽이는 것은 신약성경의 가르침에 위반하는 죄라고 보아 평화주의의 입장을 취했습니다.[30]

평신도 중심으로 평등을 강조하고, 영어 성경을 읽고 영어로 설교하며, 성직자들의 부패를 공격했던 롤라드파는 당시 영국에서 일어나고 있던 각종 반란 사건들과도 간접적인 관련이 있습니다. 위클리프 자신이 가담한 것은 아니지만 1381년에 일어난 농민 반란(일명 와트 타일러의 난)에 위클리프 추종자 중 일부가 가담했는가 하면, 1414년 롤라드파에 동조하던 존 올드캐슬 경Sir John Oldcastle이 반란을 일으키기도 하지요.

영국은 이미 1401년 헨리 4세의 지시에 따라 롤라드파를 포함한 이단들을 화형에 처할 수 있도록 입법 조치를 갖추었습니다. 이런 유의 법률로는 영국에서 처음 통과된 것이었습니다. 존 올드캐슬 경의 반란 이후에는 이 법률에 따라 도피 중인 롤라드파를 본격적으로 색출하여 처벌함으로 롤라드파는 급격히 약화의 길을 걷습니다. 명확하게 분리된 종파 운동이었다기보다는 평신도와 저항적 성직자들이 일으킨 일종의 오피니언 운동이었던 롤라드파는 후에 여러 갈래로 갈라지고 신학적으로도 더욱 극단적 입장으로 선회합니다. 그러나 가톨릭교회에 대한 근본적인 적대감, 성경에 대한 확고한 믿음, 자국어 성경에 대한 집착은 모든 면에서 프로테스탄트 종교개혁을 위한 씨앗을 남기게 됩니다.[31]

위클리프의 영향을 가장 많이 받은 사람이 바로 보헤미아의 얀 후스입니다. 1369년 보헤미아에서 태어난 후스는 프라하 대학에서 신학을 가르치는 동시에 체코어 설교자로 명성을 떨칩니다. 그에게 영향을 준 것은 나중에 함께 화형당한 프라하의 제롬인데, 제롬은 영국 옥스퍼드에 유학하면서 위클리프에게서 직접 가르침을 받은 신학자였지요. 후스는 대부분의 신학적 논점에 대해 위클리프와 거의 비슷한 입장을 취하면서, 특히 교황청의 면죄부를 강력하게 비판했습니다. 루터처럼 면죄부 교리 전체를 비판하지는 않았지만, 면죄부가 자금 마련을 위한 장치로 이용되고, 그렇게 모아진 돈이 교황의 전쟁 비용으로 지출된다는 사실에 격분하여 이를 맹렬히 공격했지요. 그러다가 결국 교수직에서 잘리고 교회로부터 파문당한 뒤 은거하면서 남긴 대작이 《교회론》입니다. 이단으로 몰렸음에도, 보헤미아의 귀족들이 자신들의 영지에서 후스를 강력하게 보호했기 때문에 가능한 일이었습니다.[32]

교회 지도자이면서 보헤미아의 지도자이기도 했던 후스의 억울한 죽음은 민족 감정을 자극하였고, 그는 민족의 영웅으로 추앙받게 됩니다. 그의 화형에 맞서 보헤미아와 모라비아의 귀족 452명이 항의 서한을 작성했는데, 그렇게 뭉친 귀족들의 도움으로 후스파는 이후 약 4년 동안 가톨릭교회의 위계질서를 무시한 채 독립적인 민족 교회를 유지할 수 있었습니다. 이 운동은 1419년 국왕이 후스파에게 등을 돌림으로써 고난의 길을 걷게 되지요.[33]

후스파 중에서 끝까지 평화주의의 원칙에 따라 폭력 사용을 거부했던 것은 페트르 첼치스키Petr Chelcicky가 이끄는 일파였습니다. 남부 보헤미아 출신인 첼치스키는 교육을 많이 받지 않은 농민 출신으로 알려져 있습니다. 후스 등의 선각자들이 번역한 보헤미아어 성경을 통해 복음을 접한 그는 1420년경 일단의 농부들을 이끌고 프라하에 나타납니다. 첼치스키는 원수를 사랑하고 악한 자를 대적하지 말라는 예수님의 가르침을 문자 그대로 받아들였습니다. 그런 그가 프라하에 나타난 시점은 프라하가 하필 신성로마제국 군대에 의해 포위된 때였습니다. 그곳에서 그는 산상수훈을 근거로 기독교인은 초대교회를 모델로 삼아야 하며 박해와 죽음을 감수하고서라도 평화를 지켜야 한다고 목소리를 높입니다.

몇 년 후 다시 남부 보헤미아로 돌아간 첼치스키는 중세의 사회적 질서가 기독교 원칙과 완전히 반대되는 토대 위에 세워져 있음을 입증함으로써 기사도의 근간을 무너뜨리려고 노력합니다. 그 주장의 핵심은 콘스탄티누스와 함께 시작된 '교회와 국가의 연합'이 진정한 기독교의 타락을 가져왔다는 것이었습니다. 폭력과 불가분의 관련을 가질 수밖에 없는 국가는 기독교에 어떤 관여도 해서는 안 되며, 기독교도 국가로부터 손을 떼고 신약성경의 가르침에 따라 구별된 공동체를 만들어야 한다는 것이 그의 가르침이었습니다.[34] 첼치스키는 다른 급진적 후스파들이 폭력을 사용하다가 몰락해 가는 과정을 목도하면서 자신의 평화주의 입장을 더욱 확고히 하게 됩니다. 첼치스키를 따르던 사람들이 결성한 것이 체코 형제회입니다.

1480년에는 박해를 피해 독일을 탈출한 수백 명의 발도파들이 체코 형제회에 합류합니다. 계속된 박해에도 불구하고 크게 성장한 체코 형제회는 16세기에 여러 형태로 프로테스탄트 그룹과 연합하게 되지요. 체코 형제회가 일찍부터 프로테스탄트의 씨앗을 간직하고 있었다는 점에서 학자들은 이들을 '루터 이전의 루터파' 또는 '칼뱅 이전의 칼뱅파'라고 부르기도 합니다. 그러나 체코 형제회는 제자도를 강조하고, 늘 순교할 각오를 하고 있었으며, 특정한 신학자나 부자, 권력층의 배경 없이 주로 민중에 기원했고, 교단 또는 종파를 거부했으며, 평화주의 입장을 취하고 있었다는 점에서 루터파나 칼뱅파보다는 재세례파 쪽에 훨씬 가깝습니다.[35]

우리에게 이단은 과연 무엇인가?

잊혀진 발도파, 미스터리의 주된 소재가 된 카타르파, 종교개혁의 명백한 맹아가 된 롤라드파 등 중세 이단의 역사를 되짚어 보면, 이단이란 과연 무엇인가 하는 의문을 품게 됩니다.

'이단'의 사전적 의미는 "어떤 종교 집단 내부에서 정통 교리에 크게 벗어나는 주장에 대하여 정통 측에서 부르는 배타적 호칭"입니다. 당연히 다른 종교를 의미하는 '이교'와는 전혀 다른 것입니다. 이단은 이 세상에 유일한 진리가 존재하며 자신들이 그 진리를 가지고 있다는 어떤 사람들의 확신을 전제로 합니다. 그런 확신을 가진 사람만이 다른 사람을 이단으로 몰아붙일 수 있습니다. 그런 확신이 없는 사람에게 이 단이란 단어는 그저 무지막지한 박해의 역사만 떠오르게 할 뿐, 아무런 의미를 지니지 못합니다.

기독교는 매우 배타적인 종교입니다. 그 배타성은 세상과 구별되는 거룩함에 기인한 것입니다. 원래 그 거룩함은 원수를 사랑한다든지, 오른편 뺨을 때리는데 왼편까지 돌려 댄다든지, 아무도 모르게 남을 구제한다든지 하는, 세상이 도저히 이해할 수 없는 행동양식으로 드러나기 마련입니다. 그리고 그런 남과 다른 행동양식을 가진 사람들의 공동체가 바로 교회입니다. 그런데 이 배타성을 다른 종교에 대한 배제로만 잘못 이해하는 분들이 많았고, 그런 배제는 기독교 내부로까지 이어져 끝없는 분열을 낳았습니다. 하지만 남을 배제할 권리를 지닌 '정통' 기독교라는 것이 예수님 시절부터 확실한 원형을 지니고 있었던 것은 아닙니다. 엄밀하게 말하면, 예수님은 우리가 생각하는 기독교인보다는 오히려 경건한 유대교 신자에 가까웠습니다. 이런 예수님으로부터 출발한 기독교는 이후 계속적인 내부 투쟁을 거치면서 무엇이 정통인지를 만들어 나갔고, 다수에 의해 정통으로 선택받지 못한 입장은 이단이되었습니다.

기독교 문화 속에서 자란 저도 어릴 때부터 이단에 관한 경계를 많이 들어 왔습니다. 이단 문제를 잘 안다는 목사님들은 "이단은 문자 그대로 끝[端]이 다른[異] 것이다. 겉으로 볼 때는 다 비슷해 보이고, 대부분 똑같지만 끄트머리만 살짝 다른 것이 이단이다. 그래서 더 무서운 것이다"라고 가르치셨습니다. 그런 가르침을 받으면서 저는 '이단'이란 기본적으로 '속이는 자들'이므로 피해야 할 대상이라고 생각하게 되었습니다. 처음부터 남을 속이기로 작정하고 신앙생활을 하는 사람이 있을 리야 없겠지만, 그들은 이미 사탄에게 미혹된 사람들이므로 충분히 그럴 수도 있을 거라고 생각했습니다. 기독교인 대부분이 이단에 대해 저와 비슷하게 생각하고 있을 것입니다.

그런데 한번 생각해 봅시다. 기독교가 처음 출발했을 때 우리 선배들은 어떤 평가를 받았을까요. 유대교의 입장에서 볼 때 '갈릴리 사람들'은 율법을 준수하지 않고 궤변을 늘어놓으며 신성모독을 자행하던 '이단'들이었습니다. 처음에는 이들을 위협하고 설교만 금지했지만, 이들이 설교를 계속하자 그다음에는 감옥에 가두었고, 그래도 말을 듣지 않자 스데반을 돌로 쳐 죽이고 본격적인 박해를 시작합니다. 이 세상의 유일한 진리는 유대교이고 그 진리를 가진 사람들은 대제사장들과 사두개인, 바리새인들인데, 나사렛 예수를 좇는 이들이 정통 교리에서 벗어난 주장을 하므로 이런 박해를 시작했던 것입니다. 이단 척결 작업에 가장 적극적으로 참여한 사람이 바로 사울이라는 청년이었습니다. 초기 기독교인들은 로마제국으로부터도 박해를 받았습니다. 다신교 특유의 관용을 바탕으로 한 로마제국이 굳이 이 신흥종교만을 박해한 이유가 무엇일까요. 황제 숭배 거부와 병역 거부가 주된 박해의 원인이지만, 당시 나돌던 기독교인들에 대한 끔찍한 소문도 극심한 탄압에 일조했습니다. 당시에 돌고 있던 기독교인들에 대한 풍문을 정리하면 대체로 이런 내용이었습니다.

"기독교인으로 개종하면 개종의 증거로 갓 태어난 어린아이를 밀가루로 반죽한 다음 칼로 그 아이를 마구 찔러야 한다. 아기가 치명상을 입으면 모든 기독교인이 모여 아기의 피를 마신다. 아이가 죽지 않고 여전히 떨고 있으면 아이를 마구 찢어발긴다. 이런 긴 의식이 끝나고 나면 다들 영원히 비밀을 지키기로 서약한다. 그 후에는 무질서한 술자리가 벌어진다. 한창 술을 먹다가 일정한 시각이 되면 불이 모두 꺼지면서 모두들 수치심을 벗어 던진 채 동물적 감각에 몸을 내맡겨 형제자매, 심지어 어머니와 아들 사이에서도 믿지 못할 근친상간의 난교를 벌인다."[36]

정통 교리에서의 이탈, 살인, 난교 파티……, 어디서 많이 듣던 이야기 아닙니까? 그렇습니다. 현대의 이단에게도 예외 없이 적용되는 혐의들이지요. 물론 정신 나간 일부 소수 종파 중에는 비난받아 마땅한 부도덕한 행위를 자행하는 무리도 없지 않습니다. 그러나 초기 기독교에 적용되었던 '이단 낙인의 법칙'은 이후 2천 년 동안 지나칠 정도로 자주 반복됩니다. 발도파나 롤라드파, 후스파도 이렇게 낙인찍힌 수많은 이단들 중 하나입니다. 물론 칼뱅파, 루터파, 재세례파 등도 한때는 가톨릭에 의해 똑같은 평가를 받았습니다. 중세에는 성교, 이단, 창녀, 유대인, 동성애자, 문둥병자 등이 동일하게 혐오와 탄압의 대상이 되었습니다. 일단 이단으로 낙인 찍히면 성교, 창녀, 유대인, 동성애자, 문둥병과도 연계되어 한 묶음으로 정죄되었습니다. '이단' 하면 언제나 난교 파티나 동성애 논란이 뒤따라 온 것도 이런 관점에서 이해될 수 있습니다.

이들 모두를 함께 묶어 탄압함으로 중세 교회는 폭넓은 사회 통제의 효과를 누릴 수 있었습니다. 성교와 죄책감을 통한 사회 통제의 대표적인 예가 바로 자위행위에 대한 지나친 정죄였지요. 한번 들어 보십시오. 중세에는 자위행위에 관한 질문이 흔히 고해성사에서 이용되었습니다. 남성이 고해성사를 하러 오면 사제는 "형제여, 당신은 아이들이 흔히 그렇듯이 당신의 음경을 만지작거리거나 비벼 대지 않았습니까?" 하고 묻지요. 남성이 "예"라고 고백하면 그에게는 10일에서부터 40일에 이르기까지 빵과 물만 먹는 참회 고행이 요구되었습니다. 만약 그가 "그런 적 없다"고 부인하게 되면 사제는 놀라움을 표시하고 믿을 수 없다고 말한 뒤, 구원 문제를 진지하게 생각해 보라고 권고했습니다. 고해성사에서 거짓말하는 것은 중대한 죄라는 경고도 했습니다. 뭐라고 대답하든 남성들은 이 질문을 빠져나갈 수 없었습니다. 이런 덫을 통해 교회는 모든 사람의 삶을 통제하고 조종할 수 있었던 것입니다.

일단 이단 낙인을 찍고 나면 일정한 패턴에 따라 끔찍한 고문을 가한 후 각본에 따른 형식적인 재판으로 이들을 처단했습니다. 문제는 누가 이런 낙인을 찍었느냐는 데 있습니다. 교황권이 확립된 이후 누가 이단인지를 결정할 권한은 가톨릭교회에 있었습니다. 종교개혁으로 프로테스탄트가 독립된 정치세력을 유지하게 되기까지는 언제나 가톨릭이 정통이었기 때문입니다.[37] 그러나 불행히도 중세의 가톨릭교회는 그다지 깨끗하고 정의로운 조직이 아니었습니다. 교회는 콘스탄티누스의 기증서를 비롯한 많은 문서들을 위조했고, 정치적 음모 속에서 분열을 일삼았으며, 성직을 돈으로 팔고 사는 데 길들여져 있었습니다. 수도원 운동을 비롯한 개혁이 계속되었지만, 철저하게 썩어 빠진 교회를 정화하기에는 역부족이었습니다. 교회 개혁을 위한 모든 시도는 이단으로 단죄될 위험이 있었습니다. 우리가 너무도 당연하게 성인으로 받아들이는 프란체스코도 한때는 이단으로 몰릴 위험에 처할 정도로 중세의 공기는 답답했습니다. 종교개혁기에는 당연히 프로테스탄트들이 이단으로 몰렸습니다. 그래서 화형도 많이 당했습니다.

그렇다면 중세 가톨릭교회에 의해 이단으로 지목된 사람들을 오늘의 프로테스탄트들은 어떻게 평가해야 합니까? 이런 문제를 깊이 생각해본 기독교인은 많지 않을 겁니다. 의외로 대부분의 사람들은 "그때 이단이었으면, 지금의 시각으로 봐도 이단 아니겠나?"라고 대충 넘어가고자 합니다. 이건 프로테스탄트의 뿌리를 흔드는 위험한 생각입니다. 그렇게 치면 루터도 칼뱅도 모두 이단이 될 수밖에 없기 때문입니다. 가톨릭에 의해 한때 이단으로 지목받았던 프로테스탄트들이, 자기들보다 앞서 이단으로 지목되었던 선배들을 그대로 이단으로 받아들이는 것은 재미있는 일입니다.

더 나아가 때때로 프로테스탄트들은 이단이나 마녀로 지목된 사람들을 화형시키고 수장시키는 데 가톨릭과 공동전선을 펴기도 했습니다. 예를 들면 1544년 페스트에 뒤이어 기근이 발생하자 제네바에서는 마녀사냥이 시작되었고 30여 명의 여성들이 마녀 혐의로 처형되었습니다. 칼뱅은 같은 시기에 쓴 편지에서 "3년 동안 마법으로 도시에 페스트를 퍼뜨리는 데 전념한 남자와 여자들의 음모"에 대해 적습니다.[38] 그역시 마법과 마녀들에 대한 믿음과 공포가 있었던 것입니다. 《성유물론》이라는 책을 통해 유럽의 가짜 성물들을 강력히 비판한 합리적인 사람답지 않은 믿음이었지요. 칼뱅은 끊임없이 이단들을 '개'라고 지칭했습니다. 그래서 당대의 가장 '탁월한 개'였던 미카엘 세르베투스 Michael Servetus의 화형을 주도 또는 방임함으로 평생에 지울 수 없는 오점을 남기기도 합니다.[39]

루터 역시 악마의 존재뿐 아니라 마녀의 존재를 굳게 믿고 있었습니다. 그는 심지어 어떤 여자들이 아이들을 현혹하고 질병을 퍼뜨리며 악마의 형상을 취한다고 믿었습니다. 물론 그런 여자들은 죽어 마땅하다는 것이 루터의 생각이었습니다. 다만 루터는 마녀사냥이 기승을 부리기 직전에 사망하였으므로, 칼뱅처럼 화형 등을 통해 직간접적으로 손에 피를 묻히는 일만은 피할 수 있었습니다.[40] 마녀만 문제가 아니었습니다. 소수파였던 재세례파는 루터와 칼뱅 그리고 가톨릭 모두의 공적이었습니다. 어느 쪽에 붙잡히든 대개는 화형 또는 산 채로 수장되어야 했습니다. 가톨릭과 프로테스탄트는 적어도 마녀와 이단 사냥이라는 점에서는 확실히 같은 의견을 보인 셈입니다. 가끔 서로 잡아 죽이는 일만 없었다면 공격성과 폭력성이라는 면에서 좋은 친구가 될 수 있었던 것이지요. 1560년부터 1630년 사이에 지속된 종교 내전들은 가톨릭과 프로테스탄트 모두를 정서적으로 피폐하게 했고, 이로 인해 고조된 상호 간의 적대감은 '상상 속에 존재하는 세계(마녀나 이단)'에 대한 공동의 배척으로 증폭되었습니다.

현대의 많은 신학자들이 동의하듯이, 중세 가톨릭교회가 이단으로 지목한 상당수의 사람들은 종교개혁의 맹아였고, 남들보다 조금 먼저 실험을 시작한 사람들이었습니다. 그런데 우리는 프로테스탄트의 선구자가 되었던 그 사람들에 대해 아는 것이 없습니다. 왜냐하면 그 이단들의 손으로 쓰인 기록이 거의 남아 있지 않기 때문입니다. 우리에게 남아 있는 것은 가톨릭교회의 종교 재판관들이 작성한 재판 기록이 고작입니다. 그런 기록들은 모두 똑같은 줄거리로 되어 있습니다. 하나같이 이단자들의 사탄 숭배, 성적 일탈과 방탕함에 관한 이야기를 담고 있습니다. 어쩌면 그렇게 똑같을 수 있을까요. 바로 고문 때문입니다. 교황 이노켄티우스 4세 때부터 교회는 사지 절단, 출혈, 사망을 초래하지 않는 범위에서 광범위하게 고문을 허용했습니다. 1252년에 이르면 종교재판소가 고문 권한을 갖게 됩니다.[41] 당시 이단 박멸의 사명을 띠고 유럽을 돌아다니던 전문적인 사냥꾼들은 가혹한 고문으로 자백을 받아 냈습니다. 개인적 원한에 의한 밀고도 성행했습니다. 처벌 방법으로는 주로 화형이 사용되었습니다. 이단을 불태워 죽이는 것은 다른 사람들이 같은 죄에 빠지는 것을 막기 위한 것이므로 사회를 향한 사랑의 행위였습니다. 불에 타 죽는 사람은 불길 속에서 정신을 차려 자기 영혼을 구하게 되므로 화형은 이단들을 향한 사랑의 행위이기도 했습니다. 전쟁을 사랑의 이름으로 정당화하는 것과 비슷한 논리였습니다. 죄를 자백하고 이단 신앙을 철회한 사람에게는 때때로 지하 감옥에서 종신형을 사는 '은총'이 베풀어지기도 했습니다. 화형당하기 전에 미리 교수형을 시켜 주는 것도 고통을 감해 준다는 면에서 은총이었습니다.[42]

11세기부터 15세기까지 중세 이단들이 출현해서 소멸하는 과정을 제프리 리처즈는 이렇게 요약합니다. 먼저 어떤 집단이 사도적인 인생을 살아야 한다고 주장하는 카리스마적 지도자에 감화됩니다. 이들은 곧 여러 가지 이유로 가톨릭교회의 공식적인 승인을 받지 못하여 반대파로 몰리게 됩니다. 그러면 그 집단은 가톨릭교회의 위계질서와 성직자들을 더욱 반대하는 극단적인 입장을 취하게 되고, 교회는 권위와 힘으로 이들을 억압합니다. 교회의 대응은 언제나 1단계 설득, 2단계 억압, 3단계 악마화의 단계를 거쳤습니다. 이단들을 악마의 세력으로 몰아붙인 다음에는 진압하기도 훨씬 쉬웠습니다. 이런 과정을 통해 이단들은 무력으로 완전히 진압되어 항복 또는 소멸하거나 추방되어 지속적으로 박해받는 이단으로 살아가게 됩니다.[43] 가끔은 교회의 승인을 얻어 전혀 다른 길로 가는 경우도 생기는데, 프란체스코나 도미니크를 따르던 수도회들이 이런 운 좋은 분파들이었습니다. 이단이 되기를 각오해야만 자기 나라 글로 된 성경을 읽을 수 있고, 자기 나라 말로 설교할 수 있고, 평신도의 제사장적 지위를 주장할 수 있고, 교황의 권위를 공격할 수 있었던 시대를 이해하고 나면, 이단을 바라보는 우리의 시각도 근본적으로 달라질 수밖에 없습니다.

콘스탄티누스 이후 많은 기독교인들은 예수 그리스도가 가르친 총체적 평화를 포기하는 대신, 현실 세상에서의 단기적 안전을 선택했습니다. 누구도 이들을 쉽게 비난할 수는 없습니다. 우리 모두에게 목숨은 소중한 것이니까요. 그래도 여전히 소수의 사람들은 목숨과 안전을 포기하고 영원한 평화와 안식의 길을 택했습니다. 주류 교회가 국가와의 연합 속에서 안락한 삶을 누리며 '선線'으로 이어지는 역사를 써 나가는 동안, 비주류에 속한 소수의 사람들은 박해 속에 끊임없이 소멸되면서도 성경 말씀에 기초하여 억세게 다시 살아나는 '점點'의 역사를 써 나갔습니다. '점'으로 쓰는 역사는 자기희생과 피의 역사였습니다. 그들은 먼저 실험을 시작한 대가로 자신들의 피를 내놓았습니다. '다른 사람들의 피로 십자가 군기를 물들이는 기독교'와 '자신의 피로 십자가를 물들인 예수 그리스도' 사이에는 큰 차이가 있습니다.

이런 역사를 이해하고 나면 기독교 소수 종파들에 대한 새로운 관점이 생기게 됩니다. 저는 누군가를 서둘러 이단으로 낙인찍는 것보다는,

성경으로 잘 무장된 기독교인을 키우는 일이 교회의 우선적 과제라고 생각합니다. 사실 대부분의 기독교인들은, 남이 왜 이단으로 낙인찍혔는지 그 이유를 정확히 알지 못합니다. 그냥 목사님이 이단이라고 하면 무조건 이단으로 받아들일 뿐입니다. 이단들과 이야기하다 보면 말려들어갈 수 있으니, 아예 접촉하지 말라는 목사님들도 많습니다. 그런데 막상 그렇게 말씀하시는 목사님들이 이런 소수 종파 사람들과 대화해 본 경험이 있나 보면, 대부분 전혀 없습니다. 목사님들 중에도 그 사람들이 왜 이단으로 낙인찍혔는지 잘 모르는 분들이 많습니다. 잘 모르다 보니 두려움만 자라나게 됩니다. 이단 전문가라는 분들은 대개 그런 소수 종파들이 처음 생기던 시기에 불러일으킨 논란을 줄줄 주워 섬기며 그들이 이단이라는 논리를 제시합니다. 이후 변화한 모습에 대해서는 관심이 없습니다.

아무에게나 이단 낙인을 찍다 보니 가톨릭을 이단이라고 하는 목사님들까지 나옵니다. 대개 이런 분들은 14세기 위클리프나 16세기 루터가 맞서 싸우던 교황들과 아직도 싸우는 중입니다. 종교개혁 이후 가톨릭교회가 변화를 위해 얼마나 몸부림쳤으며, 특히 제2차 바티칸공의회 이후 얼마나 눈부시게 변화했는지에 대해서는 들어 보지도 못한 분들입니다. 아마도 듣고 싶지 않았기 때문에 듣지 못한 것이겠지요. 그저 습관적으로 성모 마리아를 신성화한다는 둥, 연옥을 믿는다는 둥 진부한 이야기들만 주워섬길 뿐입니다. 성경과 함께 교회 전통도 중시하는 가톨릭의 입장은 여전히 의미 있는 기독교의 한 흐름입니다. 유아세례를 비롯해서 성경에 없는 많은 교회 전통을 개신교도 받아들이고 있습니다. 프로테스탄트가 비록 가톨릭에서 독립해 나오기는 했지만, 가톨릭 신학 없이 프로테스탄트 신학을 논한다는 것 자체가 불가능합니다. 그런데도 이단 사냥에 너무 열심을 내다 보니 이제 허공을 향해 침을 뱉는 지경에 이른 것입니다.

이단성으로 따지자면 맘몬 신을 섬기며 모든 성공을 하나님의 뜻으로 포장하는 일부 교회 지도자들도 만만치 않습니다. 교회 속으로 끊임없이 세상을 끌고 들어오는 분들도 마찬가지입니다. 남 말 할 때가 아닙니다. 그래서 이단 사냥을 하는 분들은 그게 어느 교파의 입장에서 보았을 때 이단인지 그 기준을 그때그때 구체적으로 밝혀 줄 필요가 있습니다. 무조건 이단이라고 하기 전에 '장로교 입장에서 볼 때', '감리교 입장에서 볼 때', '장로교 중에서도 가장 보수적인 우리 ○○교단 입장에서 볼 때'라고 범위를 한정시켜 주어야 합니다. 일반 교인들도 이단 판정이 뭘 기준으로 이루어졌는지 주의 깊게 살펴보고, 그 이단 판정을 다시 판단할 수 있는 안목을 갖춰야 합니다. 그렇게 하지 않으면 "예정론에 동조하지 않으면 다 이단"이라는 식으로, 너무 쉽게 생사람 잡는 일의 동조자 또는 방관자가 되기 쉽습니다.

물론 이단으로 찍힌 분들과 이야기하다 보면 확실히 피곤합니다. 정말이지 누가 이런 사람을 좀 잡아가 주었으면 좋겠다고 느낄 때도 있습니다. 내가 아는 것이 적어 반박할 수 없을 때 그런 느낌은 더 강해집니다. 그러나 그런 순간에 우리가 해야 하는 것은 성경을 다시 읽고 관련 자료를 찾아 공부하는 것이지, 상대방을 이단으로 손가락질하는 것이 아닙니다. 그리고 소수 종파에 깊이 빠진 분들을 한번 애정을 가지고 자세히 살펴보십시오. 대개 교회에 대한 강한 열정을 지닌 사람들입니다. 현실 속의 교회가 교회다운 모습을 보여 주지 못하다 보니, 제대로 된 교회를 찾아 순례를 시작하게 된 사람들입니다. 소수 종파에 깊이 빠졌던 분들은 거기 실망해서 뛰쳐나온 뒤에도, 비슷한 스타일의 소수 종파를 찾아가는 경우가 많습니다. 이걸 보면 이단 문제에 대한 근본적인 해결은 교회다운 교회를 만드는 데서 시작되어야 합니다. 심지어 "이단 종파일수록 사람들을 더 따뜻하게 대한다. 그러니 처음 갔을 때 너무 따뜻하게 대하면 오히려 의심해 보아야 한다"는 목사님들도 있는데, 이건 정말 주객이 전도된 것입니다. 그렇게 따뜻하지 못한 우리 교회를 반성해야지, 그걸 소수 종파에게 속지 말라는 근거로 제시하는 것은 너무 막 나가는 일입니다.

이단 낙인찍기에 대한 공포는 새로운 실험에 대한 두려움을 낳습니다. 하지만 프로테스탄트는 원래 끝없는 갱신을 본질로 하는 교파입니다. 프로테스탄트에게서 개혁과 실험이 사라지고 나면, 우리는 더 이상 프로테스탄트가 아닙니다. 실험이 가능하려면 실험 과정에서 생길 수 있는 실수에 대한 용납이 필요합니다. 불분명한 교리 문제만 가지고 어떤 실험을 이단으로 평가하기 전에 한 세대쯤 기다려 주는 인내도 필요합니다. 그것이 일찍이 랍비 가말리엘이 우리에게 가르쳐 준 지혜입니다.

"이 사람들을 상관하지 말고 버려 두라. 이 사상과 이 소행이 사람으로부터 났으면 무너질 것이요 만일 하나님께로부터 났으면 너희가 그들을 무너뜨릴 수 없겠고 도리어 하나님을 대적하는 자가 될까 하노라"(행 5:38-39).

7장 질문 바꾸기

고통받는
사람들의
친구가 되는
교회

도무지 상처를 입어 본 적이 없고, 그래서 남의 고통을 이해하지 못하는 기독교인들이 늘고 있습니다. 그런 사람들끼리 모여 교회 간판을 단다고 해서 다 교회가 되는 게 아닙니다. 예수님의 가르침을 따라 예수님을 따라가는 교회를 만들기 위해 우선 질문을 바꿔 보아야 합니다. 그 질문 바꾸기를 저는 이렇게 시작하자고 제안합니다. 여러분은 다른 사람에게 어떤 친구입니까? 남들에게 말 못할 자신의 고통을 당신에게만 이야기하는 친구가 단 한 명이라도 있나요?

동성애, 뜨거운 감자

오래전 CBS에서 방송 토론의 사회를 부탁받은 적이 있습니다. 동성애를 어떻게 보아야 하는지에 대해, 보수적인 신학교 교수님과 동성애자 대상 사역을 하는 목사님을 모시고 열띤 토론을 벌이는 순서였습니다. 예상한 대로 보수적인 신학교 교수님은 소돔과 고모라, 모세 율법, 바울 서신 등 성경을 근거로 하여 동성애는 명백히 죄라고 선언하셨습니다. 동성애자 사역을 하는 목사님은 경험을 토대로 그들에게 쉼터와 예배의 기회를 제공하는 것이 얼마나 중요한지를 강조하셨습니다. 신학교 교수님은 동성애가 죄인지 아닌지 하는 논의에 목사님을 끌어들이려 노력했지만, 목사님은 거기에 끌려 들어가지 않았습니다. 죄냐 아니냐 하는 질문을 잘 피해 가면서 동성애자들도 남들과 똑같이 사랑을 필요로 하는 사람들이라는 말씀만 계속하셨습니다. 사회자인 제 입장에서는 목사님이 자꾸 논의의 핵심을 비켜 가는 것처럼 보였습니다. 그래서 토론이 거의 끝나 가던 무렵 저는 약간 따지듯 목사님께 질문했습니다. "목사님, 동성애자 사역이 중요한 것은 잘 알겠는데, 그래서 동성애가 죄란 말입니까, 아니란 말입니까?"

동성애는 기독교, 특히 미국의 보수 기독교에서 낙태와 함께 지난 30여 년간 가장 중요한 어젠다로 삼아 온 문제입니다. 1980년 이후 공화당이 승리한 모든 대통령 선거는 결국 이 두 가지 이슈를 가지고 남부의 전통적인 '바이블 벨트bible belt'를 공략한 결과라고 볼 수 있습니다. 물론 민주당이라고 해서 선거 때 바이블 벨트를 완전히 포기한 것은 아닙니다. 1996년 민주당 출신의 클린턴 대통령은 "결혼은 남성과 여성의 결합을 의미한다"고 동성 결혼을 명백하게 금지한 결혼보호법에 서명했습니다. 같은 당 출신의 오바마 대통령도 동성 결혼은 연방 정부가 아니라 주 정부의 권한에 속한 것이라면서 이 문제에서 한 발짝 비켜나 있는 상태입니다. 모두 바이블 벨트를 의식한 태도입니다. 현재 미국에서는 매사추세츠, 코네티컷, 아이오와, 버몬트, 메인, 뉴햄프셔 등이 동성 결혼을 이미 인정했거나 곧 인정할 예정입니다.[1] 코네티컷 주가 2008년 11월 12일 동성 결혼을 합법화한 이후, 뉴욕 시에서 가장 가까운 곳에 위치한 코네티컷 동네인 그리니치에는 뉴욕의 동성 커플들이 혼인 신고를 위해 몰려들기 시작하여 약 7개월 만에 무려 139쌍의 동성 커플이 탄생했습니다. 뉴욕 주는 동성 결혼을 인정하지 않으면서도, 다른 주에서 신고를 마친 동성 결혼은 그대로 효력을 인정해 주기 때문에 생긴 현상이지요.[2] 캘리포니아 주는 결혼 개념을 이성 간의 것으로 한정한 규정에 대해 법원이 위헌 결정을 내림으로써 동성 결혼이 인정되는 것처럼 보였지만, 동성 결혼 반대자들의 주도로 아예 주 헌법을 개정하여 결국 동성 결혼을 금지하게 되었습니다. 매번 이런 논란이 있을 때마다 가장 앞장서서 동성애 인정을 거부해 온 것은 기독교인들이지요. 우리나라에서도 동성애와 싸우는 주력은 보수 기독교지만, 아직까지 이런 문제가 전면에 떠오른 적이 없어서 미국처럼 법안을 둘러싼 현실적인 논쟁이 벌어진 적은 없습니다. 대부분의 보도도 그저 강 건너 불구경하듯 해외토픽에서 미국의 사례들을 거론할 뿐입니다.

이렇게 주로 미국의 상황만 거론되기 때문에 우리나라에는 동성애자가 거의 없다거나, 문화적으로 동성애는 그리스 전통에 서 있는 것이어서 우리나라와는 관련이 없다고 생각하는 분들이 있을 정도입니다. 저도 그렇게 생각하던 때가 있었습니다. 동성애를 반대하며 설교 중에 종종 저주 섞인 독설을 내뱉는 한국 목회자들 대부분은 아마도 동성애자를 한 번도 본 적이 없는 분들일 겁니다. 그날 토론의 사회를 본 저도 동성애자를 개인적으로 한 번도 만난 적이 없는 사람이었고(더 정확히 말하자면 만난 적이 없다고 생각했고), 성경 구절을 열심히 인용한 보수 신학교 교수님도 저와 별로 다를 바 없는 형편이었으리라 짐작됩니다. 동성애자를 만나 본 적도 없는 저나 그 신학교 교수님이, 동성애자들과 일상을 함께하며 예배도 드리고 쉼터도 제공하는 목사님을 향해 계속 물었습니다. "동성애는 죄입니까, 아닙니까?" 이렇게 질문하는 우리의 마음 깊은 곳 어딘가에는 아마도 '이것 하나 정면으로 대답하지 못하면서 당신이 목사 맞느냐? 성경을 제대로 읽어 본 적이 있느냐?'라는 정죄하는 마음이 자리 잡고 있었던 것 같습니다.

배제의 질문, 사랑의 답변

그런데 얼마 후 저는 성경 말씀을 묵상하는 가운데 저하고 똑같은 법대 교수 한 명을 만나게 되었습니다.[3] 그의 이야기는 이렇게 시작됩니다. 사법 시험에 합격하고 검사 노릇까지 하다가 나중에 법대 교수가 된 기독교인 한 명이 어느 날 예수님을 찾아왔습니다. 그는 처음부터 예수님께 인생의 답을 얻으려는 생각은 별로 없었습니다. 세상에서 자기보다 잘난 사람이 있으리라고 생각하지 않았기 때문이지요. 그는 인기 있는 예수님과의 대화를 통해 자신의 신앙과 지식을 자랑하고 싶었습니다. 그래서 예수님께 묻습니다. "선생님, 제가 무슨 일을 해야 영원한 생명을 얻을 수 있겠습니까?" 예수님은 이런 스타일의 인간에게 당장 답을 던져 주시는 법이 없었습니다. 예수님은 역으로 "율법에 뭐라고 기록되어 있고, 교수님은 그걸 어떻게 해석하고 계신지 말씀해 주십시오"라고 되묻습니다. 역시 공부를 많이 한 사람답게 교수는 청산유수로 답합니다. "율법에는 네 마음을 다하고 네 생각을 다하여 주님이신 네 하나님을 사랑하라. 그리고 네 이웃을 네 몸과 같이 사랑하라고 하였습니다." 예수님은 그 대답을 듣고 기분 좋게 "빙고, 정답이네요. 그대로 실천하십시오. 그러면 살 수 있습니다"라고 말씀하셨습니다.

여기까지 듣고 그냥 가면 되는데, 법대 교수는 잘난 척하고 싶은 마음을 도저히 가눌 수 없었습니다. 예수님을 따라다니는 가난뱅이 무지렁이들과는 수준이 다르다는 것을 보여 주고 싶었던 것이지요. 그래서 한 단계 높은 질문을 던지기로 마음먹습니다. 모든 학문, 특별히 법학에서 가장 중요한 것은 용어의 정확한 의미, 즉 정의定義이므로 그는 이렇게 묻습니다. "그러면 누가 저의 이웃입니까?" 사랑해야 할 이웃의 정의를 내려 달라는 질문이었습니다. 아마도 세상 사람 중에 사랑해야 할 사람들의 범위를 한정 지어 달라는 의미였을 겁니다. 달리 말하면 사랑하지 않아도 되는 사람이 누구인지를 알려 달라는 의미도 되겠지요. 예수님은 이 사람에게 바로 답을 주지 않고, 엉뚱한 이야기를 시작하십니다.

"어떤 사람이 서울에서 강화도로 가다가 떼강도를 만났어요. 강도들은 그 사람이 가진 것을 모두 빼앗고 마구 두들겨 패서 반쯤 죽여 놓고 가버렸습니다. 마침 그때 강남의 큰 교회 목사님이 심방 가는 길에 바로 그곳을 지나가다가 그 사람을 보고는 피해 버렸습니다. 잠시 후에는 집권당 소속 지역구 의원이 거기까지 왔다가 그 사람을 보고는 피해서 지나가 버렸습니다. 그런데 이게 웬일입니까? 막 휴전선을 넘어온 남파 간첩이 그곳을 지나가게 되었습니다. 자칫하다가는 강도 만난 것보다 더 큰일을 당하게 생겼습니다. 그런데 그 간첩은 강도 만난 사람을 보고 가엾은 마음이 들었습니다. 그래서 가까이 다가가서 상처에 약을 바르고 붕대까지 감아 주었습니다. (남파 간첩이라서 그 정도 응급 장비는 늘 가지고 다니거든요.) 그러고는 자기 차에 태워 근처 병원으로 데려가서 간호까지 해주었습니다. 하룻밤을 같이 자면서 말입니다. 다음 날 자기 주머니에서 20만 원을 꺼내어 병원 측에 주면서 '저 사람을 잘 돌봐 주세요. 비용이 더 들면 제가 돌아오는 길에 갚아 드릴게요' 하며 부탁하고 떠났습니다"(눅 10:25 이하 참조).

우리에게 너무도 익숙하고 유명한 이야기이고, 그만큼 많은 해석이 나온 구절이지요. 어려서부터 교회를 다닌 저는 이 이야기를 가지고 수련회에서 촌극만도 서너 번은 했던 것 같습니다. 그러나 우리가 익숙하다고 해서 이 이야기의 모든 의미를 다 이해하고 있는 것은 아닙니다. 이 이야기에서 늘 주목받았던 것은 '착한 사마리아인의 비유'라는 예수님의 예화뿐입니다. 그러나 비유 못지않게 중요한 것은 예수님이 이런 이야기를 들려주게 된 상황입니다. 예수님의 이야기는 근본적으로 "누가 저의 이웃입니까?"라는 법대 교수의 질문과는 별 상관없는 내용이었습니다. 이야기를 마치신 예수님은 다시 법대 교수에게 묻습니다. "자, 그러면 이 세 사람 중에서 강도를 만난 사람의 이웃이 되어 준 사람은 누구였다고 생각하세요?" 당연히 법대 교수도 바보가 아니기 때문에 "강도 만난 사람에게 사랑을 베푼 사람입니다"라고 대답하지요. 예수님은 간단한 결론으로 이 이야기를 끝맺습니다. "교수님도 가서 그렇게 하세요."

은근하지만 참 재미있는 반전이 아닐 수 없습니다. 법대 교수가 알고 싶어 한 것은 내가 사랑을 베풀어야 할 대상이었습니다. 그는 사랑해야 할 이웃과 그렇지 않은 대상의 범위를 예수님이 분명하게 구별해 주시기를 원했습니다. 그런데 예수님은 사랑해야 할 대상이 아니라, 사랑을 베푸는 주체에 주목하셨습니다. 누구를 내 이웃으로 삼아야 하느냐가 중요한 것이 아니라, 내가 어떤 이웃이 되느냐가 중요하다고 말씀하신 것입니다.

예수님을 찾아왔던 율법 교사(위에서는 법대 교수)는 특별히 악한 사람이라기보다는 그저 어느 시대에나 찾아볼 수 있는 평범한 법률가이자 종교인이었을 뿐입니다. 우리와 마찬가지로 그는 자신의 내면을 들여

다보기보다는 다른 사람의 '문제'들에 관심이 많았습니다. 남에게 사랑을 베풀기를 결심하기 이전에, 먼저 그 상대방이 자신의 사랑을 받기에 적합한 사람인지를 확인하고 싶어 했습니다. 마치 동성애자들을 위해 사역하시는 목사님을 붙들고 "목사님, 동성애자 사역이 중요한 것은 잘 알겠는데, 그래서 동성애가 죄란 말입니까, 죄가 아니란 말입니까?" 하고 집요하게 캐묻는 저의 모습처럼 말이지요.

비슷한 사람들로 성경에는 바리새인들이 있습니다. 율법의 엄격한 준수를 중시한 그들이 볼 때, 세상 사람들은 죄인과 죄인이 아닌 사람 딱 두 종류로 나눌 수 있었습니다. 그래서 예수님이 사람들과 식사하시는 것을 보고는 금세 죄인들을 구분하면서 "어찌하여 세리와 죄인들과 함께 먹습니까?" 하고 시비를 걸었습니다(막 2:16). 예수님의 제자들이 금식을 안 하거나 안식일에 일을 한다고도 시비를 걸고, 손을 안 씻고 음식을 먹는다고도 시비를 걸었으며(막 2:18; 2:24; 7:3 이하 등), 나중에는 아예 예수님을 고발할 증거를 찾기 위해 안식일에 병을 고치는지 확인하러 쫓아다니기까지 합니다(눅 6:7). 예수님이 어쩌다 바리새파 사람의 집에 가서 식사를 하게 되었는데, 하필 그날 어떤 여자가 향유옥합을 가지고 와서 눈물로 예수님의 발을 적시고 자기 머리털로 닦고 그 발에 입 맞추고 향유를 붓습니다. 그날 그 바리새파 사람의 반응도 간단했습니다. "이 양반이 진짜 선지자라면 자기를 만지는 이 여자가 누구며 어떤 사람인지, 얼마나 질 나쁜 여자인 줄을 알았을 텐데……"(눅 7:36 이하). 간음하다 붙잡힌 여자를 끌고 와서 "모세는 율법에 이런 여자를 돌로 치라고 했는데, 선생은 어떻게 말하겠소?" 하고 덫을 놓은 것도 그들이었습니다(요 8:3 이하). 바리새인들의 관심은 정말 놀라울 정도로 누가 죄인인가 아닌가, 누가 지금 죄를 짓고 있는가 아닌가에 집중되어 있었습니다.

이들의 영향을 받았기 때문일까요, 예수님의 제자들도 비슷한 질문을 한 적이 있습니다. 길을 가다가 날 때부터 시각장애인인 사람을 만났을 때의 일이지요. 제자들은 이렇게 묻습니다. "선생님, 이 사람이 시각장애인으로 태어난 것은 누구의 죄 때문입니까? 자기 죄 때문입니까, 부모의 죄 때문입니까?" 예수님은 이런 식의 양자택일 질문의 덫에 걸려들지 않고 이렇게 답변하셨습니다. "이 사람의 죄도, 부모의 죄도 아닙니다. 그에게서 하나님의 하시는 일을 나타내고자 이렇게 된 것입니다." 그리고 그의 눈이 열리도록 치료해 주셨지요(요 9장). 이 아름다운 치료 사건을 추적한 사람들도 역시 바리새파 사람들이었습니다. 그들은 이런 치료 행위가 안식일을 범했다는 데 관심을 가졌습니다. 그들의 관심은 예수가 죄를 짓느냐에 쏠려 있었고, 그 관심에 따른 추적도 집요했습니다. 좋게 보면 율법에 대한 사랑이 그만큼 깊은 것이고, 나쁘게 말하면 "짊어지기 어려운 짐을 남에게 지우고, 자기들은 손가락 하나 짐에 대지 않는"(눅 11:46) 태도라 할 수 있습니다.

예수님은 이런 율법 교사나 바리새인, 그리고 제자들과는 근본적으로 관심의 방향이 달랐습니다. 의인과 죄인을 나누는 이들의 시각을 완전히 뒤집어엎으셨습니다. 세리와 죄인들과 함께 먹고 마시는 것을 보고 시비 거는 바리새파 사람들과 서기관들에게 예수님은 이렇게 말씀하십니다. "건강한 사람에게는 의사가 쓸데없고, 병든 사람에게라야 쓸 데가 있습니다. 저는 의인을 부르러 온 것이 아니라, 죄인을 불러 회개시키러 왔습니다."

사형 제도에 대해 논란이 있을 때마다 구약의 율법에 넘쳐 나는 사형 규정을 들고 나오는 신학자들이 있습니다. 그분들이 반드시 함께 인용하는 예수님의 말씀은 "제가 율법이나 선지자를 폐지하러 온 줄로 생각하지 마십시오. 폐지하러 온 것이 아니라 완전하게 하려는 것입니다"라는 마태복음 5장 17절입니다. 보수적인 목사님들과 신학자들은 이 구절을 들어 구약의 율법은 일점일획도 변화가 없다고 주장합니다. 우리나라 보수 교회를 다니다 보면 예수님의 가르침보다 구약의 율법이 강조될 때가 너무 많아서, 원한다면 언제든지 바리새인이나 율법학자들에게서나 나올 법한 생생한 율법 설교를 들을 수 있습니다.

저는 심지어 귀고리를 한 어떤 여성에게 "결혼했냐?"고 묻고는 아직 결혼 안 했다는 답변을 듣자, "당장 그 귀고리를 떼어 내라. 귀고리는 결혼한 여성만이 할 수 있는 것이다"라고 고함지르는 설교도 들어 본 적이 있습니다. 그 목사님은 엉뚱하게도 "귀를 뚫는 것은 종이 된다는 의미이기 때문에 결혼한 여자만이 남편의 종이 되어 귀를 뚫을 수 있다"는 논리를 제시했습니다. 아마도 출애굽기 21장에 나오는 히브리 노예에 관한 규정을 오해한 것이 아닌가 싶습니다. 나중에 그 목사는 여자 신도들이 짧은 치마를 입은 걸로 시비를 걸며 "성경 어디에 여자가 짧은 치마를 입어도 된다는 구절이 있느냐?"며 분노를 터뜨렸습니다. 성경적 근거를 보여 주겠다며 그가 찾은 것은 이사야 3장 16-26절에 나오는 예루살렘의 멸망에 대한 예언이었습니다. 거기에는 그날이 되면 그들이 장식한 귀고리, 팔목고리, 반지, 코고리 등 각종 장신구를 제하실 거라는 말씀이 나옵니다. 참 황당한 적용이 아닐 수 없습니다. 그 뒷부분의 본문을 남자들에게 그대로 적용한다면, 남자들은 칼과 전란에 망해서 아예 다 죽어 버려야 하기 때문입니다. 이런 식의 논리를 따지자면 금요일 해 질 때부터 토요일 해 질 때까지로 규정된 안식일을 지키지 않고 엉뚱한 주일을 지키고 있는 우리부터 당장 다 돌에 맞아 죽어야 합니다. 안식일은 예수님도 범한 율법이니 괜찮은 것 아니냐고 묻는 분이 있다면, 저는 이렇게 되묻고 싶습니다. 그럼 예수님이 직접 몸으로 깬 율법을 제외한 모든 율법이 아직도 살아 있다는 말씀인가요? 그런 생각이 바로 율법주의이고 바리새주의입니다.

바울 사도는 율법의 완성이 갖는 의미를 이렇게 정리합니다. "남에게 해야 할 의무를 다하십시오. 그러나 아무리 해도 다할 수 없는 의무가 한 가지 있습니다. 그것은 사랑의 의무입니다. 남을 사랑하는 사람은 이미 율법을 완성했습니다. '간음하지 마라, 살인하지 마라, 도둑질하지 마라, 탐내지 마라' 한 계명이 있고 또 그 밖에도 다른 계명이 많이 있지만 그 모든 계명은 '네 이웃을 네 몸같이 사랑하여라' 한 이 한마디로 요약될 수 있습니다. 이웃을 사랑하는 사람은 이웃에게 해로운 일을 하지 않습니다. 그러므로 사랑한다는 것은 율법을 완성하는 일입니다"(롬 13:8-10).

다시 착한 간첩 이야기로 돌아가겠습니다. 다 아시는 것처럼 예수님의 비유에서 인용된 사마리아 사람들은 이스라엘 사람들이 인간 취급을 안 하던 대상이었습니다. 북이스라엘 왕국의 수도였던 사마리아 사람들은 남쪽 유대 왕국 사람들과 관습, 정치, 종교, 특별히 예배 장소 문제와 관련하여 심각한 갈등을 빚었습니다. 유대인들의 눈으로 보면 사마리아 사람들은 언제나 우상숭배와 배신을 상징했습니다. 예수님도 초기 사역에서는 열두 제자들을 선교 현장으로 내보내시면서 "이방인의 길이나 사마리아인의 고을에 들어가지 말 것"을 지시하신 바 있습니다(마 10:5). 그러나 예수님의 그런 지시는 선교 전략 차원의 결정이었을 뿐, 본질적인 것은 아니었습니다. 로버트 M. 브라운 교수는 '사마리아 사람'을 미국인들에게 쉽게 이해시키기 위해 '신을 믿지 않는 무신론적 공산주의자 러시아인'이라든지, '착한 동성애자', '착한 산디니스타', '착한 여성주의자', '착한 노동조합 지도자', '착한 자본가' 등의 예를 들고 있습니다만,[4] 우리 입장에서는 아마도 북한 간첩 이상으로 적절한 표현이 없을 듯합니다. 그래도 이해가 어렵다면, 자신이 처한 입장에 따라 '착한 노사모', '착한 민노총', '착한 전교조' 등등 뭘 넣어 보셔도 상관없습니다.

착한 사마리아 사람의 이야기는 우리가 소수자들에게 어떤 태도를 취해야 하는지 분명하게 보여 줍니다. 예수님은 의도적으로 이야기 속 착한 사람의 위치에 사마리아 사람을 가져다 놓음으로써, 출생 배경이나 출신 지역, 신분 등이 그 사람을 판단하는 결정적 요인이 되어서는 안 된다는 말씀을 하고 계십니다. 그리고 이웃이 누구인지 개념 논쟁을 하기보다는 차라리 "가서 그렇게 하라"고 말씀하십니다. "어떤 사람이 이웃이냐"고 묻는 사람에게, 역으로 "네가 가서 이런 이웃이 되라"고 말씀하십니다. 저는 바로 이 이야기가 소수자 문제에 대한 우리의 출발점이 되어야 한다고 믿습니다.

배제의 율법, 사랑의 복음

이와 관련하여 누가복음 4장에 나오는 재미있는 이야기를 하나 더 살펴보겠습니다. 누가복음만으로는 명확하지 않지만, 다른 복음서들과 비교해 보면 이미 예수님이 갈릴리에서 사역을 시작하시고 많은 기적을 행하신 뒤에 생긴 사건입니다. 예수님은 고향 나사렛에 가서서 안식일이 되자 늘 하시던 대로 회당에 들어가셨습니다. 그리고 성경을 읽으려고 일어서서 이사야 예언서의 두루마리를 받아 들고 이러한 말씀이 적혀 있는 대목을 펴서 읽으셨습니다.

"주님의 성령이 나에게 내리셨습니다. 주께서 나에게 기름을 부으시어 가난한 이들에게 복음을 전하게 하셨습니다. 주께서 나를 보내시어 묶인 사람들에게는 해방을 알려 주고, 눈먼 사람들은 보게 하고, 억눌린 사람들에게는 자유를 주며 주님의 은총의 해를 선포하게 하셨습니다."

이사야 61장 1-2절을 인용한 이 말씀은 우리에게 송정미의 노래 "임하소서"로 익숙한 것이요. 예수님이 자신의 사역을 규정하신 이 구절은 보수 교단 목사님들의 설교에는 자주 등장하지 않지만, 해방신학이나 민중신학에서는 다른 어떤 말씀보다 사랑받는 구절입니다. 예수님은 이 말씀을 낭독하신 후 "이 성경의 말씀이 오늘 여러분이 들은 이 자리에서 이루어졌습니다"라고 선언하셨습니다.

예수님의 이 말씀을 들은 사람들은 모두 예수님을 칭찬하였고 그가 하는 은총의 말씀에 탄복하며 "쟤가 요셉의 아들 아니여?" 하고 수군거렸습니다. 그만큼 분위기가 좋았습니다. 성경을 읽을 때 많은 사람들은 여기서 멈춰 버리고 맙니다. 진보적인 신학자들도 많은 경우 예수님이 읽으신 이사야의 의미를 해석하는 데 중점을 둡니다. 자유와 해방의 복음, 희년의 선포에 주목하는 것이지요.

그런데 이 사건이 일어난 바로 그날 그 자리에서 예수님께 무슨 일이 일어났는지 아십니까? 잠시 후 회당에 모여 있던 사람들, 즉 예수님의 말씀에 탄복하던 사람들은 모두 화가 나서 들고일어나 예수님을 동네 밖으로 끌어냅니다. 그 동네는 산 위에 있었는데 그들은 예수님을 산벼 랑까지 끌고 가서 밀어 떨어뜨리려 하였습니다. 시간으로 따지자면 아마 5분도 안 되는 짧은 순간에 일어난 극적 변화였을 것입니다. 도대체 그 사이에 무슨 일이 있었기에 사람들의 태도가 이렇게 돌변한 것일까요? 이사야의 말씀을 듣고 그렇게 좋아하던 이들을 순식간에 미친 사람들로 만든 원인은 어디에 있을까요? 그 사이에 나오는 것은 예수님이 덧붙이신 몇 마디 말밖에 없습니다. 이들이 이렇게 화가 난 것은 바로 예수님의 말씀 때문이었습니다. 그런 의미에서 보면, 예수님이 인용하신 이사야의 구절보다는 오히려 사람들을 격분케 한 예수님 자신의 이야기에 누가복음 4장 사건의 핵심이 있다고 할 수 있습니다. 그 사이에 예수님이 하신 말씀은 이렇게 시작됩니다.

"여러분은 필경 '의사여 네 병이나 고쳐라' 하는 속담을 들어, 저에게 '가버나움에서 했다는 일을 너의 고장인 여기에서도 해보라'고 하고 싶을 것입니다." 이웃동네인 가버나움에서 예수님은 귀신도 쫓아내고 열병 환자, 나병 환자, 중풍 환자 등을 고치셨습니다. 그런 기적들을 알고 있는 사람들은 예수님께 큰 기대를 걸었고, 예수님 자신도 그 기대에 대해 충분히 알고 계셨습니다. 그러나 예수님은 그들이 원하는 기적을 행하지 않으셨습니다. 대신에 이렇게 말씀하셨습니다.

"사실 어떤 예언자도 자기 고향에서는 환영을 받지 못합니다. 잘 들어 보세요. 엘리야 시대에 삼 년 반 동안이나 하늘이 닫혀 비가 내리지 않고 온 나라에 심한 기근이 든 일이 있습니다. 그때 이스라엘 사람들

중에도 과부들이 많이 있었지요. 그런데도 하나님은 엘리야를 이스라엘 사람들 가운데 어떤 과부에게도 보내지 않고 시돈 지방 사렙다 마을에 사는 어떤 과부에게만 보내 주셨습니다."

갑자기 예수님은 엘리야의 예를 드십니다. 엘리야는 이스라엘이 남북 왕국으로 나뉘어 있던 시절 북쪽 이스라엘에서 활동한 선지자입니다. 그는 아합 왕에게 "나의 말이 없으면 여러 해 동안 비가 오지 않을 것입니다"라고 선포한 뒤 극심한 기근 속에 숨어 지내게 되는데, 그때 그를 숨겨 주며 먹여 살려 준 것이 이방의 한 과부였습니다(왕상 17장). 예수님은 그 많은 이스라엘 과부들을 다 놓아두고 하나님이 이방의 한 과부에게 엘리야를 보내신 사건을 언급하십니다. 그리고 또 한 사건을 언급하시는데, 그것은 엘리야의 제자였던 엘리사 선지자에 관한 것이었습니다.

"또 예언자 엘리사 시대에 이스라엘에는 많은 나병 환자가 살고 있었지만 그들을 단 한 사람도 고쳐 주시지 않고 시리아 사람인 나아만만을 깨끗하게 고쳐 주셨습니다."

시리아의 장군 나아만도 이방 사람이었습니다. 엘리사는 그에게 요단강에 가 일곱 번 몸을 씻으라 했고, 나아만은 처음에는 화를 냈지만 결국 그 지시대로 하여 나병을 깨끗하게 치료했지요(왕하 5장). 예수님의 이야기는 여기까지가 전부였습니다. 이 두 가지 이야기에 특별한 설명도 덧붙이지 않으셨습니다. 그런데 이 두 가지 이야기로 분위기는 반전되었고, 예수님은 생명을 잃을 위기에 처하게 된 것입니다. 도대체 이 두 가지 이야기가 왜 그렇게 예수님의 고향 사람들을 화나게 했을까요?

로버트 M. 브라운은 그 이유를 이렇게 설명합니다.[5] 첫 번째 엘리야 이야기는 예수님이 이스라엘 여성들의 지지를 잃는 계기가 되었습니다. "세상에, 하나님이 우리 민족의 여성들은 돌보지 않으시고 이방 여성들만 돌보신다는 말인가? 그건 말도 안 돼." 두 번째 이야기는 그나마 남아 있던 이스라엘 남성들의 지지도 날려 보냈습니다. "예언자 엘리사가 우리 민족의 남성들 중에서는 한 명도 고쳐 주지 않고 포악무도한 시리아의 장군 나아만의 병만 고쳐 주었다는 말인가? 그건 말도 안 돼."

예수님이 구약성경의 수많은 이야기들 중 하필 예로 든 것은 이스라엘 사람들이 생각하기에 가장 끔찍한 내용이었습니다. 게다가 예수님은 그 이야기를 통해 노골적으로 이스라엘 사람들을 모욕하셨습니다. 굳이 이스라엘 사람들 가운데 어떤 과부에게도 보내지 않았다거나, 이스라엘 나병 환자를 단 한 사람도 고치지 않았다는 말까지 하실 필요는 없었기 때문입니다. 예수님의 이런 말씀은 바로 이스라엘 사람들의 뿌리를 흔드는 것이었습니다. 우리는 하나님의 선택받은 백성이라는 생각을 아예 완전히 부숴 버리신 것입니다.

처음에 예수님의 말씀을 듣고 익숙한 이사야 말씀이라고 탄복했던 사람들은 그때야 비로소 정신을 차리고, 이 말씀이 '모든 것을 뒤집는 것'임을 깨닫습니다. 구원받은 선민으로서 다른 사람들을 배제하고 있던 그들의 의식구조를 흔드는 말씀이었습니다. 그 순간 그들 앞에 놓인 것은 말씀을 받아들이고 자신들의 생각을 바꾸거나 아니면 예수를 죽이거나, 두 가지 선택이 있을 뿐이었습니다. 사람들은 언제나 그랬듯이 손쉽게 두 번째 길을 택했습니다. 남을 배제하는 신앙을 가지고 있던 사람들은 그 신앙의 궁극적 대상이 되어야 할 하나님의 아들까지도 배제하는 길을 택했습니다. 배제도 일종의 습관입니다. 이방인들을 사람 취급하지 않던 사람들은 습관처럼 예수님까지도 '동네 밖으로 끌어냅니다.' '동네 밖으로 끌어낸다'는 것만큼 뚜렷하게 배제를 드러내는 성경 구절도 흔치 않을 것입니다. 배제로도 부족해서 그들은 예수님을 벼랑으로 끌고 가서 밀어 떨어뜨리려고 하였습니다. 십자가 사건 이전에 예수님이 겪으신 가장 심각한 생명의 위협이었습니다.

이 사건은 너무나 싱겁게 끝납니다. 성경은 이 긴박한 상황을 그저 한마디로 정리합니다. "예수님은 그들의 한가운데를 지나서 자기의 갈 길을 가셨습니다." 거의 허무 개그를 보는 느낌입니다. 예수님은 도대체 어떻게 그들의 한가운데를 지나서 자기의 갈 길을 가셨을까 궁금하기는 하지만 그저 초자연적인 어떤 힘 또는 예수님의 내재적 위엄 앞에 사람들이 꼼짝 못했을 것이라 짐작할 뿐, 정확한 내막은 알 수 없습니다. 중요한 것은 예수님이 자기의 갈 길을 가셨다는 사실입니다. 이런 배제의 무리들과 같은 길을 걸을 수 없음을 분명히 하신 것입니다.

이스라엘 사람들의 선민의식과 그에 따른 이방인 배제도 나름대로는 성경 말씀에 기초한 것이었습니다. 그들은 자신의 조상들을 향한 하나님의 약속들을 문자 그대로 받아들였고, 자부심을 느꼈습니다. 하나도 이상할 것이 없었습니다. 그게 잘 이해되지 않는다면 이야기를 한번 이렇게 바꿔서 읽어 보십시오.

"옛날 우리나라 선교 초기에 3년 반 동안이나 하늘이 닫혀 비가 내리지 않고 온 나라에 심한 기근이 든 일이 있습니다. 그때 교회 다니는 사람들 중에도 과부들이 많이 있었지요. 그런데도 하나님은 엘리야 선교사를 교회 다니는 사람들 가운데 어떤 과부에게도 보내지 않고 동두천에 사는 어떤 동성애자에게만 보내 주셨습니다."

"한국전쟁 때 교회 다니는 사람들 중에도 장티푸스 걸린 환자들이 많았건만 그들을 단 한 사람도 고쳐 주시지 않고, 북한의 김일성 장군만을 깨끗하게 고쳐 주셨습니다."

우리는 이런 이야기들에 익숙하지 않습니다. 그래서 흔히 이 구절을 그냥 유대인뿐 아니라 이방인에게도 구원이 임했다는 선포 정도로 이해하고 넘어갑니다. 그리고 우리 교회는 이스라엘 민족과 비교할 수 없을 정도로 완성된 모습이어서 그들의 배제와 우리의 배제는 다르다고 말합니다. 그러나 정말 그렇습니까? 절대 그렇지 않습니다. 여전히 우리는 부족한 사람들입니다. 나를 중심으로 세계를 해석한다는 점에서 성경 속에 묘사된 부정적 유대인의 모습과 다르지 않습니다. 우리는 동성애자를 단 한 번도 만나 보지 못한 상태에서, 일단 그들을 죄인으로 규정부터 하고 들어가는 사람들입니다. 성경에 그렇게 쓰여 있으므로 어쩔 수 없다고요? 야곱의 자손인 이스라엘 백성들에 대한 수많은 축복의 예언도 모두 성경에 적혀 있는 것입니다. 바리새인이나 율법학자들도 아무 근거 없이 그런 배제의 논리를 만들어 낸 것이 아닙니다. 그들은 동성애자 배제보다 훨씬 많은 성경적 기반을 가지고 예수님을 배제했습니다.

율법을 배제의 원리로만 해석하려는 사람들에게 예수님은 사랑의 법이라는 새로운 기준을 제시하셨습니다. 그분은 스스로 의인이라 생각하는 사람들이 아니라 죄인이라 생각하는 사람들을 부르러 오셨고, 사람들에게 가장 미움 받는 세금 징수원과 아주 질 나쁜 죄인들과 주로 어울리셨습니다. 성경은 예수님을 따라다니던 사람들 중에 이런 부류의 사람들이 아주 많았다고 기록하고 있습니다(막 2:15). 그런 기록에도 불구하고 우리는 성경을 이렇게 쉽게 해석합니다. "성경에 세금 징수원과 성매매 여성 이야기는 나오는지 몰라도 예수님과 관련해서 동성애자는 안 나오잖아?" 참 속편한 이해 방법이 아닐 수 없습니다. 저는 지금과 같은 교회의 분위기라면 예수님은 당연히 가장 먼저 동성애자들과 어울리셨을 거라고 확신합니다. 최소한 동성애자 친구가 한 명도 없으면서 "동성애가 죄냐 아니냐?"고 여기저기 묻고 다니시지는 않았을 것입니다.

아무리 이야기를 해도 분명히 이렇게 다시 묻는 답답한 사람들이 있을 겁니다. "그래서 동성애가 죄란 얘기야, 아니란 얘기야? 당신은 왜 거기에 대해 단순하게 답변을 못해? 당신 좀 이상하지 않아?" 그런 사람들에게 저는 이렇게 답변하고 싶습니다. 저는 남의 죄에 별로 관심이 없습니다. 솔직히 저의 내면에 있는 죄의 본성과 싸우는 것만도 몹시 힘든 일이기 때문에 굳이 남의 죄 문제에까지 신경 쓸 여유가 없다는 말씀입니다. 그나마 이성애자로 태어나서 이런 유혹들에 대해 털어놓으면서도 교회의 반응을 두려워하지 않아도 되는 것이 개인적으로는 얼마나 다행인지 모릅니다. 그러나 예수님은 이런 유혹들에 대해 단호한 말씀을 남기고 계십니다. "여자를 보고 욕망을 품은 자는 이미 그 마음으로 간음죄를 범한 것입니다. 따라서 만약 당신의 눈이나 손이 욕망의 원인이 된다면 그 눈이나 손을 뽑거나 잘라 버리십시오. 몸의 일부분을 잃는 것이 당신의 모든 몸을 지옥에 처넣는 것보다 낫습니다."

이 말씀에 따르자면 저는 이미 오래전에 신체 한 부분도 남아나지 않았을 겁니다. 그런 제 처지에서 남의 죄에 대해 함부로 말할 수는 없습니다. 거기다가 근본적으로 저는 '한 사람이 오직 한 명의 사람을 사랑하는 것'에 대해 함부로 죄라고 선언하고 싶지 않습니다. 제가 아내를 사랑하는 것이 죄가 아닌 것처럼, 한 남자가 한 남자를 사랑하는 것 또는 한 여자가 한 여자를 사랑하는 것도 함부로 죄라고 정죄할 수 없습니다. 그런 곤란한 상황에 처해 고뇌하는 사람에 대한 안타까움 없이, 일단 죄인가 아닌가부터 따지려는 기독교인들의 얼굴은 이미 인간보다는 괴물 쪽에 훨씬 가깝습니다.

동성애가 죄인지 아닌지 묻는 우리에게 예수님은 이렇게 반문하실 겁니다. "너에게 동성애자 친구가 한 명이라도 있니? 동성애자를 만나 본 적은 있니? 동성애자들과 어울리면서 '동성애자와 어울리는 놈'이라는 비난을 받아 본 적이 있니?" 없다고 말씀드리면, 예수님은 다시 물으실 겁니다. "왜 너에게 그런 친구가 없는지부터 고민해 봐야 하는 것 아니니?"

살아오면서 동성애자를 만날 기회가 한 번도 없었다고요? 기회가 없는 걸 어떻게 하겠느냐고요? 그럴 리가 없습니다. 분명히 당신이 살아오는 동안 동성애자를 만난 적이 있을 겁니다. 동성애자들은 어디에나 있기 때문입니다. 다만 그가 당신에게 마음을 열지 않았을 뿐이지요. 그가 볼 때 당신은 그가 마음을 열 만한 그런 이웃이 아니었던 것입니다. 당신은 예수님이 착한 사마리아 사람의 이야기를 들려주시면서 "당신도 가서 그렇게 하세요"라고 말씀하신 것을 실천하지 못한 사람일 뿐입니다. 동성애가 죄인지 아닌지 묻기 전에 우리가 먼저 자문해야 하는 것은 왜 나에게는 동성애자 친구가 없는가 하는 것입니다. 질문을 바꾸고 나면 모든 것이 달라집니다.

헨리 나웬, 고뇌에 찬 인생

태어나서 동성애자 친구를 한 명도 만나 본 적이 없다는 분들께는 헨리 나웬Henri Nouwen 이야기를 들려드리고 싶습니다. 우리나라에서 나웬만큼 많은 책이 번역되어 널리 읽힌 기독교 저자도 흔치 않습니다. 가톨릭 신부였음에도 그의 이야기는 보수 개신교 목사들의 설교에 자주 등장하며, 그의 책은 가톨릭 출판사보다는 오히려 두란노, IVP, 복있는사람 같은 개신교 출판사에서 더 많이 번역되어 나왔습니다. 청년기에 읽은 그의 책《세상의 길, 그리스도의 길》은 저의 인생에도 엄청난 영향을 주었습니다. 그는 뛰어난 영성을 바탕으로 많은 책을 저술했을 뿐 아니라, 삶으로 모범을 보였습니다. 네덜란드 출신으로 일찍이 제2차 바티칸공의회에 참여한 그는 심리학자로 명성을 쌓은 뒤 예일과 하버드 신학대학에서 교수를 지냈습니다. 영성에 관한 그의 책들은 독자들의 폭넓은 사랑을 받았고, 예일과 하버드에는 그의 명성을 들은 학생들이 몰려들었습니다. 이 흔치 않은 경력의 정점에서 교수직을 버리고 캐나다에 있는 라르쉬 데이브레이크L'Arche Daybreak 장애인 공동체에 헌신한 것이 1986년, 그의 나이 44세 때의 일입니다. 이후 죽을 때까지 아담을 비롯한 장애인 친구들과 함께 지내며 저술에 힘쓴 헨리 나웬의 생애는 가뜩이나 명문대 출신을 선호하는 한국 기독교인들에게는 최상의 모범이 아닐 수 없습니다.

그런데 그렇게 한국 기독교인의 입맛에 딱 맞는 그의 생애에 관한 책이 한국에는 '제대로' 번역되어 나오지 못했습니다. 참 이상한 일입니다. 의문은 또 있습니다. 네덜란드의 가톨릭 명문가에서 태어나 부모님의 충분한 사랑 속에 성장했고 학문적으로도 엄청난 성취를 거둔 그가 자기 책의 제목이기도 한 '상처 입은 치유자The Wounded Healer'로 불리게 된 까닭은 무엇일까요. 헨리 나웬은 그리스도께서 자신의 상처 입은 몸을 통해 사람들에게 자유와 해방의 삶을 주셨다고 믿었습니다. 상처가 깊은 만큼 다른 사람에 대한 이해도 깊을 수밖에 없고, 그 이해에서 싹튼 긍휼의 마음은 다른 사람들을 치유하는 원천이 된다고 생각했습니다. 나웬을 잘 아는 사람들은 그가 영성에 대해 깊이 있는 책을 써내는 다른 한편에서 끊임없는 의심과 공포에 시달렸다고 증언합니다. 그런 의심과 공포의 근원에는 자기 자신이 뭔가 잘못되었다는 느낌이 자리 잡고 있었습니다. 그는 늘 자신을 부끄러워했고, 깊은 고독 속에서 누군가의 손길을 기다렸습니다. 뭔가 잘못되기는 했는데 그걸 바로잡을 방법은 없었습니다. 때때로 그의 친구들은 그가 거의 심리적 공황 상태에 빠진 것을 목격했습니다. 무엇이 그를 이렇게 고통스럽게 했는지 한 가지로 정리할 수는 없지만, 1999년 출간된 그의 전기《상처 입은 예언자Wounded Prophet》는 중요한 단서를 제공합니다.

1984년 8월 나웬의 친구인 모리스 모네트Maurice Monette 신부는 성정체성에 대한 깊은 고민 끝에 헨리 나웬을 찾아가 자신이 게이임을 고백하고 성직을 계속해야 할 것인지 묻습니다. 헨리 나웬은 매우 따뜻하고 이해심 많은 태도로 친구의 이야기를 들어 주었지만, 자신의 내적 고뇌에 대해서는 밝히지 않았습니다. 그러나 그로부터 1년이 채 되지 않아 헨리 나웬은 모네트에게 자신도 똑같은 문제를 안고 있음을 고백하고 도움을 요청합니다. 자신을 공포에 떨게 한 정체성 문제에 대해 탐구하는 동안 그는 성실하고 진지한 노력을 아끼지 않았던 정직한 구도자였습니다.

모리스 모네트는 나웬이 성 정체성 문제로 얼마나 고민하고 있었는지 보여 주는 일화를 소개합니다. 1987년 어느 날 나웬은 모네트에게 포스터E. M. Foster의 소설을 바탕으로 한 영화 〈모리스〉를 함께 보러 가자고 합니다. 〈모리스〉는 20세기 초반 영국을 배경으로 모리스 홀이라는 소년이 동성애자로 성장해 가는 과정을 그리고 있습니다. 아마도 나웬은 그 영화가 자신에게 어떤 감정적 영향을 끼칠지 미리 짐작하고 친구에게 동행을 요청했던 것 같습니다. 영화를 보고 라르쉬 공동체로 돌아가는 동안 눈물이 걷잡을 수 없이 쏟아져 나웬은 고속도로에서 차를 멈춰야 했습니다. 그는 공포를 느꼈고 온몸이 부들부들 떨렸습니다. 영화 속의 두 주인공이 안고 살아야 했던 딜레마가 곧 자신의 문제였기 때문입니다.

헨리 나웬은 성직을 사랑했습니다. 그러나 그 성직은 동시에 자신의 성 정체성을 인정할 수 없는 덫이기도 했습니다. 그는 종종 자기 앞에 놓인 선택 가능성들을 모네트에게 유머러스하게 설명하곤 했습니다. 첫째, 독신 성직자로 계속 살면서 게이로 커밍아웃 하는 것. 이 선택으로 그는 사랑도 얻지 못하면서 독자들도 모두 잃게 될 것입니다. 둘째, 성직을 버리고 공개적인 애정 관계를 시작하는 것. 이것으로 사랑을 얻을 수 있을지 모르지만 자신이 이때까지 성직자로 쌓아 온 모든 것을 잃게 됩니다. 셋째, 동성과의 사랑을 발전시키면서 이를 비밀로 하여 성직을 계속 유지하는 것. 이것은 안전해 보이지만 정직하지 못한 선택입니다. 그는 이 세 가지 중 어떤 선택도 할 수 없었습니다. 그저 늘 고뇌했을 뿐입니다.

게이 친구들은 나웬이 게이 문제에 대해 좀더 공식적인 입장을 취해 주기를 바랐지만, 그는 자신이 그저 또 한 명의 게이 성직자로 받아들여지기를 원치 않았습니다. 성 정체성으로가 아니라 영성으로 평가받기를 원했던 것입니다. 만약 그가 게이임을 밝힌다면, 그 순간 사람들은 그를 그저 커밍아웃 한 성직자로만 기억하게 될 것이 분명했습니다. 그는 자신이 아우팅 당하거나 커밍아웃 하게 될 경우, 성직이나 독자들에게 미칠 영향을 두려워했습니다. 1994년부터 나웬은 친한 게이 커플의 집에 자주 머물며 휴식을 취했습니다. 아무도 보지 않는 곳에서 자신의 정체성을 드러낼 공간이 필요했던 것입니다.[6]

하버드에서 헨리 나웬의 조교였고 나중에 친구가 된 마이클 해렁크 Michael Harank는 나웬이 속했던 세대의 한계를 지적합니다. 마이클 해렁크는 헨리 나웬과 알게 된 초기부터 그가 게이임을 이미 알고 있었습니다. 마이클의 지적에 따르면, 헨리 나웬의 세대는 섹슈얼리티라고 하는 하나님의 선물을 도대체 어떻게 다뤄야 하는지 전혀 배워 보지 못했습니다. 헨리 나웬이 게이 공동체와 연결되었던 유일한 길은 에이즈 환자들을 돕는 활동뿐이었습니다. 마이클 해렁크는 나웬이 자신의 글과 삶의 괴리 때문에 평생 고통스러워했다고 회고하고, 그가 하버드 교수직을 버리고 라르쉬로 간 것도 그 괴리를 좁히기 위한 노력이었다고 평가합니다. 그에게 글쓰기 재능은 축복이자 저주였다는 것입니다.[7]

헨리 나웬에게 동성애자라는 정체성은 남이 흉내 낼 수 없는 깊은 영성을 만들어 내는 원동력이었습니다. 그는 사랑과 수용을 원했지만 누구에게서도 그런 사랑과 수용을 받을 수 없었습니다. 그가 살던 시대의 가정, 교회, 사회는 모두 동성애를 정신적인 질병으로 규정하고 그렇게 사는 것은 죄라고 가르쳤습니다. 성장기 내내 자신이 다른 이들과 다르다고 믿은 헨리 나웬은 이를 혼자만의 비밀로 간직하는 것 외에 다른 선택이 없었습니다. 자신이 게이였음을 그는 평생 한 번도 밝히지 못했습니다. 그리고 그런 좌절 속에서도 하나님을 신뢰하고 하나님께 마음을 열어야 한다는 진리를 깨달았습니다.[8]

나웬의 가르침에 감동받아 온 분들에게 묻고 싶습니다. 성 정체성에 대한 나웬의 내적 갈등이 그런 주옥같은 작품들을 만들어 왔으니, 같은 고민을 가진 사람들도 모두 그냥 그대로 고통스럽게 살아야 할까요. 나웬과 같은 고민을 가져 본 적이 없는 저 같은 기독교인들이 동성애에 대해 취할 수 있는 가장 편하고 쉬운 선택은 "동성애는 죄다"라고 선언하고 그냥 잊어버리는 것입니다. 그렇게 살면 평생 동성애자들을 만날 일도 없을 것이고, 그들의 고민에 귀 기울일 일도 없을 겁니다. 참 편하고 행복한 인생입니다. 교회도 은연중에 이런 삶을 권장하고 있습니다. 그러나 그게 정말 그리스도의 길이고 교회의 길일까요?

동성애자 친구들 이야기

착한 사마리아 사람 이야기를 읽고, 저 스스로 질문을 바꾸자마자 주변에서 놀라운 일이 일어났습니다. 제 마음의 변화를 누구에게 말한 적이 없는데도, 갑자기 주변에 동성애자들이 나타나기 시작한 것입니다.

제가 오랫동안 상담 비슷한 걸 해준 한 친구와는 이런 일도 있었습니다. 외국에서 오래 공부하고 귀국한 그는 자기 분야에서 탁월한 능력을 인정받는 전문가였습니다. 기독교 집안에서 자라났고, 일도 기독교 쪽과 관련 있었지만, 그는 자신을 기독교인으로 생각하지 않았습니다. 때로는 기독교에 대해 격렬한 분노를 표하기도 했습니다. 그래도 우리는 친구가 되었고, 가끔 만나 이야기를 나눌 때면 그는 자신이 사귀고 있는 친구에 대한 고민을 털어놓았습니다. 그가 만나고 헤어지기를 여러 차례 반복하는 동안, 저는 그에게 여러 가지 조언을 해주었습니다. 저는 그러고 있다고 생각했습니다. 어느 날 그가 자기 친구의 변덕에 대한 고민을 털어놓았습니다. 그 고민을 들은 저는 저의 오랜 결혼 경험을 예로 들며 "여자들은 신체적으로도 남자와 다르고, 매월 큰 변화를 겪기 때문에 원래 그런 면이 있다. 네가 참고 이번에는 좀 잘 사귀어 보면 어떠냐?"고 조언했지요. 그러자 그는 이제 지쳤다는 듯이 정색을 하며 이렇게 말했습니다. "김 변호사님. 제가 그동안 여러 번 망설였는데, 그동안 제가 늘 이야기해 온 친구들은 모두 여자가 아니었습니다. 모두 남자들이었어요." 생각해 보니, 그는 한 번도 자신의 상대방이 여자라고 말한 적이 없었습니다. 저 혼자 당연히 그러리라 받아들였을 뿐이지요.

그의 고백을 듣고 좀 당황하기는 했지만, 그래도 "미안해요. 그런 줄도 모르고 늘 엉뚱한 조언만 했네" 하고 한번 웃고는 그냥 이야기를 계속했습니다. 그 친구를 통해 저는 게이들이 겪고 있는 고통스런 현실에 대해 많은 것을 알게 되었습니다. 집안의 냉대 같은 거야 충분히 짐작할 수 있는 것이었지만, 그들이 얼마나 짝을 찾기 어려운지, 게이들 사이에서도 외모가 중요하기 때문에 외모가 초라하면 얼마나 손해를 보는지, 결혼이 불가능하기 때문에 한 사람에게 정착해서 살기가 얼마나 어려운지, 그에 따른 불확실성이 관계를 얼마나 불안정하게 하는지 등은 제가 전혀 상상하지 못한 문제들이었습니다. 게이에 대해 흔히들 갖는 선입견, 예컨대 남자가 여자처럼 말을 하면 게이라든지, 게이 커플에는 남자 역할을 하는 사람과 여자 역할을 하는 사람이 따로 있다든지 하는 것들이 얼마나 현실과 다른지도 알게 되었습니다. 게이들의 현실과 고통에 대해 알게 되자, 그들을 향한 저의 마음도 훨씬 구체적인 따뜻함으로 바뀌었습니다. 그냥 죄라고 손가락질하기에는 그들이 직면하는 문제들이 너무 안타까웠습니다.

일단 그렇게 마음을 열고 나자, 이번에는 레즈비언인 친구도 생겼습니다. 제가 마음을 열었다고 얼굴에 써 붙이고 다닌 것도 아닌데, 그 친구들이 자연스럽게 제게 다가와 먼저 마음을 열어 주었습니다. 고마운 일이었습니다. 이성애자들 중에 영적인 갈급함이나 하나님에 대한 열망을 지닌 사람도 있고 아닌 사람도 있듯이, 동성애자들도 똑같습니다. 이들도 하나님을 알고 싶은데, 교회에 가서 듣게 되는 자신들에 대한 무지와 공격의 말씀에 상처를 입습니다. 동성애자들을 평생 한 번도 만나 본 적이 없는 분들, 그래서 동성애자들이 일상 속에서 어떤 고통을 겪고 있는지 전혀 알지 못하는 분들이 그런 공격에 앞장서고 있습니다. 그런 분들의 얼굴을 보고 동성애자들은 교회에서 마음을 돌립니다. 그 얼굴에서 예수님의 흔적을 전혀 발견할 수 없는 까닭입니다.

무엇이 죄인지 묻기 전에 먼저 내가 어떤 친구가 되어야 하는지를 생각하면 인생이 바뀝니다. 우선 이전에 없었던 친구들을 사귈 수 있고,

그 친구들의 깊은 영적 필요에 반응하게 됩니다. 새로운 친구들과 대화를 나누는 동안 이전에 알지 못했던 이웃의 아픔에 눈뜨게 됩니다. 이웃의 아픔에 대해 듣고 공감하며 긍휼히 여기는 사람이 한 명 생기면, 그 주변에는 작은 교회 공동체가 형성됩니다. 말씀에 비추어 삶을 나누는 사람들의 모임이 시작되는 것입니다. 이런 경험을 해보지 못한 사람들은 지금도 집요하게 묻습니다. "그래도 동성애는 죄가 아니냐?"고.

제가 청년 시절 신앙인으로 존경한 어느 선배에게 10년 전쯤 이런 이야기를 들은 적이 있습니다. "김 변호사가 정상인과 장애인이 차이가 없고 똑같은 권리를 누려야 한다고 주장하는 것을 보니 걱정된다. 내가 미국에서 공부하던 시절에 그런 사람들을 많이 보았어. 처음에는 장애인 인권을 주장하더니 나중에는 결국 동성연애자들의 인권까지 인정하자고 하더라. 성경은 장애를 정상이라고 말하고 있지 않아. 신명기 23장에는 분명히 고환이 상한 자나 음경이 잘린 자는 여호와의 성회에 들어오지 못한다고 적혀 있잖아. 예수님도 장애를 정상이라고 생각하지 않으셨고 그 장애를 고쳐 주셨어. 장애는 고침 받아야 하는 질병이지 정상적인 상태가 아니야. 동성연애도 마찬가지인데, 김 변호사처럼 장애인도 정상인과 똑같다고 하는 사람들은 결국 동성연애도 정상이란 소리를 하게 되지."

한국 사회에서 최고로 꼽히는 코스만을 밟아 온 그 선배 변호사가, 동성애를 꼭 동성연애라고 부른다든지, 장애인의 대칭 개념으로 정상인을 선택한 것도 귀에 거슬렸지만, 제가 더 불편하게 느낀 것은 그렇게 말하는 선배의 얼굴이었습니다. 평생 존경받는 신앙인으로 살아왔지만 그 선배의 얼굴에서는 사랑의 흔적을 찾아볼 수 없었습니다. 결국 그 대화가 오간 지 10년이 채 되기 전에 그 선배의 예언은 정확히 이루어진 셈입니다. 그 선배의 리스트에는 장애인도 정상이라고 우기다가 결국 동성애자도 인정하게 된 또 한 사람의 이름이 추가될 겁니다. 그러나 저는 신명기 구석에 적혀 있는, 성기가 상한 사람에 대한 배제 규정까지 찾아낸 그분이 왜 예수님이 가르친 빨간 글자 성경 말씀 중에서 사랑의 메시지는 발견하지 못했는지 의문입니다. 모든 말씀을 해석하는 기준은 예수님이라고 생각하는 저는, 이제 더 이상 그 선배의 리스트가 두렵지 않습니다. 어쩌면 그런 식으로 이야기하는 선배와 저는 이미 오래전부터 전혀 다른 교회에 속해 있었는지도 모릅니다.

기독교 대학에서 교수 생활을 하는 동안에도 저는 그 선배와 똑같은 얼굴의 젊은이들을 많이 만났습니다. 기독교 세계관과 관련된 과목들을 가르칠 때면, 저는 늘 20세기를 흔들었던 대량 학살 사건들에 대해 이야기했습니다. 아우슈비츠, 굴락, 킬링필드, 르완다, 보스니아에서 수백만 명의 무고한 인명이 죽어 가는 동안 하나님은 어디서 무엇을 하고 계셨느냐는 깊은 고통의 외침을 나누었습니다. 그리고 그 질문에 대한 답을 나는 찾을 수 없다고 솔직하게 고백했습니다. 그런 강의를 하다 보면 이해할 수 없다는 얼굴로 성경 말씀을 뒤적거리는 학생들을 발견할 때가 많았습니다. 그러면 저는 '오늘도 수업이 끝나고 나면 후폭풍이 만만치 않겠구나' 생각하며 마음의 준비를 했습니다. 그런 날에는 정말 어김없이 수업이 끝나자마자 성경책을 든 건실한 청년들이 강단 위로 올라와 질문을 던지곤 했습니다. "아니, 기독교 세계관을 가르치는 교수님께서 이런 문제에 대한 답도 모르신다는 것이 말이 됩니까? 저도 아는 답을 모르시면서 어떻게 교수를 하십니까?" 그러면서 그들이 의기양양하게 내미는 성경 구절 중에는 유대인들이 예수님을 죽이며 그 피를 자신들에게 돌리라고 외치는 내용도 있었고(마 27:25), 하나님은 감당하지 못할 시험을 주시지 않고 피할 길을 열어 주신다는 내용도 있었으며(고전 10:13), 예수 믿는 사람에게는 그런 고통이 닥칠 리 없다는 믿음을 뒷받침하는 각종 구절들도 있었습니다. 저는 그 친구들에게 적절한 답을 해주지 못했습니다. 그 젊은이들이 가진 확신이 그저 부러웠을 뿐입니다.

상처를 입어 본 적이 없고, 그래서 남의 고통을 이해하지 못하는 기독교인들이 늘고 있습니다. 그런 사람들끼리 모여 교회 간판을 단다고 해서 다 교회가 되는 게 아닙니다. 예수님의 가르침을 따라 예수님을 따라가는 교회를 만들기 위해 우선 질문을 바꿔 보아야 합니다. 그 질문 바꾸기를 저는 이렇게 시작하자고 제안합니다. 여러분은 다른 사람에게 어떤 친구입니까? 남들에게 말 못할 자신의 고통을 당신에게만 이야기하는 친구가 단 한 명이라도 있나요?

8장 샬롬의 공동체

교회의
교회됨을
위하여

예수님이 하나님 나라의 증시證示로 남겨 두고 가신 조직은 교회뿐입니다. 교회다운 교회는 그 존재만
으로 충분히 정치적이며, 충분히 세상을 바꿀 힘이 있습니다. 실제로 초대교회는 그런 역할을 했으며,
그 결과 언제나 로마의 거짓 평화에 대한 근본적인 위협이 되었습니다. 예수님은 세상을 바꾸기 위해
대학을 세우거나 기업을 만들거나 시민운동에 참여하지 않으셨습니다. 예수님이 선포하신 하나님 나
라는 우선적으로 교회 안에서 실현되어야만 합니다. 그래서 저는 이제 그만 '기독교 + 거시기'를 접고
교회로 돌아가자고 호소합니다.

그나마 괜찮은 교회의 문제

제가 출석하는 교회는 소외된 이웃을 돌본다고 언론의 조명을 여러 차례 받은 곳입니다. 목사님은 늘 "은행처럼 돈을 모아 이웃에게 나누어 주는 교회"를 꿈꾸셨고, 청년들이 빨리 성장하여 지식과 돈을 나누어 주는 사람이 되기를 기대하셨습니다. 교회 건축에 목숨 걸지 않고 대학 강당을 예배 장소로 활용하기도 했으니, 한국 교회의 전반적인 수준을 생각하면 '그나마 괜찮은' 교회였다고 자평할 수 있습니다. 이런 교회에 다니면서 불평한다면 좀 문제가 있는 것이지요. 그런데도 저에게는 늘 우리 교회에 대한 불편함이 있었습니다. 교회 이름이 큰 의미가 없으므로 지금부터는 우리 교회를 그냥 '그나마 괜찮은' 교회로 부르도록 하겠습니다.

서울 시내 중심가에 있는 조그만 대학 캠퍼스에서 예배를 드리던 '그나마 괜찮은' 교회의 가장 큰 문제는 주차난이었습니다. 교인들이 가족 단위로 모두 차를 몰고 오는데 주차할 공간을 확보하기가 쉽지 않았고, 그나마 확보되었던 공공건물의 주차 시설은 이웃 교회들이 민원을 넣어 사용할 수 없었습니다. 사용할 수 있는 공간이 대학 캠퍼스의 조그만 운동장에 한정되었기 때문에, 주일이면 그 운동장에 빼곡하게 승용차가 들어서곤 했습니다. 자동차가 들어오고 나가는 데 보통 30분 가까이 걸렸지요. 주차 봉사를 맡은 장로님, 집사님들이 이리 뛰고 저리 뛰어도 좁은 공간에 가득 주차된 차량들이 들고 나는 시간을 더 줄일 방법은 없었습니다. 강당 로비에서 나눠 주는 커피를 마시고 오는 사람들 때문에 승용차 한두 대가 운전사 없이 방치되면, 차량 전체가 빠져나갈 수 없는 난감한 상황이 되기도 했습니다. 매번 예배가 끝나고 차량이 빠져나가는 시간이 되면 운동장은 전쟁터에 가까웠습니다. 그러다 보니 은혜로운 찬양 속에서 목사님의 말씀을 듣고 환한 얼굴로 강당을 나서던 사람들이 운전석에 앉는 순간 독사, 표범, 호랑이의 얼굴로 바뀌는 일도 적지 않았습니다. 물론 그런 분노에는 늘 각자의 이유가 있었을 겁니다.

'주차장에 자동차 밀려 있는 걸 뻔히 알면서 늦게 나오다니', '목사님과 의논할 게 있어서 조금 늦은 건데 뭘 저런 표정으로 보나', '어, 앞에 있는 차가 운전사 없이 그냥 서 있는데 옆길이 조금 나네, 저쪽으로 빨리 나가야지', '앞 차가 서 있으면 그냥 기다려야 하는데 저놈이 새치기를 하네, 내가 빨리 나가서 저 얌체의 앞길을 막아 버려야지', '저 장로님은 자동차도 더럽게 좋네', '어머, 저 집사님은 굉장히 부잣집 아들로 보였는데 차가 왜 저 모양이야.'

사람들의 짜증이 늘면 주차 봉사하는 집사님들의 얼굴도 조금씩 변해 가고, 늦게 나오는 사람에게 '친절하지만 분노가 섞인' 목소리로 "차를 세워 두시고 늦게 나오시면 차들이 밀린답니다"라는 한마디를 던지게 됩니다. 주일마다 이런 장면을 목격하면서 저는 교회라기보다는 영화관 주차장에 딱 알맞은 풍경이라고 생각하곤 했습니다. 저는 이런 교회를 '영화관 교회'라고 부르고 싶습니다. '그나마 괜찮은' 교회는 강남에 위치해 있지 않았지만, '영화관 교회'라는 정체성 면에서는 '강남 기독교'로 상징되는 여러 대형 교회들과 전혀 다르지 않았습니다.

왜 이런 일이 생길까요? 교인들이 서로를 모르기 때문입니다. 제가 어려서 자란 교회들처럼 자동차를 방치한 교인이 뉘 집 자식이고, 누구 아버님인 줄을 속속들이 알고 있다면 주차장에서 차가 좀 밀린다 한들 그런 험악한 표정을 지을 수는 없었겠지요. 그럼 교인들이 왜 서로를 모르느냐? 교회가 단기간에 급성장했기 때문입니다. 개혁적인 분으로 소문난 목사님이 복음의 핵심을 쉬운 설교로 잘 풀어 내셨기 때문에, 우리 교회에는 서울 시내의 각 교회에서 구름같이 신자들이 모여들었습니다. 대규모 수평 이동이 이루어진 것입니다.

왜 이런 수평 이동이 이루어졌을까요? 너무 많은 교회가 교회답지 못했기 때문입니다. 건축과 헌금에만 혈안이 된 교회에서 상처 입은 사람들은 쉴 곳을 원했습니다. 개척 교회에 가면 어떤 일이 벌어질지 그 순서까지 뻔히 아는 신자들은 이제 어떤 축복이 보장되어 있다 해도 개척 교회에는 가지 않습니다. 소규모 개척 교회에 비해 대형 교회를 다니며 얻는 부수적 이익도 만만치 않습니다. 우선 어느 교회를 다닌다는 사실만으로도 신앙에 대한 보증수표를 확보할 수 있습니다. 기독교인임을 알게 된 사람들끼리 서로를 확인하는 첫 질문은 "어느 교회에 다니시냐?"는 것입니다. 그래서 소망, 온누리, 사랑의, 지구촌, 명성, 순복음, 남서울은혜, 높은뜻숭의, 100주년기념 같은 답이 나오면, 사람들은 금방 곽선희(김지철), 하용조, 옥한흠(오정현), 이동원, 김삼환, 조용기, 홍정길, 김동호, 이재철 같은 이름을 대면서 반갑게 아는 척을 합니다. 이상하게도 그런 큰 교회를 다니지 않는 사람들은 왠지 부끄러워하면서 "동네에 있는 작은 교회에 다녀요"라고 대답하고, 그러면 상대방도 적당한 화제를 찾지 못해 머뭇거리게 되지요. 큰 교회에 가면 노골적인 헌금 강요의 압박도 좀 덜 느낄 수 있습니다. 이미 잘 건축되어 있는 예배당에서 편안한 예배를 드릴 수도 있고, 설사 또 증축을 한들 n분의 1의 n(교인 수)이 워낙 크기 때문에 부담이 한결 덜 합니다. 수평 이동에는 그만큼 분명한 이유가 있습니다. 그런데 수평 이동으로 만들어진 교회, 그중에서 '그나마 괜찮은' 교회도 교인들끼리 서로의 얼굴을 알 방법은 없습니다. 교인 수가 너무 많은 데다가 교회 생활에 충분히 질린 분들이어서 개인적인 교제를 추구하지 않는 까닭입니다. 어차피 예배 자체도 교회보다는 영화관에 가까운 분위기이므로 교인들의 정신적 상태는 갈수록 성도라기보다는 관람자, 시청자의 입장으로 바뀌어 갑니다. 규모가 크다고 해서 교회가 아닌 것은 아닙니다. 그러나 규모가 큰 교회가 교회다운 교회 되기는 정말 어렵습니다. 그리고 더 안타까운 것은 이 사실을 잘 알고 있는 다수의 젊은 목사님들이 여전히 언젠가는 대형 '영화관 교회'의 담임 목사가 되기를 꿈꾸고 있다는 사실입니다.

가난한 사람을 돕는 교회, 가난한 사람은 없는 교회

쪽방에 사는 분들, 노숙인, 새터민, 장애인을 위한 지원에 많은 돈을 쓰고 있는 '그나마 괜찮은' 우리 교회에서 제가 느낀 또 다른 불편함은 우리 교인들 중에 쪽방에 사는 분들, 노숙인, 새터민, 장애인이 거의 없다는 점이었습니다. 물론 시각장애인이 몇 분 계시기는 하지만, 우리 교회는 기본적으로 쪽방에 사시는 분들, 노숙인, 새터민, 장애인들과 함께 지내려는 의지가 부족한 공동체였습니다. 필요한 곳에 돈을 보내고 여러 가지 사업이 진행되기는 했지만, 그분들을 우리 공동체 안으로 받아들이려는 노력은 거의 없었던 것입니다. 이런 분위기에서 '우리' 교회와 우리가 돕는 '그분들' 사이에는 늘 보이지 않는 장벽이 존재했습니다. '그분들'의 세계를 방문하기는 하지만, 그분들이 '우리' 세계로 들어오기란 너무나 어려웠습니다. 교인들 모두 부자가 되어 가난한 사람들에게 물질을 나누어 주자는 메시지는 있었지만, 가난한 사람들과 함께 살자는 메시지는 없었습니다. 조금 나눠 주고 나니 더 부자가 되더라는 메시지는 있었지만, 가난한 사람들과 함께 사는 공동체를 만들자는 메시지는 부족했습니다.

'그나마 괜찮은' 교회의 이런 모습을 보면서 저는 성경 말씀 한 구절을 떠올리게 되었습니다. 바로 "가난한 자들은 항상 너희와 함께 있으니 아무 때라도 원하는 때에 도울 수가 있거니와 나는 너희와 항상 함께 있지 아니하리라"(막 14:7)라는 구절입니다. 미국 기독교인들에게 가난에 대해 가장 대표적인 성경 구절을 뽑으라고 하면 늘 1등으로 꼽는다는 성경 말씀입니다.[1] 왜 이 말씀이 가난에 대한 대표선수가 되었을까요? 이유는 간단합니다. 이 구절이 가난한 사람들에 대한 기독교인의 책임을 면해 주는 것처럼 보이기 때문입니다. 사람들은 흔히 이 구절을, '가난한 사람들은 항상 너희 곁에 있을 것이므로 너희가 지금 꼭 도와주지 않아도 상관없다, 중요한 것은 예수님을 섬기는 것이다, 먼저 향유옥합을 바친 여인처럼 하여라, 그게 뭐냐, 교회에 헌금을 하는 것이다'라는 식으로 해석합니다. '가난은 나라님도 어찌할 수 없는 것인데 그 문제를 어떻게 교회가 해결하겠나, 이건 교회가 할 일이 아니다'라고 쉽게 정리하기도 합니다.

그러나 이 성경 말씀의 배경이 된 이야기는 이렇게 시작합니다. "예수께서 베다니 나병 환자 시몬의 집에서 식사하실 때에……"(막 14:3). 예수님 시대에 나병 환자가 어떤 취급을 받았는지는 굳이 설명이 필요치 않습니다. 나병 환자는 바닥 중의 바닥이었고, 공동체에 속하지 못하는 사람이었습니다. 경제활동이 불가능했으므로 가난은 나병 환자의 변함없는 동반자였습니다. 예수님은 아무도 상대하지 않는 바로 그 가난한 나병 환자의 집에서 식사를 하고 계셨습니다. 그리고 그날 그 식사 자리에 한 여자가 귀한 향유옥합을 들고 나아와서 식사하시는 예수님의 머리에 부었습니다. 이를 너무 아깝게 여긴 제자들은 분개하며 "무슨 의도로 이것을 허비하냐. 이것을 비싼 값에 팔아 가난한 자들에게 줄 수 있었을 텐데"라고 말하지요. 가난한 사람을 돕는 데는 별로 마음이 없으면서 괜히 가난한 사람들을 끌어다가 아까움을 표시한 제자들의 마음을 꿰뚫어 보신 예수님이 하신 말씀이 바로 "가난한 자들은 항상 너희와 함께 있으니"라는 말씀입니다. 요한복음은 정치적 올바름을 가장하여 자기 욕망을 숨기려 한 제자가 바로 가룟 유다였다고 지목합니다. 유다는 가난한 사람들을 생각해서가 아니라, 자기가 돈궤를 맡은 상태에서 돈을 횡령하고 있었기 때문에 횡령할 돈이 줄어드는 것을 배 아파했던 것입니다. 이 구절은 흔히 교회에서 가난한 사람들에게 더 관심을 가져야 한다고 외치는 젊은 기독교인들을 '유다 같은 사람'으로 몰아붙이는 데 악용됩니다. 참으로 편리한 성경 해석입니다.

예수님은 가룟 유다의 의도를 아시면서도 점잖게 "가난한 자들은 항상 너희와 함께 있으니"라고 말씀하셨습니다. 이 말씀은 당시의 제자들에게 전혀 이상하게 들리지 않았을 것입니다. 왜냐하면 예수님 주변에는 실제로 늘 가난한 사람들이 넘쳐 났기 때문입니다. 그런데 '그나마 괜찮은' 교회에는 가난한 사람들이 거의 없습니다. 근본적으로 우리 기독교인 대부분이 가난 문제가 더 이상 교회의 책임이라고 생각하지 못하는 까닭입니다. 개인 구원을 강조하는 보수적인 기독교인은, 가난한 사람의 구제가 교회의 책임도 국가의 책임도 아니라고 생각합니다. 가난은 게으름의 결과일 뿐이므로 각자 알아서 하면 되는 문제라는 것입니다.

사회 구원을 강조하는 진보적인 기독교인들은 가난한 사람들의 구제는 교회의 책임이 아니라 국가의 책임이라고 믿는 경향이 있습니다. 훌륭한 기독교인의 역할은 국가가 그 책임을 다할 수 있도록 국가를 향해 무엇인가를 끊임없이 요구하는 것이라고 생각합니다. 저도 그런 사람들 중의 하나였습니다. 그래서 기독교인으로서 내 중요한 사명의 하나는 사회복지법, 장애인복지법, 특수교육법을 제대로 개정하여 국가가 가난, 장애 등의 문제를 해결하도록 하는 데 있다고 믿었습니다. 이 책의 독자들 중 상당수도 아마 비슷한 생각을 갖고 있겠지요. 교육과 의

료보장, 사회복지 등 한때는 교회의 책임으로 받아들이던 모든 문제가 언젠가부터 국가의 책임으로만 인식되고 있습니다. 운이 좋아 자유민주주의 국가에 태어난 우리는, 그 덕분에 갖게 된 자유와 힘을 더 나은 세상을 만들기 위해 사용해야 한다고 믿습니다. 그리고 더 나은 세상을 만드는 주체는 대개의 경우 국가라고 생각합니다. 더 좋은 국가를 만들어 감으로써 더 나은 세상이 된다고 믿는 것입니다. 마땅히 기독교인이 해야 할 의무이자 권리인 구제 사역을 국가에 빼앗기고도 교회는 조금도 이상하게 생각하지 않습니다. 오히려 국가가 그 책임을 감당해 준 것에 교회가 감사하고 있는 것 같기도 합니다.

보험회사에 내어 준 교회의 역할

교회의 할 일을 빼앗아 간 것은 국가만이 아닙니다. 간단한 질문을 던져 보겠습니다. 지금 교회에서 함께 신앙생활을 하는 형제가 갑작스런 교통사고나 암으로 세상을 떠났다고 칩시다. 그에게는 아내와 어린 아이들이 딸려 있습니다. 이런 경우 교회는 어떤 역할을 하게 될까요? 우선 목사님과 교인들이 장례식장을 방문해 장례를 집전하고 가족들을 위로하며 함께 눈물을 흘리겠지요. 부조를 얼마나 해야 할지 잠시 고민하고, 남겨진 가족이 불쌍하다는 생각에 평소보다 두 배의 돈을 집어넣을지도 모릅니다. 그러나 그것으로 끝입니다. 남겨진 가족에게 가장 중요한 현실적 생계의 문제는 더 이상 교회의 책임이 아닙니다. 교인들은 누구도 그런 부담을 지고 싶어 하지 않습니다.

가끔은 죽은 남편이 보험을 많이 들어 놓았다는 소식을 장례식장에서 듣게 될 때도 있습니다. 그러면 목사님과 교인들은 "하나님이 미리 모든 것을 예비해 놓으셨으니 얼마나 감사하냐"며 기쁨을 나눕니다. "세상에 없어도 자식을 유학 보내고 결혼시키는 아버지가 있다"거나, "10억을 받았습니다"라고 아내가 조용히 고백하는 보험 광고 속의 세상에 교회도 동참하게 된 것입니다. 같은 공동체에서 하나님의 자녀가 되었다는 사람들의 역할은 딱 거기까지입니다. 교회 공동체의 일원이 된다는 것은 이 불확실성의 시대에 현실적으로는 아무런 도움이 되지 못합니다. 차라리 보험이나 많이 들어 놓는 것이 합리적인 선택입니다.

그래서 그런지 교회에는 보험회사 다니는 분들이 참 많습니다. 그분들은 자신의 역할에 대해 "갑작스럽게 불행을 당한 사람을 살리는 일"이라고 자부합니다. 심지어 그분들의 이야기를 듣고도 보험에 가입하지 않으면 '이웃을 사랑하지 않는 사람'이라고 손가락질할 때도 있습니다. 그러나 우리가 내는 보험료의 적지 않은 부분은 가난한 이웃이 아니라 보험업에 종사하는 사람들을 먹여 살리는 데 쓰입니다. 보험회사는 미래의 불확실성에 대한 불안을 팔아 돈을 법니다. 우리 모두가 그걸 알고 있으면서도 보험에 들 수밖에 없습니다. 다른 대안이 없기 때문입니다. 사람들에게 돈을 모아 불행을 겪는 이웃에게 가져다주는 보험회사의 역할은 실상 교회의 몫입니다. 그런데 교회가 그 역할을 하지 않기 때문에, '유사 교회'라 할 수 있는 보험회사들이 그 자리를 차지하게 된 것입니다. 교회는 기도만 하고, 그 이외의 일은 모두 보험회사가 처리하게 된 것이지요.

원래 자신의 책임에 속하는 구제 사역을 보험회사에 넘겨준 교회에는 더 이상 사람이 쉽게 모여들지 않습니다. 사람들이 모여들지 않으니 사람을 모으기 위해 온갖 프로그램을 만듭니다. 태신자 초청, 구도자 예배, 전도폭발 등 새로운 아이디어가 각광받을 때마다 교회 지도자들은 그 프로그램을 받아들여 교인들을 독려하며 전도에 최선을 다합니다. 물론 모두 의미 있는 일입니다.

그런데 한번 이런 상상을 해봅시다. 여기 한 교회가 있습니다. 그 교회 사람들은 보험을 들지 않습니다. 왜냐하면 누가 갑자기 죽거나 다치거나 직장을 잃게 되면 당연히 교회의 모든 사람이 달려들어 남은 가족을 돕고 그들의 생계를 함께 책임지기 때문입니다. 물론 그 교회에는 예수님이 그토록 경계하셨던 부자도 존재하기 어렵습니다. 성도들 중에 어려움을 겪는 사람과 물질을 나누다 보면 엄청난 부를 축적할 길이 없는 까닭입니다. 이 교회의 성도들도 틈날 때마다 복음을 전하지만, 굳이 새로운 프로그램을 개발해서 사람들의 눈길을 끌어야 할 필요가 없습니다. 그렇게 하지 않아도 사람들이 몰려들기 때문입니다. 한두 명 전도하는 것이 문제가 아니라 몰려드는 사람들을 관리하는 것이 이들에게는 더 큰 과제입니다. 모일 때마다 음식과 함께 삶을 나누고 어려움에 처한 성도를 돌보는 이 사람들에 관한 소문은 곧 세상에 널리 퍼집니다. 가난한 사람들에게는 이보다 분명한 복음이 없습니다. 소문을 듣고 사람들이 몰려들다 보니 곧 잡음이 생기기 시작합니다. 처음 교회를 세운 사람들이 주로 전라도 지역 출신이 많았기 때문에, 경상도 출신 사람들은 구제에서 소외되고 있다며 불만을 토로했습니다. 그러자 전라도 출신이 많았던 교회 지도자들은 경상도 출신의 신뢰받는 성도들을 뽑아 과감하게 구제 사역을 넘겨 버렸습니다. 당연히 사람들은 감동을 받았고 성도들은 더 늘어나기만 합니다. 사람이 늘어나다 보니,

식사 때는 자기 몫부터 챙기려는 사람이 생기고, 새치기하는 사람도 늘어납니다. 그야말로 밥을 먹기 위해 교회에 나오는 사람들도 생깁니다. 식사 때마다 부른 배를 두드리는 욕심꾸러기가 있는가 하면, 매번 밥이 모자라 배가 고픈 사람도 생깁니다. 그래서 교회 지도자는 조심스럽게 사람들에게 권고합니다. "이렇게 밥을 먹을 때마다 우리는 주님을 기념하는 것입니다. 따라서 합당하지 않게 주의 떡이나 잔을 먹고 마시는 사람은 주님의 몸과 피에 대해 죄를 짓는 것입니다. 먼저 자기를 잘 살펴보고 나서 떡을 먹고 잔을 마십시다." 그만큼 먹는 일이 중요한 공동체가 된 것입니다.

세상에 어떻게 그런 교회가 있을 수 있냐고요? 물론 쉬운 일은 아닙니다. 그런데 그런 공동체의 역사를 기록한 책이 있습니다. 바로 성경입니다. 제가 언급한 교회 이야기는 모두 사도행전에 나오는 교회의 모습을 그저 조금 각색한 내용입니다. 성령 세례를 받은 초대교회에서 사도들의 가르침은 '교제하고 떡을 떼고 기도하는 것'으로 현실화되었습니다. 기사와 표적이 많이 일어났지만 그런 놀라운 사건들은 '믿는 사람이 다 함께 있어 모든 물건을 서로 통용하고, 또 재산과 소유를 팔아 각 사람의 필요를 따라 나눠 주며, 날마다 마음을 같이하여 성전에 모이기를 힘쓰고, 집에서 떡을 떼며 기쁨과 순전한 마음으로 음식을 먹고 하나님을 찬미하며 또 온 백성에게 칭송을 받는' 형태로 드러났습니다 (행 2:43-47). 그런 교회에 사람이 모여드는 것은 당연한 일이었습니다. 베드로가 설교를 통해 사람을 모으기는 했지만, 그는 결코 복음을 믿으라고 구걸하지 않았습니다. 신도가 급속히 늘어나는 과정에서 헬라파 유대인들이 자기 쪽 과부들이 구제의 혜택을 제대로 받지 못한다고 불평하자, 대부분 히브리파 유대인이던 교회 지도자들은 헬라파 유대인들 중 신뢰받는 사람들에게 구제 업무를 과감하게 넘겼습니다.

사도 바울의 편지도, 먹고 마시는 일이 교회에서 얼마나 중요했는지를 잘 보여 줍니다. 고린도전서 11장은 성만찬 예식 중에 빠짐없이 인용되는 구절입니다. 이 구절을 들으며 대다수 교회 교인들은 엄지손가락보다 작은 빵과 포도주를 먹고 마십니다. 함께 먹고 마시는 공동체의 '일상'이 신비의 탈을 쓴 종교 '예식'으로 변모한 것입니다. 본질은 빠지고 형식만 남은 이런 성만찬 해석으로는 고린도전서 11장 33-34절에 나오는 말씀, 즉 "내 형제들아 먹으러 모일 때에 서로 기다리라. 만일 누구든지 시장하거든 집에서 먹을지니 이는 너희의 모임이 판단받는 모임이 되지 않게 하려 함이라"와 같은 말씀을 도저히 이해할 수 없습니다. 새치기를 해서라도 허겁지겁 자기 먹을 것을 챙기려는 사람들이 있었기 때문에 바울의 이런 권유가 나왔습니다. 늘 떡을 떼는 공동체, 가난한 사람들과 함께한 공동체가 아니라면 이런 권유가 필요할 까닭이 없습니다.

바울은 이 권유에서, 떡은 자신의 몸이고 포도주는 자신의 피라고 하신 예수님의 말씀(마 26:28)을 인용합니다. 예수님이 말씀하시는 피는 그냥 피가 아니라 '언약'의 피입니다. 떡을 떼고 포도주를 마시는 행위는 예수 그리스도의 새로운 언약에 동참하는 것이며 공동체의 나눔을 상징하는 것입니다. 공동체는 식사 때마다 그리스도를 기억하며, 증인 됨을 다짐합니다. 식사 그 자체가 기독 공동체를 세우고 유지하는 실천의 행동인 것입니다.[2] 이런 실천은, 가진 사람은 더 부자가 되고 없는 사람은 갈수록 더 가난해지는 세상의 법칙을 뒤흔들게 됩니다. 이런 교회는 존재 자체만으로도 세상을 변화시킵니다. 세상을 향해 굳이 이렇게 저렇게 살라고 떠들 이유가 없어집니다. 교회다운 교회는 그 존재만으로 세상을 변화시키는 살아 있는 힘이기 때문입니다.

교회가 감수해야 할 위험, 샬롬

보험회사로부터 교회의 책임을 되찾는 일은 예수님이 가르치신 평화를 제대로 이해하는 것과도 밀접한 관련이 있습니다. 보험회사와 평화가 무슨 관련이 있느냐고요? 교회에서 잘못 받아들여지고 있는 '평화'라는 말에 대해서는 이미 저의 책《평화의 얼굴》에서 자세히 설명한 적이 있습니다. 현대 기독교인들은 '평화' 하면 주로 예수를 믿고 마음속에 얻게 되는 평안으로 이해합니다. 틀린 말은 아닙니다. 평화에는 그런 의미도 있기 때문입니다. 그러나 히브리어 '샬롬'이나 헬라어 '에이레네*eirene*'가 말하고자 하는 평화는 그런 마음속의 주관적 내적 영역으로 제한되지 않습니다. 샬롬은 현실 세계에서 전쟁이 없는 상태를 의미하기도 하지만, 전쟁이 없는 모든 상태가 곧 평화는 아닙니다. 이 평화는 폭력을 통해 획득한 '로마의 평화'와는 다릅니다. 폭력을 통해 평화를 얻어 낸다는 신화myth는 로마제국 이래로 미국이라는 거대 패권국가에 이르기까지 변함없이 유지되어 왔습니다. 미국이 마치 하나님 나라라도 되는 것처럼 생각하는 일부 친미 기독교인들은 전쟁과 폭력으로 유지되는 미국의 평화가 바로 샬롬인 것처럼 오해합니다. 그러나 팔레스타인 지방에서 '로마의 평화'를 유지하기 위해 본디오 빌라도가 예수를 죽인 것처럼, 이라크와 아프가니스탄에서 평화의 이름 아래 미국이 벌이고 있는 전쟁도 본질상 제국의 부귀영화를 위한 것이지 샬롬을 위한 것이 아닙니다. 샬롬이 지향하는 전쟁 없는 상태는 희생과 헌신을 통해 얻어지는 '그리스도의 평화'를 의미합니다. 그런데 여기서 멈춰서는 안 됩니다. 샬롬은 전쟁의 부재라는 소극적 의미가 아니라 훨씬 적극적인 의미를 지닙니다.

평화를 인사말로 쓰는 대표적인 민족이 이스라엘과 우리입니다. 우리는 만날 때마다 "안녕하세요?"라고 인사합니다. 여기서의 안녕은 정신과 육체를 포괄하는 총체적인 평안을 의미합니다. 이스라엘의 샬롬도 마찬가지입니다. 샬롬은 모든 인간, 그의 신체와 영혼, 공동체, 집단, 자연 그리고 인간 주변의 모든 관계를 포괄하는 구원과 안녕의 표현입니다. 따라서 기독교인에게 평화란 예수 믿어 얻게 된 마음의 평안뿐 아니라 전쟁이 없는 상태, 사회복지적 필요까지 모두 충족된 총체적인 평화를 의미합니다. 학자들은 샬롬의 어원이 "충분히 가지고 있다 wholeness"에서 출발했다고 이해합니다.[3] 샬롬은 인간에게 필요한 기본적인 물질적 욕구가 충족되는 것을 전제로, 빈곤과 불안에서 해방된 개인이 생명력 있는 공동체에 참여하는 것까지를 포함하는 긴 과정입니다. 흔히 정의와 평화의 충돌을 어떻게 조화시킬 수 있는지가 논의되곤 하지만, 히브리어 샬롬은 정의와 평화가 거의 구별할 수 없을 정도로 얽혀 있는 상태를 의미하며, 시편 85편 10절은 이 상태를 "정의와 평화가 입 맞출 때"라고 묘사하고 있습니다.[4]

이런 총체적인 샬롬의 의미를 단순히 마음속에서 얻는 평안으로 축소함으로 교회는 대부분의 사회적 책임으로부터 자유를 얻었습니다. 가난, 폭력, 부자유를 제거하거나 경감한다는 샬롬의 본질적 의미를 모두 포기한 덕분에, 세상에서 어떤 일이 벌어지든 그저 기도하고 내 마음의 평안만 얻으면 되는 소극적인 위치로 후퇴한 것입니다.

예수님은 샬롬을 실천하는 공동체를 통해 세상을 변화시키고자 하셨습니다. 예수를 주主로 고백하고 진리를 말하며 원수를 사랑하고 가난한 사람들을 존중하고 의를 위해 고난받는 사람들의 공동체는 그 존재 자체로 이미 정치적이며, 그런 공동체가 존재한다는 소문만으로도 세상을 변화시킬 수 있습니다. '세상'을 향한 분명한 대안이 된 공동체가, 세상에 지치고 상한 영혼들에게 생명의 소식을 흘려 보내면, 사람들은 이 새로운 삶에 매력을 느끼고 생명의 길을 찾아 몰려들기 마련입니다. 그렇게 모인 사람들은 그리스도의 가르침 속에서 새로운 힘을 얻고, 그 가르침을 실천하는 살아 있는 공동체로서 세상을 변화시킵니다. 이 교회는 전쟁과 빈곤이라는 '세상'에 맞서 싸우는 일에 참여해야 하고, 그 과정에서 세속적인 운동과 손잡을 수 있지만, 그런 참여만을 목적으로 하지는 않습니다. 진리 위에 세워진 공동체는 세상에 그리스도의 이야기를 들려주고 그 이야기대로 살려고 노력하는 과정에서 자연스럽게 전쟁과 빈곤에 맞서 싸우게 될 뿐, 정치적 결사체로서 자기 목소리를 높이는 것은 아니기 때문입니다. 예수님은 그런 강력한 공동체를 하나님 나라의 씨앗으로 이 땅에 남기고 승천하셨습니다. 그리고 그 공동체는 팔레스타인의 작은 도시 예루살렘에서 시작하여 로마제국 전체를 변화시켜 나갔습니다. 어쩌면 샬롬의 공동체가 로마의 거짓 평화를 무너뜨리고 새로운 세계를 만들 수 있는 것처럼 보였습니다. 적어도 기독교가 로마의 국교로 받아들여질 때까지는 말입니다. 사탄의 세력은 폭력에 의해 유지되는 세상의 억압 시스템을 지속하고 싶었습니다. 그래서 이 엄청난 도전을 자신의 시스템 안에 적극적으로 수용함으로써 위기를 넘겼습니다. '세상 속의 교회'를 '교회 속의 세상'으로 변질시킴으로써 교회를 무력화한 것입니다. 그 오랜 무기력 속에서 교회는 이제 보험회사만도 못한 내면세계의 공동체, 최대한 영역을 확장해봐야 교인들끼리 싸우지 않는 것을 평화로 이해하는 수준의 공동체로 남게 되었습니다.

물론 사도행전에 나오는 교회 공동체를 이루는 것은 처음부터 인간에게 불가능한 일인지도 모릅니다. 교회가 지금처럼 말로만 사랑을 나누게 된 데는 충분한 이유가 있을 겁니다. 친형제자매 사이에도 돈이 오가다 보면 관계가 무너지는 경우가 많습니다. 유산을 물려주고 나면 자식의 태도가 당장 바뀐다고, 죽는 날까지 통장을 쥐고 있는 것이 부모의 지혜로 인식되는 시대입니다. 친구가 돈을 빌려 달라고 하면 그냥 주면 모를까 빌려 주지는 말라는 조언이 힘을 얻는 우리 사회입니다. 돈은 그렇게 모든 관계를 잡아먹고도 남을 정도로 무시무시한 힘을 지니고 있습니다. 만약 교회가 내부에서 본격적으로 돈과 물질을 나누기 시작한다면 정말 이상한 일들이 일어날 개연성이 높습니다. 당장 물질적 혜택만 바라보고 교회에 나오는 사람들이 생길 수 있습니다. 도대체 이 사람들과 어디까지 물질을 나누어야 할지 애매한 문제가 되겠지요. 예컨대 내가 피땀 흘려 모은 돈인데 평소 흥청망청 낭비하며 사는 교인이 와서 빌려 달라고 할 때 어떻게 해야 할지, 자식을 유학 보내느라 엄청나게 돈을 쓴 사람이 빈털터리가 되었을 때 자식을 겨우 국내에서 교육시킨 내가 그에게 돈을 주어야 하는 건지, 사업하다 망해 가는 사람이 "지금 돈을 막지 못하면 잡혀 간다"며 돈을 빌려 달라고 하는데 그렇게 빌려 줘 봐야 100퍼센트 망할 게 분명할 때 과연 돈을 빌려 주어야 하는 건지, 갑자기 가난해진 사람들의 생활수준은 어느 정도가 적절한지, 고민은 끝이 없습니다.

그만큼 돈은 무섭습니다. 오죽하면 예수님이 돈을 맘몬Mommon이라는 하나의 독립된 인격으로 표현하고 "하나님과 재물을 겸하여 섬기지 못한다"(마 6:24)는 단정적인 말씀을 남기셨겠습니까? 한번 돈의 노예가 되어 버린 사람은 그 악순환에서 벗어나기가 더욱 힘듭니다. 부모가 재벌이 아닌 이상 16평에서 시작하여 21평, 33평, 38평, 43평, 52평, 56평으로 점점 아파트를 늘려 가다 보면 어느새 죽을 때가 되어 버리는 우리의 삶입니다. 애들 밑으로 들어가는 돈도 끝이 없습니다. 하나님과 맘몬을 동시에 섬기지 않고는 도저히 살 수 없는 게 우리 현실입니다.

그렇다고 샬롬을 실천하는 교회 만들기를 포기해야 할까요? 그렇지 않습니다. 예수님이 가르치신 복음의 핵심은 하나님 나라입니다. 예수님은 "예수 믿으면 구원받는다"는 도식화된 교리를 전하는 데 열심인 적이 한 번도 없으셨습니다.[5] 하나님 나라를 빼면 복음에는 아무것도 남지 않습니다. 예수님을 통해 이미 실현되었지만 아직 완성되지 않은 하나님의 나라는 결국 교회를 통해 그분의 재림 때까지 선포되고 또 선포됩니다. 교회가 바로 그리스도의 몸이기 때문입니다. 원수까지 사랑하는 것은 우리 상식의 세계에서 도무지 가능한 일이 아닙니다. 그런데도 예수님은 우리에게 그렇게 살도록 가르치셨고 직접 모범을 보이셨습니다. 우리는 그런 예수님의 이야기narrative를 통해 진리를 발견하고 그 이야기를 반복하는 가운데 실천으로 나아갈 힘을 얻습니다. 그리고 이 모든 일은 개인이 아니라 공동체를 통해 이루어질 수밖에 없습니다. 과거에는 불가능한 것으로 보였지만 예수 그리스도를 통해 가능하게 된 바로 그 새로운 삶을 함께 살아 내는 사람들의 모임이 교회입니다. 세상과는 구별되면서 세상의 대안이 되는 교회는 그 자체로 폴리스 polis이며, 그 폴리스는 예수님이 성령을 통해 계속 실존하시는 실체가 됩니다. 하나님의 통치가 이루어지는 이 폴리스가 바로 하나님 나라의 씨앗입니다. 우리가 기독교인이 되고 제자가 된다는 것은 바로 이런 교회 공동체의 일원이 됨을 의미합니다. 기도, 찬양, 훈계, 구제, 용서, 화해 등의 훈련이 매일처럼 이루어지는 교회 공동체의 존재를 빼고는 하나님 나라를 이야기할 수 없습니다. 하나님 나라의 일원이 된다는 것은 용서와 화해를 실천하며 다른 사람들을 신뢰하는 '모험'에 동참하는 것을 뜻합니다.[6]

이웃을 신뢰한다는 것은 분명히 위험을 감수하는 일입니다. 하지만 이웃에 대한 불신이 두려움을 낳고, 두려움이 적대감을, 적대감이 분쟁을 낳는다는 사실을 생각하면, 이런 위험의 감수는 폭력에 의해 유지되는 세상을 향해 다른 삶의 길을 제시하는 중요한 계기가 됩니다. 샬롬에 따른 모든 위험에도 불구하고 우리에게는 예수님의 말씀을 믿고 실천하는 실험에 동참할 용기가 필요합니다. 비록 이런 신뢰가 배신당한다 할지라도 다시 용서하는 것이 믿음이며, 이런 용서의 과정을 통해 교회는, 세상이 갖지 못하는 진정한 평화를 만들어 내게 됩니다. 그리고 위험을 감수한 실험의 과정에서 그런 문제들을 처리할 지혜와 기준도 얻게 될 것입니다.

현대 교회는 예수님을 따르는 실험을 포기함으로 외형적인 평안을 얻었습니다. 자기 재산을 나누는 일도 없고 남을 신뢰하는 일도 없기 때문에, 배신당할 일도 없고, 누구와 다툴 일도 없고, 용서할 일도 없습니다. 겉으로 보면 지극히 평안해 보이지만, 이건 샬롬이 아닙니다. 그저 아무 상관없는 사람들끼리 모여 사교를 나누는 친목 단체일 뿐입니다. 영화관 관객 수준의 상호 관계를 유지하면서 교회라고 뽐내고 있는 셈입니다. '그나마 괜찮은' 교회가 매년 엄청나게 많은 예산을 가난한 이웃을 위해 쓴다 하더라도 결코 자랑할 수 없는 이유가 바로 여기에 있습니다.

유사 기독교 단체의 급증

교회가 샬롬 공동체로서의 본질을 잃어버린 결과 나타난 재미있는 현상이 있습니다. 교회도 세상도 아닌, 중간적 의미의 조직이 급증한 것입니다. 언제부터인가 기독교 대학, 기독교 기업, 기독교 로펌, 기독교 정당, 기독교 시민단체 등 '기독교 + 거시기'를 만드는 것이 마치 기독교인의 중요한 소명인 것처럼 이야기하는 사람들이 늘고 있습니다. 이런 흐름이 힘을 얻기 시작한 것은 대체로 우리 사회가 군사독재에서 벗어나는 시기와 일치합니다. 박정희와 전두환으로 이어지는 군사독재 정권하에서 많은 젊은이들이 민주주의를 위해 싸웠고 적지 않은 희생을 치렀습니다. 그중의 상당수가 기독교적 배경을 가지고 있었지만, 종로 5가를 중심으로 한 지극히 소수의 진보 기독교 세력을 제외한 주류 기독교는 이런 민주화 흐름에서 아무런 조직적 역할도 하지 않았습니다. 오히려 독재자의 안녕을 빌어 주는 데만 앞장섰을 뿐입니다. 사회 현상에 철저히 무관심한 기독교에 대해 민주화 이후 반성이 일어난 것은 자연스런 현상이었습니다. 그런 영향으로 '복음, 민족, 역사' 대회가 열렸고, 〈복음과상황〉이 창간되었으며, 각 대학에는 기독학생연합들이 조직되기 시작했습니다. 그동안 세계 복음화에만 관심을 보이던 선교 단체들도 앞다투어 사회 선교의 비전을 제시했습니다. 흥미롭게도 찬양까지 '민족, 통일' 등을 간접적으로 이야기하는 장엄한 톤으로 바뀌는 경향을 보였습니다. 그런 이야기를 해도 더 이상 잡혀 가거나 죽지 않을 수 있는 환경이 마련되고, 진짜 운동권들이 운동의 세계를 떠나기 시작한 바로 그 시점에서, 갑작스럽게 기독교 운동권들이 나타나기 시작한 것입니다. 복음 전도뿐 아니라 사회참여에도 관심을 갖는다는 이른바 '복음주의자'들이 근본주의와 자신들을 차별화하기 시작한 것도 비슷한 무렵의 일입니다.

그런 시기와 맞물려서 '기독교 + 거시기'도 급격히 늘어났습니다. 대표적인 기독교 기업인 이랜드가 세금을 제대로 내는 기업의 이미지로 각광을 받았고, 교회와 선교 단체 출신의 우수한 인력들이 대거 몰려들었습니다. 저와 함께 교회나 선교 단체 활동을 한 친구들 중에 이랜드로 간 사람이 하도 많아서 한동안은 저도 이랜드를 다니는 것처럼 착각할 지경이었습니다. 저와 비슷한 세대에 속하는 아내도 똑같은 경험이 있습니다. 아내도 저도 이랜드 옷 선물을 많이 받았고, 실제로 거의 10년 정도는 이랜드 계열사 옷만 입었던 것으로 기억합니다. 이랜드는 그만큼 우리 인생에 많은 영향을 끼쳤습니다.

기독교 대학으로는 90년대 중반 한동대학교가 등장해서 한국 교회에 바람을 일으켰습니다. 우수한 청년들이 포항으로 몰려들었고, 외국에서 갓 귀국한 30대 중반의 교수들이 이 대학에 청춘을 바쳤습니다. 학생들과 교수들 사이의 관계는 국내 어느 대학과도 비교할 수 없을 정도로 가까웠고, 어려움을 함께 이겨 내는 가운데 독특한 연대가 형성되었습니다. 졸업한 학생들은 높은 취업률을 자랑했고, 외국에 있는 교포 신앙인들로부터 헌금이 답지했으며, 학교의 초기 모습을 그린 책은 손꼽히는 베스트셀러가 되었습니다.

기독교 정당도 몇 차례 결성되었습니다. 기독교 기업이나 기독교 대학만큼이나 쟁쟁한 사람들이 모여들었고, 뼈아픈 실패의 연속에도 불구하고 많은 사람들이 여전히 미래를 기약하고 있습니다. 기독교 로펌도 생겼습니다. 비교적 보수적인 색채의 법무법인 로고스와 비교적 진보적인 색채의 법무법인 소명은 나름대로 교계를 대표하면서 성실한 법률 서비스를 제공했습니다. 기독교 정신으로 출발한 시민단체도 많이 생겼습니다. 기독교윤리실천운동본부가 대표적인 선발주자였고, 경제정의실천연합 같은 곳도 기독교 이름을 내걸지는 않았어도 구성원의 상당수는 기독교 배경을 가진 사람들이었습니다. 교회개혁실천연대, 공의정치실천연대를 비롯한 수많은 단체들도 자기 목소리를 내며 열심히 활동했습니다. 이들의 활동을 통해 '정치, 경제, 사회, 문화 모든 영역에 예수 그리스도의 주권을 세운다'는 이상이 꽃을 피우는 듯했습니다. 그야말로 '기독교 + 거시기'의 세상이 열린 것입니다.

저 역시 지난 20년 동안 학생으로, 기독교 로펌의 변호사로, 기독교 대학의 교수로, 기독교 시민단체의 구성원으로 이런 움직임에 직간접적으로 관여해 왔습니다. 특히 기독교 대학에서 교수로 지낸 5년 반의 세월은 '기독교 + 거시기'에 대해 계속 고민할 기회를 갖게 했습니다.

제가 일했던 기독교 대학의 동료들은 "연세대나 이화여대 같은 학교들은 이제 '세속화'되어 더 이상 기독교 대학이 아니고, 이제 기독교 대학이라고 할 만한 곳은 우리 학교밖에 없다"는 자신감에 충만했습니다. 그러나 기독교 대학도 사람이 움직이는 곳인지라 갈등이 없지는 않았습니다. 학생들을 위해서라면 간이라도 빼줄 듯 헌신된 교수들이었지만, 사안마다 다른 의견을 보일 때가 많았습니다. 학교가 어려움을 겪는 상황에서 의견이 갈려 결론이 안 날 때면 교회에서와 똑같은 논란이 일었습니다. 일부 교수들은 우리 학교는 일반 대학이 아니라 '하나님의 대학'이므로 총장님을 비롯한 지도부의 영적 지도에 모든 구성원이 한마음으로 순종할 필요가 있다고 역설한 반면, 다른 교수들은 학내 의사 결정이 민주적으로 이루어져야 한다는 이의를 제기하곤 했습니다. 학교가 위기에서 벗어난 뒤에도 이런 갈등은 계속되었고, 양쪽 모두 신실한 기독교 신자들이었지만 갈등의 골은 쉽게 치유되지 않았습니다.

이런 현상을 지켜보면서 저도 처음에는 사람의 욕심이 문제라고 생각했습니다. 좋은 꿈과 열정으로 시작했어도 어느 시점이 지나면 열정이 식을 수밖에 없고, 열정이 식고 나면 조직의 유지가 꿈보다 더 중요해지며, 그쯤 되면 지도자가 조직을 사유화하는 등의 문제가 생기기 마련이라고 이해했던 것입니다. 그런데 더 깊이 생각하면 생각할수록, 그것은 단순히 '이상은 좋았지만 사람이 악해서' 생기는 문제가 아니었습니다. 근본적으로 제가 경험한 기독교 대학의 모든 문제는 '기독교'에 방점을 찍고 있는 조직 구성원과 '대학'에 방점을 찍고 있는 조직 구성원의 갈등이 원인이었습니다.

여러 번 강조한 것처럼 교회 공동체는 세상과 다릅니다. 세상과 구별되어 세상의 대안으로 만들어진 공동체이기 때문입니다. 하나님 나라의 씨앗인 교회 안에서 적용되는 믿음, 소망, 사랑의 원칙은 세상을 지배하는 돈, 섹스, 권력의 원칙과 근본적으로 다를 수밖에 없습니다. 교회와 세상은 목표로 삼는 방향이 완전히 반대입니다. 이미 말씀드린 것처럼 교회는 예수 그리스도를 따르는 하향성을, 세상은 돈, 섹스, 권력을 추구하는 상향성을 본질적 가치로 삼습니다. 그런데 '기독교 + 거시기'의 조직은 이게 과연 세상인지 교회인지가 불분명합니다. 앞에 붙은 '기독교'가 자신을 내어 주고 희생하며 양보하고 용서하는 하향성의 새로운 윤리를 대변한다면, 뒤에 붙은 '거시기'는 그것이 대학이든, 기업이든, 로펌이든, 정당이든 성공, 탁월, 능률, 경쟁 등 상향성의 세상 윤리를 대변합니다. 방향이 전혀 다른 두 가지가 하나의 조직 안에 결합된 것입니다. 한 개의 조직 안에 두 개의 방향이 있다 보니 늘 하나님의 이름을 앞세운 두 개의 의견이 대립할 수밖에 없습니다. 사람들의 문제라기보다는 '기독교 + 거시기' 조직이 갖는 본질적인 문제인 것입니다.

그런 관점에서 보면 연세대나 이화여대가 기독교 색채를 많이 상실한 것도 전혀 이상하지 않습니다. 하버드대나 예일대 등의 대학들도 처음에는 기독교 대학으로 출발했지만, 예외 없이 이른바 '세속화'의 길을 걸었습니다. 대학 구성원들이 타락했기 때문이 아닙니다. 다른 선택의 여지가 없었기 때문입니다. '기독교 + 거시기'의 조직은 어떤 시점에 이르면 기독교 쪽으로 갈지, 거시기 쪽으로 갈지를 선택해야 합니다. 이랜드의 경우처럼 기업으로서 높은 이윤을 올리고 돈을 많이 벌기 위해서는, 기독교 원칙은 점점 포기할 수밖에 없습니다. 학문적 탁월성을 인정받는 대학이 되기 위해서도 역시 기독교 색깔은 약해질 수밖에 없습니다. 왜냐하면 기업, 대학, 로펌, 정당 등을 평가하는 기준은 교회를 평가하는 기준과 전혀 다르기 때문입니다.

물론 미국의 일부 근본주의 기독교 대학들처럼 과감하게 자신들만의 기독교 색채를 선택하는 것도 가능합니다. 이런 대학들은 객관적인 대학 평가나 외부의 평판에 크게 신경 쓰지 않습니다. 그저 자신들이 옳다고 믿는 기독교 원칙에 충실하려고 노력할 뿐입니다. 그중 대표적인 곳이 밥 존스 대학교입니다. 밥 존스 대학교는 성직 과정에서 남학생들만 훈련시키고, 생물, 화학, 물리학 전공에서는 젊은 지구론에 입각한 이른바 '창조 과학'을 공식적으로 가르치는 매우 보수적인 기독교 대학입니다. 가톨릭을 이단으로 볼 뿐만 아니라, 심지어 "모든 교황은 귀신 들린 사람들"이었다는 주장을 당당히 펼치기도 합니다. 1971년까지는 흑인 학생을 전혀 받지 않았고, 1971년부터 1975년까지는 결혼한 흑인 학생에게만 제한적으로 입학 허가를 내주었습니다. 인종차별을 하는 학교에 세금 혜택을 줄 수 없다는 국세청IRS의 강경 입장에 따라 1975년부터 흑인 학생을 받기 시작했지만, 대신 인종 간 데이트를 하거나 결혼을 하면 퇴학시키는 학칙을 마련했습니다. 성경이 인종 간 분리를 가르치고 있으며 인종 간의 결혼은 하나님의 뜻에 반한다는 밥 존스 대학교의 주장은 연방 대법원 판결에 의해 받아들여지지 않았고[7] 밥 존스 대학교는 차라리 세금 혜택을 포기하는 길을 택했습니다.

그러나 이런 이상한 입장이 오래갈 수는 없었습니다. 2000년 밥 존스 대학교는 인종차별 정책을 포기했고, 2008년에는 공식적으로 과거의 입장을 사과했습니다.[8] 이렇게 자신들만의 기독교 색깔을 강력하게 유지한 학교가 미국 정치에 지난 수십 년간 엄청난 영향을 끼친 것은 아이러니입니다. 미국 공화당은 남부의 바이블 벨트에서 지지를 얻기 위해 온갖 비난을 무릅쓰면서도 여러 차례 밥 존스 대학교에 추파를 던졌습니다. 밥 존스 대학교가 위치한 사우스캐롤라이나에서 보수 기독교인들의 표를 얻기 위해 로널드 레이건, 조지 부시, 밥 돌 등이 빠짐없이 밥 존스 대학교를 방문했고, 2000년 공화당 예비 경선에서는 조지 W. 부시가 이 대학교에서 연설한 것이 중요한 쟁점으로 떠오르기도 했습니다.[9] 이것이 세속화를 거부하고 자신들만의 '기독교'를 선택한 기독교 대학의 모습입니다. 어떤 기준에서는 세속을 거부했는지 모르지만, 정치적 기준으로는 누구보다 정치적인 대학이 된 것입니다. 이런 모습이 기독교의 본질인 하향성과 거리가 있음은 두말할 필요도 없습니다.

'기독교'와 '대학' 중 기독교를 선택한 기독교 대학이 모두 밥 존스 대학교처럼 되라는 법은 없지만, 그렇게 될 가능성이 높은 것은 사실입니다. 밥 존스 대학교처럼 이상한 학교가 되지 않으면서 세속화를 거부하기란 힘듭니다. 기독교 대학도 어디까지나 '대학'이며, 대학의 사명은 연구와 교육에 있기 때문입니다. 평가와 경쟁이 빠진 연구와 교육이 불가능한 이상, 하향성의 기독교와 상향성의 대학이 조화롭게 공존하기란 매우 어렵습니다. 결국 대부분의 기독교 대학들은 다른 학교처럼 학문적 탁월성의 길을 선택할 수밖에 없습니다. 신학 전공이 개설되지 않은 기독교 대학은 더욱 그렇습니다. 그런데 방향을 그렇게 잡고 나면 다른 학교와 차별화하기가 불가능해집니다. 물론 함께 기숙사 생활을 하면서 기독교인으로서 꿈을 나눌 수 있고, 교수들의 변함없는 헌신을 통해 그리스도의 사랑을 배울 수 있습니다. 제가 일한 기독교 대학에는 '세상 어느 대학에서도 이런 혜택을 누릴 수 없다'고 자랑스럽게 생각하는 교수와 학생들이 많았습니다. 그렇지만 그것이 기독교 대학만의 특성은 아닙니다. 저는 기독교와 전혀 상관없는 대학에서 학창 시절을 보냈지만, 대학생 선교 단체 활동을 하면서 그런 공동체의 기쁨을 누렸고, 신심 깊은 학과 교수님께 개인적으로 세심한 지도를 받았습니다. 전도 대상은 지천으로 널려 있었고, 학교생활을 하면서 세상 속의 기독교인이 되는 법을 자연스럽게 배울 수도 있었습니다. 기독교 대학에서 배울 수 없는 현장 경험을 이미 세속 대학에서 충분히 쌓을 수 있었던 것입니다.

대학교수로서의 경험도 다르지 않습니다. 함께 기독교 대학의 교수로 일하다가 저보다 앞서 일반 대학으로 옮긴 교수님 한 분은 제게 이런 이야기를 들려주셨습니다. "기독교 대학에 있을 때는 그렇게 조용히 지냈는데도, '네 신앙이 의심스럽다'는 비판과 의심의 눈초리를 받아야 했다. 내 신앙 수준이 학교의 요구에 턱없이 모자라다는 생각도 많이 했다. 그런데 일반 대학으로 옮기고 나자 동료 교수들도 제자들도 모두 '이렇게 예수 잘 믿는 교수는 처음 봤다'고 오히려 놀라워한다." 그분은 일반 대학에서의 생활에 지극히 만족하셨습니다. 그래서 학생들과 일주일에 한 번씩 따로 만나 신앙 서적을 읽는 모임도 주도하고, 단과대학 기독학생회의 지도 교수도 했습니다. 똑같은 사람인데도 기독교 대학에서는 '신앙이 의심스러운 사람'이 일반 대학에서는 '엄청나게 예수 잘 믿는 교수'가 될 수 있었던 것입니다.

그렇다면 왜 지난 세월 동안 '기독교 + 거시기'가 그렇게 큰 힘을 얻은 걸까요? 이유는 간단합니다. 교회가 교회답지 못했기 때문입니다. 교회가 제 기능을 못하게 되자, 교회에서 희망을 잃은 사람들이 교회를 뛰쳐나가 교회 밖에서 하나님 나라를 위해 일하기 시작했습니다. 설사 몸은 교회에 남아 있더라도 시간과 노력의 대부분은 교회 밖의 이런 '기독교 + 거시기' 운동에 투자했습니다. 많은 청년들이 교회에서 누리지 못한 은혜를 선교 단체 활동을 통해 누렸고, 기독교 대학, 기독교 기업에서 오히려 예수님의 모범을 보기도 했습니다. 기독교 시민단체를 만들거나 거기에 투신한 사람들은 희생을 감수하면서 그리스도의 뒤를 따라간다고 생각했습니다. 썩어서 고인 물이 된 교회보다는 그런 조직들이 훨씬 생명력 있어 보였습니다. 어느새 '기독교 + 거시기'는 많은 사람들의 생업이 되었고, 덕분에 양심적인 지식인, 헌신된 그리스도인, 정직한 부자의 타이틀을 얻은 분들도 많습니다. 그런데 그 과정에서 교회의 모습은 하나도 나아지지 않았고, 하나님 나라에서는 더 멀어지기만 했으며, 세상은 교회를 손가락질하고 있습니다. '복음, 민족, 역사'의 결실은 하나도 이루어지지 않았는데, 거기 참여한 사람들만 세상적 열매를 맛보는 이상한 모습이 된 것입니다.

　기독교 시민단체에서 일하는 분들은 혹시 '우리는 적어도 하향성이라는 방향 면에서 기독교와 충돌하지 않는다'고 생각하실 수 있습니다. 사실입니다. 저는 기윤실에서 출발한 교회개혁실천연대나 공의정치실천연대 등에 참여한 목사, 교수, 변호사, 회계사, 장로, 집사, 실무 간사들이 얼마나 헌신적으로 일하고 있는지 잘 압니다. 훌륭한 분들입니다. 그런데 한번 생각해 보십시오. 예컨대 기윤실이나 공정연대에서 깨끗한 사회, 깨끗한 정치를 만들자고 캠페인을 벌이고 성명서를 배포할 때 일반 시민들이 거기에 얼마나 동의할까요? 너무 비관적인 생각인지 모르지만, 아마 많은 비기독교인들은 "너네나 잘해라. 세습해 먹고, 호의호식하는 목사들 꼴이나 좀 봐라" 하며 비난의 화살을 되돌릴 겁니다. "너네나 잘하라"는 말 앞에서 우리는 아무런 대답도 찾을 수 없습니다. 세상을 향해서 이래라 저래라고 '말'하기에는 우리 교회 또는 기독교의 '모습'이 너무 형편없기 때문입니다. 교회개혁실천연대에서 교회 개혁을 외치는 것은 어떨까요? 교회가 워낙 엉망인 상황에서 교회에서 상처 입은 사람들이 그나마 상담이라도 받을 수 있는 곳이 교회개혁실천연대입니다. 그것만으로도 충분히 의미 있는 작업입니다. 그러나 저는 교회개혁실천연대 활동보다 한국 교회에 더 절실한 과제가 있다면, 단 하나라도 좋으니 교회다운 교회를 만들어 보는 것이라고 생각합니다. 소극적인 방향의 운동으로 교회가 썩어 가는 것을 막겠다는 몸부림보다는 적극적인 방향의 운동으로 좋은 교회를 만드는 노력이 절실하다는 말씀입니다. 교회의 모습에 가까운, 때로는 교회보다 더 교회적인 모임이 있다 하더라도 시민단체가 교회를 대체할 수는 없습니다.

예수님이 하나님 나라의 증시證示로 남겨 두고 가신 조직은 교회뿐입니다. 교회다운 교회는 그 존재만으로 정치적이며, 충분히 세상을 바꿀 힘이 있습니다. 실제로 초대교회는 그런 역할을 했고, 그 결과 언제나 로마의 거짓 평화에 대한 근본적인 위협이 되었습니다. 예수님은 세상을 바꾸기 위해 대학을 세우거나 기업을 만들거나 시민운동에 참여하지 않으셨습니다. 예수님이 선포하신 하나님 나라는 우선적으로 교회 안에서 실현되어야만 합니다. 그래서 저는 이제 그만 '기독교 + 거시기'를 접고 교회로 돌아가자고 호소합니다. 물론 그렇다고 모든 사회

활동을 접고 교회로 은둔하자는 말씀은 아닙니다. 저는 과거에도 저의 신앙과 정치적 신념의 기초 위에서 사회를 향해 제 목소리를 냈고 앞으로도 그럴 것입니다. 다른 분들도 그럴 수 있고 그래야만 합니다. 다만 기독교의 이름, 하나님의 뜻을 내세운 일을 할 때는 먼저 교회가 어떠해야 하는지부터 돌아보자는 말씀입니다. 교회가 다 무너지고 나서 세상을 바로 세우는 일은 바람직하지도, 가능하지도 않습니다.

9장 나가는 글

실험하는
교회

위선으로 가득 찬 종교 지도자들과 뜨거운 논쟁을 서슴지 않으신 예수님의 살아 움직이는 모습을 성경에서 발견하는 것은 즐거운 작업입니다. 형식에 매몰된 종교 지도자들과 달리 늘 본질을 강조하신 예수님을 깊이 이해하는 것은 교회 공동체의 회복을 위해 무엇보다 중요한 일입니다. 교회다운 교회를 상상해 보고, 그런 공동체를 만들기 위해 이야기를 나누는 것은 신나는 일입니다. 그런 이야기가 모여 새로운 실험이 시작되면, 그 실험이 교회의 생명력을 회복시키게 될 것입니다.

실험, 피할 수 없는 과제

한국 교회의 개혁은 피할 수 없는 과제가 되었습니다. 이미 한국의 많은 교회에서 교인들이 목회자를 '참아 주는' 상황이 벌어지고 있습니다. 목사님들이 건축에 눈이 멀어 온갖 달콤한 말로 헌금을 유도할 때 교인들이 그에 따라 헌금을 해주기는 하지만, 뭘 몰라서가 아니라 그저 참아 주고 있을 뿐입니다. 짜고 치는 부흥 강사들이 엉터리 설교를 하고 비성경적인 가르침을 줄 때, 교인들이 아멘을 하는 것도 뭘 몰라서가 아니라 그냥 참아 주고 있는 것입니다. 과거에는 목사님들의 저주가 두려워서 그 말씀이 불합리해도 따라 주었던 것이라면, 이제는 두려움 때문이 아니라 목사님을 긍휼히 여기는 마음 때문에, 또는 교회의 덕을 세우기 위해 참아 주고 있습니다.

예전에는 불의한 목사님들의 행태에 저항하던 신자들이 있었지만, 이제는 참다 참다 도저히 못 견딜 지경이 되면 조용히 떠나 다른 교회를 찾습니다. 그게 수평 이동의 이유가 되었기 때문에, 교회를 옮기는 신자들을 더 이상 철새라고 비난할 수도 없습니다. 이성을 지닌 사람들은 교회 생활에서 기쁨을 상실했고, 사랑하는 사람들을 그런 교회로 인도할 수 없기 때문에 전도의 열정도 사라졌습니다. 대형 교회의 목사가 되고 싶은 젊은 목회자들의 개인기는 이제 거의 만능 엔터테이너 수준에 이르고 있지만, 목사님들의 개인기로 사람을 끌어모으는 시대도 지나가고 있습니다. 개신교 신자의 지속적인 감소는 이제 피할 수 없고, 얼마나 급속히 떨어지느냐의 문제만 남아 있습니다. 변하지 않고는 살아남을 수 없는 절박한 상황이 닥친 것입니다.

이런 상황에서 우리에게 무엇보다 필요한 것은 실험 정신입니다. 목사 한 사람의 머리에 의존할 것이 아니라, 모든 신자가 함께 기도하며 출구를 찾아야 합니다. 출구를 찾되, '교회의 교회됨 회복'이라는 방향성을 잃지 말아야 합니다.

예를 들어 한국기독교선교 100주년기념교회는 2005년 12월 "만 50세 이상의 여자로 집사에 임명된 지 5년 이상, 100주년기념교회에 등록한 지 2년을 초과한 자 가운데 성실하게 주일 예배에 참여하는 자를 권사로 호칭하고, 만 60세 이상의 남자로 집사에 임명된 지 5년 이상, 100주년기념교회에 등록한 지 2년을 초과한 자 가운데 성실하게 주일 예배에 참여하는 자를 장로로 호칭한다"는 교회 정관을 채택했습니다. 목사-장로-권사-안수집사-서리집사의 순서대로 세상과 똑같은 상하 권력관계가 교회 안에 들어오고, 많은 교회에서 장로·권사 임직 때 사실상의 매관매직 행위가 이루어지는 상황에서, 일종의 고육지책으로 일정한 연령에 달한 사람들을 모두 장로, 권사로 부르는 돌파구를 선택한 것입니다. 물론 100주년기념교회의 이런 실험에 대한 반발도 만만치 않습니다. 어느 날 갑자기 100주년기념교회라는 대형 교회가 등장하자, 긴장한 주변 교회 목사님들은 노회를 통해 100주년기념교회의 이런 호칭이 "한국 교회의 질서를 어지럽히고 무너뜨리고 있다"며 이재철 목사를 교단에 기소했습니다.[1] 이런 일이 있은 후 100주년기념교회는 2009년 6월 "우리 교회에서 집사로 임명된 지 7년 이상 된 자, 디도서 2장 2-3절에 합당한 자, 성숙자반 등 총 30주의 훈련을 거친 자, 우리 교회에서 3년 이상의 봉사 경력을 가진 자, 해당 구역장과 교구 교역자가 추천하는 자" 등의 요건을 추가하여 기준을 강화하였습니다.

사실 교회에서 호칭 문제가 얼마나 복잡한지 경험한 사람들은 모두 압니다. 그 호칭이 상하 관계를 만들고, 일부 목사님들은 장로·권사 직을 미끼로 적절히 교인들을 통제하기도 합니다. 어차피 대부분의 교회에서 어지간한 사람은 모두 집사로 부르고 있기 때문에 집사가 문제 되는 일은 거의 없고, 대개 장로, 권사, 안수집사가 문제지요. 친해지면 상대방이 목사나 지도교수더라도 성을 뺀 이름 first name만으로 부르는 미국에서는 있을 수 없는 일입니다. 한국 사회에서 더 높은 자리로 올라가기 위한 격렬한 투쟁이 그 직위가 주는 실질보다는 오히려 그 호칭이 주는 형식을 획득하기 위한 경우가 많은 것과 일맥상통하는 문제입니다. 한 번 검사장인 사람은 퇴직해서 변호사가 되어도 영원히 검사장으로 불리고, 학장을 한 교수는 학장을 그만두어도 영원히 학장으로 불리며, 심지어 무덤에 들어갈 때도 그 호칭을 가지고 갑니다. 교회를 오래 다닌 사람의 입장에서는 무덤에 들어갈 때 장로, 권사로 불리고 싶은 소망이 있는 것이지요. 100주년기념교회가 일정 연령 이상의 사람을 모두 장로, 권사로 부르기로 했던 것은 이런 현실을 솔직히 인정하는 실험이었습니다.

모두를 장로, 권사로 부르는 실험의 반대편에는 오직 일하는 사람만 집사로 부르는 또 다른 실험이 자리 잡고 있습니다. 높은뜻숭의교회의 경우, 장로와 목사 임기제를 도입하고, 현재 일하는 사람만을 집사로 임명하는 더욱 강화된 입장을 취했습니다. 성가대든 교사든 구역장이든 실제로 봉사하고 있는 사람은 집사로 임명하되, 어떤 이유로든 올해 봉사를 쉬는 사람은 집사로 임명하지 않기로 결정한 것입니다. 일을 하거나 안 하거나 일단 집사로 불러 주는 한국 교회에서는 이것도 신선한 실험입니다.

성경적으로는 높은뜻숭의교회의 입장이, 현실적으로는 100주년기념교회의 실험 방향이 더 긍정적인 것 같습니다. 왜냐하면 높은뜻숭의교회에서는 집사 직에 대한 그런 올바른 취지에도 불구하고 집사 직을 내려놓은 사람에 대해 여전히 집사로 불러 주는 관행이 쉽게 사라지지 않았습니다. 그냥 형제, 자매로 부르는 것이 혹시 결례가 될까 봐, 또는 단순히 집사로 부르던 습관 때문에 그 호칭을 금방 바꾸지 못했습니다. 호칭에 대한 우리나라 사람들의 과도한 집착을 생각할 때 모두를 형제, 자매로 부르는 것보다는 모두를 집사, 장로, 권사로 부르는 편이 확실히 더 현실적입니다. 그러나 저에게 실험의 기회가 찾아온다면 저는 최소한의 집사를 제외하고는 모두를 그냥 언니나 오빠, 동생으로 부르는 그런 공동체를 만들어 보고 싶습니다. 형이면 형이고, 누나면 누나지, 우리말에서 형제, 자매라는 말이 이름 뒤에 붙는 독립된 호칭이 될 수 없는 까닭입니다. 예수 안에서 서로 오빠고 언니면 족하지 무슨 장로, 권사가 필요하겠습니까? 교회에서 누가 저를 형이나 오빠로 불러 준다면 저는 참 행복할 것 같습니다. 죽고 나서 장사 지낼 때 적절한 호칭이 없다고요? "예수 믿는 사람 김두식"이면 족하지 하나님 나라 가는 마당에 무슨 호칭이 더 필요합니까? 저는 한국 교회에서 이런 의미 있는 실험이 더 늘어났으면 좋겠습니다.

실험의 기준, 예수 그리스도

너무 당연한 일이겠지만, 이런 실험의 중심에는 그리스도가 있어야 합니다. 날이 갈수록 한국 교회에 줄어드는 것이 그리스도에 관한 이야기입니다. 예컨대 전쟁과 평화에 대한 논의가 벌어지면, 구약성경에서 전쟁 관련된 구절을 잔뜩 들고 와서 "하나님도 사람들을 징벌하기 위해 전쟁이라는 수단을 사용하셨으니 우리도 그럴 수 있다"고 주장하는 사람들이 있습니다. "악한 자를 대적하지 말라. 누구든지 네 오른편 뺨을 치거든 왼편도 돌려대라"면서 적극적이지만 비폭력적인 문제 해결 방식을 제시하신 예수님의 가르침은 늘 뒷전입니다. "원수를 사랑하며 너희를 박해하는 자를 위하여 기도하라"는 예수님의 말씀은 구약성경에 있는 수많은 전쟁과 승리의 이야기들 속에 쉽게 묻혀 버립니다. 구약성경의 틀로 예수님을 해석하는 방식을 취하기 때문입니다. 그러나 기독교 신앙은 예수 그리스도의 틀로 성경 전체를 조망하는 것이지, 구약성경의 틀 속에 예수님을 제한하고 가두는 것이 아닙니다. 예수님의 틀을 가지고 구약성경의 전쟁 이야기들을 받아들이면, 외부의 공격에 대해 하나님께 묻고 나가서 적을 무찌르는 것까지는 똑같지만, 그 무찌르는 방법이 달라질 수밖에 없습니다. 무기를 들고 나가 적을 죽이고 승리하는 '구원하는 폭력' 모델이 아니라, 끝까지 참고 견디고 용서하고 자신을 내어 주는 '비폭력' 모델을 통해 선으로 악을 이기게 되는 것입니다. 똑같은 군사이지만 앞의 모델이 '죽이는 군사'라면 뒤의 모델은 '살리는 군사'가 됩니다.

그런데 예수님의 말씀들은 너무 쉽고 분명해서 멋진 설교를 위한 적절한 소재가 아닙니다. 목사님들에게는 설교를 통해 사람들이 "아, 그렇구나. 몰랐던 것을 새롭게 깨달았네" 하고 감탄하도록 만들고 싶은 욕심이 있습니다. 구약성경을 멋지게 해석하다 보면 그런 감탄의 말을 들을 수 있고, 해석자에 대한 찬사를 들을 수 있습니다. 예수님의 말씀은 그런 점에서 설교자에게 별로 매력적인 본문이 아닙니다. 어떤 말씀은 너무 단순하고 어떤 말씀은 너무 부담스럽고 어떤 말씀은 너무 과격하기 때문입니다. 그러나 분명한 것은 우리의 중심은 그리스도라는 사실입니다. 교회에서의 실험도 당연히 그런 예수 그리스도를 바로 이해하는 것에서 출발해야 합니다.

목사님들의 설교에 의해 윤색된 예수님이 아니라 성경 속의 예수님을 직접 만나다 보면 참 이상한 말씀들을 많이 발견하게 됩니다. 예를 하나 들어 보겠습니다. 초기 기독교 도입 과정에서 유교 전통과의 조화를 위해 한국 교회는 '효'를 매우 중요한 가치로 강조해 왔습니다. 그런데 이상하게도 예수님은 가족에 대해 긍정적으로 말씀하신 적이 거의 없습니다. "무릇 내게 오는 자가 자기 부모와 처자와 형제와 자매와 더욱이 자기 목숨까지 미워하지 아니하면 능히 내 제자가 되지 못하고"(눅 14:26) 같은 극단적인 말씀을 한번 생각해 보십시오. 자기 목숨을 미워하는 것은 자기 포기라는 관점에서 이해할 수 있지만 부모, 처자, 형제, 자매를 미워하라는 것은 우리의 전통적 가치관에서 받아들이기 참 어려운 말씀입니다. 실제로 예수님은 자신의 가족에 대해서도 이런 냉정한 입장을 자주 취하셨습니다. 어머니와 동생들이 찾아와서 예수님을 부르자 "누가 내 어머니이며 동생들입니까?" 하고 반문하고 주변 사람들을 보시면서 "내 어머니와 내 동생들을 보라. 누구든지 하나님의 뜻대로 행하는 자가 내 형제요 자매요 어머니이다"(막 3:34-35)라고 선언하신 적도 있습니다. 쉽게 넘어가는 말씀이지만, 이런 말씀을 들은 진짜 가족들의 마음을 생각해 보십시오. 그 섭섭함은 이루 말할 수 없을 겁니다.

월터 윙크 같은 신학자는 예수님의 말씀에서 매우 지속적이고 신중하게 '아버지'가 제외되고 있음을 지적합니다. 마가복음 10장에서 예수님은 "내가 진실로 너희에게 이르노니 나와 복음을 위하여 집이나 형제나 자매나 어머니나 아버지나 자식이나 전토를 버린 자는 현세에 있어 집과 형제와 자매와 어머니와 자식과 전토를 백 배나 받되 박해를 겸하여 받고 내세에 영생을 받지 못할 자가 없느니라"(막 10:29-30)라고 말씀하십니다. 전반부에서는 우리가 버려야 할 것을, 후반부에서는 그 덕분에 백 배나 받게 될 것을 언급하고 있는데, 앞에는 있지만 뒤에는 빠진 인물이 하나 있습니다. 바로 '아버지'입니다. 버려야 할 대상에는 아버지가 들어가 있는데 나중에 축복으로 백 배나 받을 대상에는 아버지가 빠져 있는 것입니다. 우연 아니냐고요? 그렇지 않습니다. 예수님은 이미 서기관들과 바리새인들을 강력하게 비판하면서 "땅에 있는 자를 아버지라 하지 말라. 너희의 아버지는 한 분이시니 곧 하늘에 계신 이시니라"(마 23:9)라고 말씀하신 적이 있습니다. 서기관들과 바리새인들을 비판하면서 랍비라 칭함을 받지 말라거나 지도자로 칭함을 받지 말라고 한 것은 이해할 수 있지만, 아버지라 칭함을 받지 말라고 하신 것은 상당히 뜬금없게 들립니다. 뜬금없기 때문에 그만큼 예수님의 강력한 의지를 담고 있다고도 볼 수 있습니다. '아버지'라는 이름을 오직 하나님 한 분께 유보함으로써 가부장 제도를 뿌리부터 붕괴시키고자 하셨던 것입니다.

예수님 시대의 가정은 당시의 세계 전체가 그랬듯이 아버지를 중심으로 남성 우월주의가 지배하는 대표적인 억압 시스템이었습니다.[2] 권력자에게 모든 권력이 집중되고 백성들에게는 복종만이 요구되며 그 안에서 폭력과 착취가 반복되는 억압 시스템의 바탕에는 예나 지금이나 가부장적인 가족제도가 자리 잡고 있습니다. "너희 중에 큰 자는 너희를 섬기는 자가 되어야 한다"(마 23:11)거나 어린아이를 데려다가 "너희 모든 사람 중에 가장 작은 그가 큰 자"(눅 9:48)라고 강조하신 말씀들은 모두 이런 억압 시스템을 뒤엎는 폭탄 선언이었습니다. 가족이 보호받아야 한다고 가르치면서도(막 7:9-13; 10:1-16) 폭력적인 가부장 제도와는 분명하게 선을 그으신 것입니다. 예수님의 이런 가르침과 행동을 기준으로 성경 전체를 조망하지 않으면 모든 해석이 엉망이 되어 버립니다. 예수님의 말씀을 이해하고 나면, 3천 년 전에나 적용 가능한 족장 시절의 가부장 제도를 신자들에게 강요하는 것은 난센스가 됩니다.[3]

저는 최근 중국에 있는 탈북 여성들에 대한 이야기를 전해 들었습니다. 경제난 속에서 북한을 떠나 중국으로 갔다가 브로커의 농간으로 벽

촌에 팔려 간 여성들 이야기였습니다. 강제 결혼한 중국인 남성의 강간과 폭력을 견디며 살던 중에 남한에서 온 선교사들과 어렵게 연결되어 도움을 받게 되었는데, 남편에게서 탈출하려 하자 선교사가 "그건 도와줄 수 없다"고 하더랍니다. 예수님이 이혼을 금지하셨기 때문에 남편을 버려서는 안 된다는 논리였습니다.[4] 정말 믿고 싶지 않은 이야기지만, 남편의 폭력에 시달리는 여성에게 "참고 살라"고 조언하는 목사님들을 평소에 워낙 많이 보아 왔기 때문에, 저는 탈북 여성에게 그렇게 말하는 선교사가 충분히 있을 수 있음을 인정할 수밖에 없었습니다. 아내를 물건처럼 아무렇게나 취급하고 버리는 당시의 전통 아래에서 예수님은 "하나님이 짝지어 주신 것을 사람이 나누지 못한다"(막 10:9)고 말씀하셨습니다. 이혼 증서만 줘서 아내를 내쫓으면 된다는 당시의 문화에 저항하는 새로운 가르침을 남기신 것입니다. 그런데 사람들은 이런 예수님의 말씀조차 다시 가부장적 질서를 강화하는 수단으로 악용합니다. 그러나 예수님은 그런 분이 아니셨습니다.

과거 남성의 시각에서만 해석되고 적용되던 성경이 여성주의의 도움으로 재해석되기 시작하면서 우리는 예수님의 모습에 한결 더 가까이 다가갈 수 있게 되었습니다. 새로운 시각으로 성경을 읽다 보면, 예수님이 여성들과 접촉한 순간마다 당시의 남성 지배적 율법과 관습이 깨져 나갔음을 알게 됩니다. 예컨대 존경받는 유대인 남성은 결코 공공장소에서 여성과 이야기를 나누는 법이 없었습니다. 그러나 예수님은 여성들과 자유롭게 대화하셨습니다. 여성은 배우자 외에는 남성을 만질 수 없었습니다. 그러나 예수님은 여성이 자신을 만지는 것을 허용하셨고, 필요할 때는 여성들과의 접촉을 피하지 않으셨습니다. 심지어 성매매 여성 한 명은 남성들로 가득 찬 식사 장소로 들어와 예수님의 발 곁에 서서 울며 눈물로 그 발을 적시고 자기 머리털로 닦고 그 발에 입 맞추고 향유를 붓기도 했습니다(눅 7:36-50). 18년 동안 귀신 들려 앓으며 꼬부라져 조금도 펴지 못하는 여자를 안수하여 고치기도 하셨습니다. 그것도 안식일에 회당에서 고치셨습니다. 그러고는 그 여성을 '아브라함의 딸'이라 부르셨습니다(눅 13:16). 남성 중심 문화의 핵심이던 회당에서 여성에게 말하고 안수하고 '아브라함의 딸'로 부르면서 여성을 언약의 분명한 주체로 인정하신 것입니다. 가부장적 억압 시스템을 통해 세상을 지배하고 움직이는 사탄의 권세로부터 예수님은 이 여성을 건져 내셨습니다.

그 밖에도 예수님은 사마리아 여인과 말씀하셨고 그녀의 '부정한' 손에서 물을 받아 마셨습니다. 이걸 보고 제자들은 깜짝 놀랐습니다(요 4:27). 마리아가 주님의 발치에 앉아 말씀을 들은 것도(눅 10:39), 원래 그 자리가 통상 남성 제자들만을 위한 것임을 생각할 때 매우 이례적인 일이었습니다. 예수님은 "당신을 밴 태와 당신을 먹인 젖이 복이 있다"고 찬양하는 말을 듣고 "오히려 하나님의 말씀을 듣고 지키는 자가 복이 있다"(눅 11:27-28)고 말씀하셨습니다. 여성은 아들의 출산과 양육을 통해서만 사람대접을 받던 시대였습니다. 예수님은 거기에 맞서 여성도 하나님의 말씀을 듣고 지키는 것을 기준으로 똑같이 하나님 나라의 시민이 될 수 있다고 선언하셨습니다. 월터 윙크의 표현을 빌리자면, 예수님이 여자들과 만나던 순간은 하나의 예외도 없이 every single encounter 모두 그 시대의 관습을 위반하는 것이었습니다.[5] 당시로서는 파격적이던 예수님의 여성관을 알고 나면, 교회 내에서 남녀평등을 보는 시선도 달라질 수밖에 없고, 누구라도 잘못된 구조를 깨는 실험에 착수할 열정에 사로잡히게 됩니다.

저는 이런 예수님을 알아 가면 알아 갈수록 그분을 더 사랑하게 되었습니다. 그분을 사랑하는 사람들에게는 그분의 길을 따라가야 할 사명이 있습니다. 그런데 이런 예수님을 박제화하고, 2천 년 전에 그분이 개혁하셨던 장면에 딱 멈춰 서서 "개혁은 여기까지만! 더 이상의 개혁은 없어!"라고 소리치는 교회 지도자들이 있습니다. 그들은 예수님이 말씀하신 것 외에는 100퍼센트 율법이 옳다고 이야기합니다. 그러면서도 이종의 직물들로 옷을 만들지 말라든지, 생리 중인 여성을 만지기만 해도 부정하다든지 하는 식의 이해하기 어려운 율법들에 대해서는 차라리 모르는 척하고 눈감아 버립니다. 자신들도 이미 율법을 취사선택하고 있으면서도, 율법 이야기만 나오면 "예수님이 율법을 폐하러 오신 게 아니라 완성하러 오셨으므로 기존 율법은 그대로 지켜야 한다"고 가르치는 것입니다. 저는 그런 사람들에게 "차라리 유대교로 개종하라"고 조언하고 싶습니다. 물론 유대교에도 그런 분들의 입맛에 맞을 만한 율법적인 종파가 그리 많이 남아 있지는 않지만 말입니다.

위선으로 가득 찬 종교 지도자들과 뜨거운 논쟁을 서슴지 않으신 예수님의 살아 움직이는 모습을 성경에서 발견하는 것은 즐거운 작업입니다. 형식에 매몰된 종교 지도자들과 달리 늘 본질을 강조하신 예수님을 깊이 이해하는 것은 교회 공동체의 회복을 위해 무엇보다 중요한 일입니다.

말씀을 나누는 공동체

그런데 그 말씀을 어떻게 나눌 것인지가 중요합니다. 목사님 한 사람만 계시를 받고, 그 계시를 일방적으로 전달하기만 하는 지금의 교회 시스템이 한계에 달하고 있음은 이미 충분히 지적했습니다. 우선 교회 안에서 자꾸 무슨 '주의'를 붙여서 누군가를 낙인찍고, 자신을 정당화하는 것 자체가 위험한 일입니다. 그냥 하나님이 교회의 주인인 것이지 무슨 '신본주의'입니까? 교회가 무슨 이념 공동체라도 된다는 말입니까?

예수님이 교회의 머리 되시고, 우리가 그분의 뜻에 순종해야 하는 것은 분명합니다. 문제는 어떻게 그분의 뜻을 알 수 있는지에 있습니다. 현재 교회에서 통용되는 이른바 '신본주의' 개념은 오직 기름 부은 자 한 사람(목사)만이 하나님의 뜻을 분별할 수 있고, 따라서 목사의 말을 따라가는 것이 곧 하나님의 뜻을 따르는 것이라는 묘한 내용을 담고 있습니다. 하나님의 뜻을 빙자해서 실제로는 사람, 그것도 오직 한 사람의 뜻을 정당화하는 것입니다. 인간 중심이기는 하지만, 이런 시스템은 감히 '인본주의'라고 부르기에도 너무나 부적절한 수준 낮은 것입니다.

이런 말도 안 되는 개념들이 횡행하다 보니, 나중에는 "인본주의, 인권, 평등, 민주주의, 사회개혁 같은 것은 모두 사탄의 장난"이라는 식의 무식한 담론이 교회를 지배하게 됩니다. 하나님의 형상대로 창조된 인간의 존엄과 가치, 남에게 대접받고자 하는 대로 남을 대접하라는 인권의 기초, 랍비나 지도자라 칭함을 받지 말고 모두가 형제라는 평등의 선언, 사람의 변화를 통해 세상을 변화시키는 개혁의 정신은 어디서도 찾아볼 수 없습니다. 우리 모두는 기름 부음을 받은 사람이고, 우리 모두는 주의 종입니다. 마치 '주의 종'이라는 직업이 따로 존재하는 것처럼 말하는 것은 옳지 않습니다.

교회는 여러 가지 은사를 지닌 사람들이 하나의 몸을 이루어 살아 움직이는 유기적 공동체입니다. 그런 공동체에서 하나님의 뜻을 발견하기 위해서는 함께 지혜를 모아야 합니다. 당연히 민주적 의사 결정이 필요할 수밖에 없습니다. 사도 바울은 "너희가 모일 때에 각각 찬송시도 있으며 가르치는 말씀도 있으며 계시도 있으며 방언도 있으며 통역함도 있다"면서 "모든 것을 다 덕을 세우기 위하여 하라"(고전 14:26)고 권면합니다. 그러면서 예언하는 사람은 둘이나 셋이 말하고 다른 사람들은 분별하라고 가르칩니다. 분별 자체가 이미 '다른 계시'의 가능성 또는 '틀린 계시'의 가능성을 열어 놓고 있는 것입니다. 곁에 앉은 다른 사람에게 계시가 있으면 먼저 하던 사람은 잠잠해야 합니다(고전 14:26-31). 심지어 모든 성도가 다 예언을 할 경우에 나타날 놀라운 은혜를 가르치기도 합니다(고전 14:24-25).

그런데 지금 한국 교회에서 이처럼 차례를 따라 예언하는 것을 볼 수 있습니까? 없습니다. 왜냐하면 가르치는 것이든 예언하는 것이든 최종 권위를 지닌 사람은 오직 담임 목사 한 명뿐이고, 다른 사람들은 그저 그 한 사람의 입만 바라보고 있기 때문입니다. 목사님의 말씀을 분별한다는 것은 아예 상상할 수도 없습니다. 한국 교회는 "하나님은 무질서의 하나님이 아니시요 오직 화평의 하나님"(고전 14:33)이라는 말씀을 통해 질서와 권위를 엄청 강조하지만, 막상 지금의 교회 구조에서는 그런 식의 질서와 화평을 고민할 상황 자체가 전혀 생기지 않습니다. 목사님 혼자 알아서 다 하는 교회에서 무슨 분별이 있고 무슨 차례가 필요합니까?

신자들 대부분이 문맹이던 시절에 자리 잡은 영화관식 구조가 교회의 유일한 형태가 되고, 목사님만이 말씀을 나누는 유일한 주체가 된 것은 매우 가슴 아픈 일입니다. 그래서 저는 우선 교회의 구조를 영화관식에서 공회당식으로 바꾸는 실험부터 제안하고 싶습니다. 중앙에 강단이 있는 반원형의 구조로만 의자 배치를 바꾸어도 교인들은 앞사람의 뒤통수가 아니라 얼굴을 볼 수 있게 됩니다. 교수 한 명에 수십 수백 명이 듣기만 하는 극장식 강의는 이미 대학에서도 설 자리를 잃어가고 있습니다. 학생들의 자발적인 참여를 유도하는 교수가 우수한 교수이고, 그런 강의에서 학생들이 누리는 학습 효과도 훨씬 큽니다. 일단 서로의 얼굴을 보게 되면 말없는 소통이 시작될 수 있습니다. 그것만으로도 교회 분위기가 확 바뀌는 걸 경험할 수 있을 것입니다.

그리고 그런 상태에서 나와 똑같은 성도가 중앙의 강단에 서서 지난주에 받은 은혜를 나눈다고 생각해 보십시오. 히브리어와 헬라어로 범벅된, 목사님의 개인기가 최고조에 이른, 은혜를 쥐어짜 낸 그 어떤 설교보다도, 어쩌면 진솔한 한 자매의 눈물이 우리 삶을 바꿔 놓을 수 있을지 모릅니다.

예컨대 미국에 많이 있는 한인 유학생 교회들을 생각해 봅시다. 대개 100명 안팎의 규모인 그런 유학생 교회에서는 매년 여름이면 많은 교인들이 학위를 마치고 직장을 얻어 교회를 떠나고, 또 새로운 사람들이 공부하러 옵니다. 떠나는 교인들은 공부하는 동안 재정적 어려움과 능력의 한계를 절감하는 가운데 하나님의 은혜를 체험하였고, 새로 도착하는 사람들은 미지의 세계에 대한 불안과 공포를 안고 있습니다. 이런 분위기에서 떠나는 분들의 간증은 새로 도착하는 분들에게 큰 위로와 격려가 됩니다. 물론 설교 시간이 아니더라도 구역 예배 등을 통해 충분히 이런 교류가 이루어질 수 있겠지만, 저는 다음 시대의 목사님들은 단순히 설교를 잘하는 것보다는 이런 교류를 잘 기획할 수 있는 분들이어야 한다고 생각합니다. 이런 기획만 잘 이루어질 수 있다면 교회는 지금보다 훨씬 생동감 있게 살아날 수 있습니다. 그런데 저는 유학생 사회에서 이런 작은 실험을 하는 목사님도 자주 만나 보지 못했습니다. 비슷한 사람들이 모여 있는 교회이고 규모가 작기 때문에 유학생 교회는 새로운 실험을 하기에 가장 적절한 곳인데도 목사님들은 그런 새로운 실험에 나설 용기를 내지 못합니다.

물론 예배 시간에 이런 간증을 자꾸 시키다 보면 '성경은 언제 가르치느냐'는 의문이 생기겠지요. 그러나 지난 100년 동안 한국 개신교회의 가장 큰 문제는 물고기만 잡아서 계속 공급했지, 물고기 잡는 법을 제대로 가르치지 못한 것이었습니다. 교인들이 설교 잘하는 목사님들을 찾아 수평 이동하게 된 것도 결국 목사님들이 교인들을 그렇게 잘못 길들인 결과입니다. 예배의 중심은 설교이고, 그 설교는 목사님들만 하는 것이고, 교인들은 그 설교를 통해서만 영의 양식을 공급받는다는 오해가 우리 교회를 병들게 한 것입니다. 제자 양육과 매일의 말씀묵상 QT을 강조하는 교회들도 이 점에서 본질적으로 다르지 않습니다. 다수의 젊은 목사님들은 설교를 통해 '떠서' 큰 교회로 초빙되어 가는 꿈만 꾸고 있습니다. 그래서 설교에 온갖 정성을 기울이지만, 교인들은 잘 변화하지 않습니다. 성경을 공부할 수 있는 좋은 교재들이 널려 있는데도 게으른 교인들은 그저 목사님이 주는 양식만 받아먹으려고 합니다.

이런 교회는 모래 위에 세운 집과 같습니다. 만약 기독교에 대해 적대감을 품었던 소련, 중국, 북한 같은 나라들이 우리나라를 점령하거나, 우리나라 집권자가 갑자기 정신이 돌아 기독교를 탄압하는 상황을 한번 상상해 봅시다. 그럴 때 목사님의 설교만 먹고 자란 교인들을 붕괴시키는 방법은 간단합니다. 목사 한 명만 잡아 가면 됩니다. 목사가 사라지고 나면 교인들은 자생력을 갖지 못한 채 신앙 자체를 잃어버릴 수밖에 없습니다. 무슨 풀뿌리 조직이 있는 것도 아니고 영화관 관객과 다름없는 상황에서 교회가 살아남을 가능성은 전혀 없습니다.

흔히 목사님들이 가장 싫어하는 교인이 '신학을 전공한 장로님'이라고 합니다. 어디서 주워들은 지식을 바탕으로 설교에 대해 이러쿵저러쿵 하는 장로님들을 목사님들이 그만큼 피곤해 하는 것입니다. 교회에서 '말은 적게 하고 돈은 많이 내는 것'이 목사님의 사랑을 받는 길임을 이제 교인들도 다 알고 있습니다. 노골적으로 그렇게 말씀하시는 목사님들도 많습니다. 그러나 신자들의 지적 수준이 한없이 높아지고 성경을 깊이 연구하는 평신도가 늘어나는 현실을 더 이상 그런 우스갯소리로 외면할 수는 없습니다. 신학교에 진학하는 다음 날로 신학도는 전도사 소리를 들으며 갑자기 성경 해석의 권위를 가지게 되고, 교회를 50년, 60년씩 다녀도 평신도는 성경에 대해 아예 발언권을 가질 수 없는 구조는 확실히 이상합니다. 평신도들이 풀어 내는 은혜와 진리의 이야깃거리들이 그렇게 사장되어서는 안 됩니다. 전문적으로 신학을 공부한 목사님들은 성도들이 만들어 내는 이야깃거리들을 성경에 비추어 조심스럽게 체계적으로 분별하는 역할을 맡으면 족합니다. 성도들도 이제는 목사님이 혼자 머리에서 쥐어짜 내는 은혜의 말씀을 듣는 것에 피로를 느끼고 있습니다. 새로운 실험을 먼저 시작하는 분들이 21세기의 성공한 목회자상을 선도할 것이 분명한데도 그걸 잘 모르는 목사님들이 안타깝기만 합니다.

그런 의미에서 말씀을 나누는 공동체를 만들기 위해 우선적으로 필요한 것은 목사님들이 인간의 자리로 내려오는 것입니다. 프로테스탄트 전통은 하나님과 성도들 사이에 브로커 노릇하는 사람들을 없애는 데서 출발했습니다. 그런데 막상 교황으로 상징되는 대표적 브로커가 자리를 비우자, 한국 개신교에는 목사 숫자만큼의 교황이 생겨났습니다. '신본주의'를 강조하면서 슬쩍 자신이 그 신의 대리자로 전권을 행사하는 위치에 올라간 것입니다. 이런 상황은 무엇보다 목사님들 자신을 위해 좋지 않습니다. 인간이 신의 자리에 올라가고 나면, 자신의 잘못을 인정할 방법이 없어집니다. 오류 없는 인간으로 자신을 그려 놓고 나면, 그걸 지키기 위해 몸부림쳐야 합니다.

2003년 12월, 한기총 공동회장이었던 교계 중진 목사님이 여신도와 간통을 하다가 여신도의 남편이 들이닥치자 몸을 피해 9층 베란다에 에어컨을 붙잡고 10여 분을 버틴 끝에 30미터 아래로 떨어져 사망한 사건이 있었습니다. 신문들은 가십난에서 목사님의 이름을 밝히지 않고 웃기는 사건 정도로 처리한 단신 기사를 내보냈습니다. 신문들이 이름을 밝히지 않았지만, 세상 사람들은 당장 그 목사님의 실명을 알 수 있었습니다. 왜냐하면 같은 날짜 신문들에 그 목사님의 부고 기사가 실렸기 때문입니다. 부고 기사들은 한기총의 보도자료에 따라, 그 목사님이 과로사했다면서 그의 장황한 학력과 경력을 소개했습니다. 많은 사람들이 이 사건을 두고 기가 찰 노릇이라며 고인을 비난했지만, 저는 에

어컨에 10여 분이나 매달려 있었던 그 목사님을 생각하며 결코 웃을 수가 없었습니다.

그는 거기에 매달려 있는 동안 온갖 고민에 빠졌을 겁니다. '살려 달라고 소리칠까, 그러면 목숨은 구하겠지만 내 명예는 어떻게 될까.' 그러면서 하나님께 바친 자신의 생애를 생각했을 거고, 지금 처한 진퇴양난의 상황을 놓고 하나님께 구원을 청했을 겁니다. 잘못을 저지를 때면 누구나 그렇듯이 "하나님, 이번 한 번만 용서해 주세요. 살려만 주시면 정말 더 충성을 다하겠습니다" 하고 기도했을지도 모릅니다. 그러나 하나님은 응답하지 않으셨고, 그는 살려 달라고 소리 지를 용기를 내지 못했습니다. 겨우 55세밖에 되지 않은 목사님이었습니다. 충분히 그 자리에서 살아 나와 새로운 인생을 시작할 수 있었습니다. 그러나 그렇게 하지 못했습니다.

인간이 아닌 신의 자리로 올라간 많은 목사님들은 자신의 불완전함을 인정하고 용서를 구하는 훈련을 받지 못했습니다. 신의 자리에 있기 때문에 늘 고독하고, 어떤 신자와도 친구가 되지 못합니다. 목사들끼리 어울려 보지만, 잠재적인 경쟁자들과의 관계에서 진정한 우정을 맺기란 쉽지 않습니다. 이런 상황에서 많은 목사님들이 도박과 이성 관계로 긴장을 해소하려고 합니다. 그러다가 이런 비극적인 상황에 몰리는 경우가 생기는 것입니다. 그리고 그냥 평범한 인간이었다면 충분히 살아 나올 수 있었던 상황에서 거의 신적 자존심을 지키려다 보니, 살려 달라는 그 한마디를 외칠 수 없었습니다.

제가 정말 이해할 수 없는 것은 이분의 부고를 왜 신문에까지 내서 돌아가신 분을 욕되게 했냐는 것입니다. 특히 '과로사' 부분은 이후 기독교를 우습게 만드는 단골 소재로 등장했습니다. 마치 아무 일도 없었던 것처럼 목사님의 작은 명예를 지키려다가 오히려 만천하에 목사님의 실명을 공개한 셈이 되었습니다. 정말 안타까운 일입니다.

목사님들이 인간의 자리로 내려오기 위해서는, 교회 내에서 목사 후보생을 미리 선별하는 과정이 있어야 합니다. 교회에서 함께 신앙생활을 해본 지도자와 동료들이 "목회가 당신의 소명"이라고 먼저 제안을 하고 본인과 함께 충분히 기도한 후 신학교에 진학시켜야 합니다. 시민군 전통이 강한 미군은 오랜 세월 동안 사병들 중에서 지도력이 있는 사람을 뽑아 장교로 훈련시켜 활용했습니다. 이런 과정을 거치고 나면 사병들도 장교들을 '자신들 중의 하나'로 받아들이게 되고, 장교들도 역시 사병에서 출발한 기초를 잊지 않게 됩니다. 목사님들도 이렇게 선발되는 것이 맞습니다. 목사님이 되는 것이 개인의 결단을 넘어선 공동체적 과제가 되는 것입니다. 자기 교회에서조차 목회자로 쓸 수 없는 사람을 신학교로 보내는 일은 당연히 없어지게 되며, 지금 같은 신학생 포화 상태도 피할 수 있습니다. 공동체와 아무 상관없이 신학 교육이 이루어지고, 목사의 추천서가 그저 하나의 형식에 불과하게 된 현재의 신학 교육 시스템은 정상이 아닙니다. 교회와 상관없는 신학교 교육이 이루어지다 보니, 젊은 목사님들도 마치 새끼 군주라도 되는 양 평신도들을 우습게 바라보며 성장합니다. 처음에는 왕자의 자리가 즐겁게 느껴지지만, 그것이 곧 나락임을 깨닫기 마련입니다. 이미 상당수의 교회들은 이런 목사들의 과장된 권위에 싫증을 느끼고 장로들이 젊은 목사들을 우습게 대하는 역전 현상까지 일어나고 있습니다. 이것 역시 정상은 아닙니다. 교회 전체가 말씀을 나누는 공동체로 거듭나기 위해서는 이런 악순환의 고리부터 끊어야 합니다. 목사님들이 그 왕좌의 자리에서만 내려와도 이미 실험의 절반은 성공한 셈입니다.

돌봄의 공동체

성도들이 말씀을 나누기 시작하면, 당연히 말씀 이상의 것을 나누고 싶은 욕구가 생기기 마련입니다. 그게 성령의 법입니다. 그런데 흥미롭게도 뛰어난 사회과학자 중에 의외로 이런 돌봄의 공동체를 우리 사회의 해답으로 제시하는 분들이 있습니다. 연세대 문화인류학과의 조한혜정 교수는, 오직 집짓기와 토건으로 국가를 건설해 온 우리나라에서 아파트로 사람들이 몰려들게 되면서 모두가 삶의 터전을 잃었다고 분석합니다. 사람 사는 이야기를 함께 나눌 가족도 기억도 사라져 버리면서 사회가 날로 황폐해졌다는 것입니다. 이런 상황을 극복하기 위해서는 근본적인 발상의 전환이 필요한데, 조한 교수는 그동안 주로 여성들이 해온 '돌봄 노동'을 사회화하여 사회 자체를 돌봄의 공동체로 전환해야 한다고 주장합니다. 《가족에서 학교로 학교에서 마을로》라는 조한 교수의 책에 "돌봄과 배움의 공동체"라는 부제가 붙은 데서 알 수 있듯이, 그가 지향하는 공동체의 중심에는 돌봄과 배움이 있습니다.[6] 평생 동안 학습이 지속되고 서로를 돌보는 그런 공동체. 어디서 많이 들어 본 것 같지 않으십니까? 바로 교회가 지향하는 공동체의 모습입니다. 저는 조한혜정 교수가 이야기하는 "돌봄과 배움의 공동체"를 읽으면서, "이 사람들이 침묵하면 돌들이 소리 지르리라"(눅 19:40)는 예수님의 말씀이 생각났습니다. 교회가 교회의 역할을 제대로 하지 못하자 이제는 사회과학자들이 교회와 비슷한 모델을 우리 사회의 나아갈 방향으로 제시하고 있는 것입니다.

저는 조한 교수가 이야기하는 '돌봄 공동체'의 좋은 예를 스탠리 하우어워스의 대표작 《하나님의 나그네 된 백성》에서 발견합니다. 이 책에는 알코올중독인 아내 수와 살고 있는 톰이라는 남자의 이야기가 나옵니다. 아내를 사랑한 그는 10년이나 아내의 알코올중독을 인내하며 돕고 살아왔습니다. 그러나 수의 상태는 점점 나빠져 갔고, 톰은 아내의 알코올중독이 두 아이에게도 심각한 영향을 주고 있음을 깨닫습니다. 이런 사정을 잘 알고 있던 담임 목사는 "지금 당장 당신이 수를 내친다고 해서 아무도 당신을 비난할 수 없다"면서 이혼을 권유합니다. 그러나 톰은 자신의 결혼 서약을 끝까지 지켜 내기를 원했습니다. 교회의 평신도 지도자인 앨리스는 담임 목사에게 문제의 핵심을 지적합니다. 그것은 오랜 세월 이 모든 무거운 짐이 오직 톰 한 사람에게 지워져 있다는 사실이었습니다. 교회가 해야 할 일은, 이혼이냐 아니냐를 조언하는 것이 아니라 이 문제를 풀기 위해 교회가 무엇을 할지 정하는 것이었습니다. 근본적으로 수의 알코올중독을 톰 가정의 문제로만 받아들인 것이 잘못이었습니다. 앨리스는 담임 목사에게 자신이 이 문제에 직접 뛰어들어 보겠다고 선언합니다. "톰에게 우리가 그저 뒤에만 있는 게 아니라 그와 함께한다는 것을 알게 해줍시다. 우리가 식사 문제를 해결할 수 있어요. 아이들을 돌보는 일도 도와줄 수 있고요. 어려운 일이 아닙니다. 게다가 병원이 알코올중독자를 위한 새 프로그램을 막 시작했어요. 한 달 치료비가 8천 달러입니다. 우리가 절반을 부담하겠다고 하겠습니다. 그리고 수에게는, 만일 치료를 받지 않는다면 우리는 톰에게 이혼을 하라고 권할 수밖에 없다고 말할 겁니다."[7] 한국 교회 목사님이라면 아마 "이혼은 절대 안 된다"며 그냥 상담을 끝냈을 것입니다. "그냥 이혼하라"고 하는 미국 교회 목사님도 그보다 나을 게 없습니다. 그러나 앨리스는 전혀 새로운 제3의 길을 제시합니다. 모두가 파편화되어 있는 영화관 교회에서는 있을 수 없는 일입니다. 영화관 교회에서는 목사조차도 누구와도 연결되지 못한 고독한 성주이기 때문에 이런 돌봄에 몸을 던질 기회를 얻기가 매우 어렵습니다.

그런데 이런 앨리스의 제안과 실천이 꼭 먼 나라의 이야기만은 아닙니다. 우리나라에도 이런 공동체가 존재하던 때가 있습니다. 저도 어려서 그런 공동체를 보고 자랐습니다. 1970년대 저는, 고루하기 이를 데 없는 오랜 역사의 보수적인 교회를 다녔습니다. 강단에서 기타를 칠 수 없고, CCC, 예수전도단을 비롯한 대부분의 선교 단체를 아예 이단으로 몰던 목사님이 시무하시던 그런 교회였습니다. 그런데 그 교회에는 모든 행사에 거의 빠짐없이 참석하는 '태식(가명)이 형'이라는 교인이 있었습니다. 대학부 수련회에도 따라오고, 성가대 야유회에도 따라오고, 교회 행사에도 늘 참석했습니다. 몇 살인지 분명히 알 수는 없었지만 그때 이미 20대 중반이던 그를 우리 모두는 그저 '태식이 형'이라 불렀습니다. 지적장애가 있었기 때문에 사람들과 깊은 이야기를 나눌 수는 없고, 가난한 집 출신이라 옷차림이 그리 단정하지는 못했으나 제 기억 속의 그 교회 행사에는 늘 태식이 형이 있었습니다. 특히 저보다 일곱 살 많았던 누나의 또래들이 태식이 형을 잘 챙겼던 걸로 기억합니다. 어딜 가나 태식이 형을 데리고 다니는 그 또래 형님들을 보면서 어떻게 저럴 수 있나 싶기도 했지만 그 모든 그림이 너무나 자연스러웠습니다.

그 또래 형님 중의 한 명은 지금 저의 자형이 되어 있습니다. 나중에 태식이 형은 집사도 되고 교회 봉사도 열심히 한다고 들었습니다. 어려운 집안 형편의 태식이 형에게 교회는 거의 모든 것이라 해도 과언이 아니었습니다. 제가 소년 시절을 보낸 그 교회를 생각하면 솔직히 숨이 턱턱 막히지만, 그 작은 교회에서도 영화관 교회에서는 볼 수 없는 그런 '돌봄'이 이루어졌습니다.

지금도 이런 '돌봄'의 실험이 얼마든지 가능합니다. 실제로 이런 실험에 착수하는 모임도 늘어나고 있습니다. 제가 대학 시절 몸담았던 선교 단체 출신의 졸업생들 몇 명이 지난여름 한자리에 모였습니다. 선교지에서 잠깐 귀국한 선교사 형을 환영할 겸, 친하게 지내던 사람들끼리 얼굴을 보게 된 것이지요. 그날 선교사 형은 이런 이야기를 했습니다.

갑자기 가정에 어려운 일이 생겼을 때, 급전이 필요해서 몇백만 원 때문에 너무 구차해질 때가 있잖아. 요즘 세상이 너무너무 어렵다 보니 내일 일을 누구도 장담을 못 하고. 그러니까 우리가 우리 형제들 안에 서라도 얼마가 모일지 모르지만 돈을 좀 모아서 펀드로 갖고 있다가 그때그때 필요한 사람들이 쓸 수 있으면 어떨까 하는 생각이야. 한 달에 3만 원씩 열다섯 명이 낸다고 하면 열두 달이면 얼마지? (경영학과 출신의 형이 즉각 540만 원이라고 대답.) 540만 원? 더 되지 않아? (다들 '역시 선교사 형은 계산이 느리다'며 눈빛을 교환.) 어쨌든 우리가 정하기 나름인데, 내가 아는 LA 의사들 모임에 가서 내가 그랬어. 그 사람들이 한창 돈 많이 벌어 가지고 여기저기 투자했다가 다 망했었거든. "앞으로 5년 동안은 집 사지 마시고요, 차도 바꾸지 마시고요, 그 돈을 가지고 정말 좋은 일에 썼으면 좋겠어요." 내가 왜 이 생각을 했냐 하면, 1998년에 내가 강남의 어떤 아줌마들을 만난 적이 있거든. 그분들 열다섯 가정이 모여 13년을 그렇게 살아 봤대. 집 사지 않고, 차 바꾸지 않고, 가구 안 바꾸고, 그 돈을 가지고 형제들을 도왔대. 그리고 그 사람들은 평생 그렇게 살기로 했대. 그래서 내가 평생 그렇게 하라면 너무 잔인하니까, LA 의사들한테 그랬어. 5년씩 하십시오. 하나님 앞에서 5년씩 결정하십시다. (이야기를 듣던 누군가 '아멘'.) 우리도 이제는 새로운 패러다임을 만들 때가 되지 않았나. 그러니까 우리 안에도 예를 들면 십일조, 교회에 내지 마……, 내가 이상한 선교사야 지금. (웃음.) 십일조 중에서 2퍼센트만 떼서 우리 형제들을 위해서, 만약 우리 형제들이 필요 없다고 하면 우리 주위에 필요한 사람들을 위해서 급전으로 도와줄 수 있는 기금을 만들어 보는 거야.

저는 미국에 있었기 때문에 모임에 참석하지 못했지만, 우리들끼리 모이는 인터넷 사이트에 그 선교사 형의 말을 일부분 녹취해서 올려 놓은 것을 보고 무릎을 쳤습니다. 원래도 저하고 생각이 비슷한 형이었지만, 어쩌면 이렇게 비슷한 시기에 비슷한 생각을 할 수 있나 싶어 놀랐던 것입니다. 십일조 안 해도 된다는 식의 이야기는 한국 교회에서 들으면 기절할 내용이지만, 선교사님의 진의를 오해할 만한 사람들이 아니었기 때문에 마음 편하게 그런 이야기를 나눈 것 같습니다. 이 모임이 있고 보름쯤 지난 후, 선교사 형은 이 문제에 관하여 다시 글을 남겼습니다.

혹시라도 이 일에 참여하는 분들과 참여할 수 없는 분들 사이의 나눔 같은 것을 염려하는 분들도 있습니다. 적어도 우리 형제자매들은 그런 염려를 뛰어넘는 성숙한 사람들이라고 전제하면서, 어떻든 우리가 이 일에 우선은 마음으로 하나가 되기를 바랍니다. 또 이 일이 너무 장기적인 프로젝트로 진행되어 당장 급한 사람들을 돕는 데 별로 도움이 안 되는 일이 되기보다는 우선 작게라도 속히 시작하여 조금씩 확장해 나가는 것도 하나의 방법이 될 수 있겠다 싶습니다.

마음먹었으면 너무 고민하지 말고 일단 시작하라는 독려의 말씀이었습니다. 모임은 즉각 모금을 시작했습니다. 새로운 실험이 시작된 것입니다.

물론 안타까움은 있습니다. 이런 논의와 실험이 교회에서 이루어질 수 있다면 얼마나 좋겠습니까? 교회가 자기 역할을 못하니 다른 모임에서 십일조를 떼어먹어서라도 이런 일을 하자는 논의가 시작되고 있는 것입니다. 물론 제가 아는 그 모임 구성원들의 성격상 십일조 일부를 떼어서 이런 일을 할 사람은 한 명도 없고, 모두들 십일조와 별도로 돈을 낼 사람들뿐입니다. 이런 이야기를 하면 늘 "선교 단체에서나 가능한 이야기다. 교회는 연령, 학력 등이 균일하지 않기 때문에 불가능하다"고 말하는 목사님들이 있습니다. 저는 그런 이야기를 들을 때마다 안타까움을 느낍니다. 청년기에 선교 단체 활동을 한 많은 사람들이 영적인 공급은 선교 단체에서 받고, 봉사는 교회에서 하는 이중적 신앙생활을 해야 했습니다. 선교 단체들이 초창기에 이단 시비에 휩싸이면서 "우리는 교회를 돕는 단체이지 교회가 아니다"라고 선언한 결과로 나타난 현상입니다. 교회에서는 선교 단체 출신들에 대해 "불평만 하고 교회 생활에 만족하지를 못한다"고 비판하기도 합니다. 그런 모습을 보면서 저는 오래전부터 차라리 선교 단체들이 교회 간판을 달아야 하는 것 아닌가 하는 고민에 빠지곤 했습니다. 최근 일부 교회에서 선교 단체 지도자들에게 과감하게 청년 사역을 맡기기 시작한 것은 그런 의미에서 바람직한 실험이라 할 수 있습니다.

어쨌든 중요한 것은 작은 규모로라도 이런 '돌봄'을 시작하는 것입니다. 이런 '돌봄의 공동체'를 조금이라도 일찍 실험하는 교회가 더 큰 복을 누리게 될 것입니다.

실험의 핵심은 지금 바로 시작하는 것

저는 서울 출신이기 때문에 잠깐 고시 공부를 한 시기를 제외하고는 집을 떠나 생활할 기회가 많지 않았습니다. 그런데 대학 시절 함께 교회 생활을 한 친구들 중에는 하숙집을 하나 골라 일종의 공동생활을 하던 형제자매들이 있었습니다. 주로 법대생들이었던 그 친구들은 학교에서 함께 공부하다가 밤늦게 하숙집에 돌아와서는, 매일 함께 찬양하고 말씀을 나누고 서로를 위해 기도하는 시간을 가졌습니다. 저도 가끔 그 모임에 참석하여 위로와 격려를 받았습니다. 그 하숙집에는 다른 교회를 다니던 학생들도 있었는데, 그런 모임을 몇 번 함께하는 동안, 그들은 저의 '친구의 친구'에서 점차 그냥 '친구'로 변해 갔습니다. 그 공동체를 생각하면, 신경이 예민한 자매가 거실에 있는 시계추 소리 때문에 잠을 못 이룬다는 말을 듣고는 형제 한 명이 매일 밤 남몰래 시계추를 떼어

냈다가 새벽에 다시 달아 놓곤 했다는 감동적인 이야기가 기억납니다. 물론 공동생활에는 늘 갈등이 있기 마련이어서 보이지 않는 긴장이 있었고 서로에 대한 실망도 없지 않았습니다. 그런데 20년의 세월이 흐르고 목사, 교수, 목사 사모, 행정부 관료, 출판 기획자 등으로 인생길이 갈린 지금, 친구들은 그 모든 긴장과 실망이 모두 즐거운 추억으로 변했노라고 고백합니다.

비슷한 시기에 선교 단체 친구와 후배들도 몇 명 단위로 함께 모여 공동생활을 했습니다. 남자들만 있었기 때문에 어느 집이나 할 것 없이 매우 거칠고 지저분한 공동체였습니다. 그런 집에 놀러 가면, 비가 새는 슬레이트 지붕, 개지 않은 이불, 여기저기 널린 책으로 엉망인 상태에서 함께 라면을 끓여 먹곤 했습니다. 그런 몇 집이 거점이 되어 다른 형제들까지 몰려들었기 때문에 정확히 한 집에 몇 명이 살고 있는지 가늠할 수 없던 때도 있습니다. 그런 속에서 성격이 까다로운 친구들은 무난하고 부드러운 성격으로 바뀌어 갔고, 부잣집 아들들은 자기 것을 나눌 줄 아는 사람으로 변했으며, 그 가운데 몇몇은 공동체를 아우를 수 있는 지도력을 키웠습니다. 그 친구와 후배들이 지금 무엇이 되어 있든 저에게는 그저 더러운 이불에서 함께 뒹굴던 승냥이 떼들로 기억될 뿐입니다. 저는 예수님의 제자들도 함께 3년을 지내며 이런 유익을 누렸을 거라고 생각합니다. 복음서에 나타나는 제자들 사이의 시기, 질투, 경쟁도 나중에는 초대교회를 이끄는 형제애로 승화되었습니다.

그런데 제가 지켜본 공동생활의 시작에는 공통점이 있습니다. 저의 교회 친구들도, 선교 단체 친구들도 공동생활을 위해 무슨 특별한 준비나 기획을 하지 않았습니다. 공동생활을 해봐야겠다는 꿈을 가지고 그냥 바로 함께 살기 시작했습니다. 모여서 무엇을 할지 계획 없이 시작했는데도 공동생활 자체로 이미 충분한 유익을 누렸습니다. 그런 의미에서 저는 이런 실험에서 중요한 것은 마음먹었을 때 일단 저지르는 것이라고 생각합니다. 공동체라고 하는, 어찌 보면 가장 치밀한 기획이 필요한 일도, 마구잡이로라도 일단 시작하고 나면 분명한 유익이 있습니다. 앞서 살펴본, 궂은날을 위해 기금을 모으는 일도, 아파트, 자동차, 가구를 새로 사지 않고 그 돈을 유익한 데 쓰자는 결심도 따지고 보면 오랜 기획을 거쳐 시작된 것이 아닙니다. 물론 치밀한 기획 없이 시작하면 실수도 많고 시행착오도 있겠지만, 그래도 시작하지 않는 것보다는 훨씬 낫습니다. 대부분의 좋은 일들이 그렇습니다. 교회의 교회됨을 위한 실험도 우선은 누군가 용기를 가지고 시작하는 것이 중요합니다.

아내가 대학 시절을 보낸 교회 대학부에는 '지정 헌금' 제도가 있었다고 합니다. 헌금하면서 봉투에 "○○○ 형제에게 드립니다"라고 쓰면 그 헌금은 회계를 통해 바로 그 형제에게 전달되었습니다. 조별 나눔 모임이나 친구들을 통해 ○○○ 형제에게 요즘 집에서 오는 생활비가 끊겼다더라, 또는 과외가 끊겼다더라 하는 이야기를 듣게 되면 마음이 움직인 사람들이 알아서 지정 헌금을 하는 것이었습니다. 때로는 지정 헌금을 하기 위해 과외를 한 개 더 하거나 남몰래 새로 아르바이트를 시작하는 지체들도 있었다고 합니다. 그 지정 헌금을 받은 사람들은 누가 준 것인지 알 수 없기 때문에, 그냥 하나님이 주신 걸로 생각하고 감사하게 받았습니다. 그리고 자기도 기회가 되면 또 어려운 형제자매를 위해 지정 헌금을 했습니다. 무슨 대단한 신학적 배경이 있었던 것도 아니고 성경공부를 하다가 그냥 그렇게 해보자고 시작한 것뿐입니다. 아내는 지금도 당시 지정 헌금 제도를 통해 누리던 감동을 생생하게 간직하고 있습니다. 이런 실험은 성년들보다는 청년부나 대학부에서 훨씬 손쉽게 시작할 수 있습니다. 아내가 다니던 교회는 규모는 크지 않았지만 청년부와 대학부에 신실한 젊은이들이 많이 모여들었고, 교회 지도부는 가급적 청년부와 대학부에 개입하지 않는 걸로 유명했습니다. 20년 전에 젊은이들을 믿고 그런 실험을 허용해 준 교회가 있었다는 게 고맙고 놀라울 뿐입니다. 청년은 좀 실수를 해도 용서받을 수 있는 사람들입니다. 젊은이들이 새로운 아이디어를 가지고 실험을 하려고 할 때 그걸 지원해 줄 수 있는 교회가 한국 교회의 미래를 책임지게 될 것입니다.

그 밖에도 제가 제안하고 싶은 실험은 많습니다. 성가대를 없애는 대신 모든 성도가 10분쯤 먼저 예배당에 나와 함께 예배 시간에 부를 찬송가를 미리 연습하고 모두가 성가대가 된다든지, 한동네에 사는 젊은 부부 성도들이 공동 육아를 통해 숨 쉴 여유를 갖는다든지, 공동식사 준비를 통해 가사노동의 부담을 줄인다든지 하는 수준의 대단치 않은 아이디어들입니다. 굳이 그런 내용을 이 책에 다 담지 않아도 되는 이유는, 이제 저 혼자의 아이디어가 아니라 이 책의 독자들과 함께 상상을 시작할 때가 되었기 때문입니다. 교회다운 교회를 상상해 보고, 그런 공동체를 만들기 위해 이야기를 나누는 것은 신나는 일입니다. 그런 이야기가 모여 새로운 실험이 시작되면, 그 실험이 교회의 생명력을 회복시키게 될 것입니다.

신학을 공부한 적 없는 평신도 한 사람이 작은 머리를 쥐어짜 내며 교회의 교회됨에 대한 책을 한 권 썼습니다. 저에게는 이 작업 자체가 능력을 벗어나는 어려운 실험이었습니다. 이 책이 끝나는 지금 이 자리에서 여러분의 창조적인 상상과 용기 있는 실험이 시작되기를 간절히 기원합니다.

주註

1장 교회 속의 세상: 우리를 슬프게 하는 것들

1) 이준호, "권력 이동에 신심도 이동?", 〈경향신문〉 1998년 2월 2일 19면 참조.
2) Marcus Borg, *Reading the Bible Again for the First Time* (Harper Collins, 2001), 7쪽 이하 참조.

2장 비전과 욕심: 방향을 거꾸로 잡은 교회

1) 영광을 뜻하는 히브리어의 기본 표현인 '카보드*kabod*'는 '무겁다*kabed*'라는 뜻의 어근을 가지고 있습니다. 70인역Septuagint에서는 이를 명예 또는 평판을 뜻하는 헬라어 '독사 *doxa*'로 번역했지요. '독사'는 '생각하다', '보이다'라는 뜻의 어근을 가지고 있습니다. W. E. Vine, *Vine's Expository Dictionary of Old & New Testament Words* (Thomas Nelson, 1997), 483쪽 참조.
2) *Evangelical Dictionary of Theology* 2nd ed. (Baker, 2001), 484쪽; 《아가페 신학사전》(아가페, 2001), 1110쪽 참조.
3) 헨리 나웬, 편집부 옮김, 《세상의 길, 그리스도의 길》(IVP, 2003) 참조.
4) Frank Schaeffer, *Crazy for God* (Carroll & Graf, 2007), 70쪽 참조.
5) Frank Schaeffer, 앞의 책, 76쪽 참조.

3장 진보와 보수: 세상과 똑같은 좌우 대립

1) 엔도 슈사쿠, 노재조 옮김, 《숙적 1, 2권》(열린, 1994) 참조.
2) 박용규, 《한국 기독교회사 1: 1784-1910》(생명의말씀사, 2004), 94-109쪽 참조.
3) 김훈, 《칼의 노래》(생각의나무, 2001), 216쪽 참조.
4) Jim Wallis, *God's Politics: A New Vision for Faith and Politics in America* (Harper,

327

2005), 108쪽 이하 참조.

5) 로마서 13장의 해석에 대해서는 미야타 미쓰오, 양현혜 옮김, 《국가와 종교: 유럽 정신사에서의 로마서 13장》(삼인, 2004); John H. Yoder, *The Politics of Jesus* (Eerdmans, 1994), 193-211쪽 참조.

6) 월터 윙크, 김준우 옮김, 《예수와 비폭력저항: 제3의 길》(한국기독교연구소, 2003), 87쪽; Willard M. Swartley, "Resistance and Nonresistance: When and How?", in Ray Gingerich and Ted Grimsrud eds., *Transforming the Powers: Peace, Justice, and the Domination System* (Fortress Press, 2003), 154쪽 참조.

7) James Wm. McClendon, Jr., *Ethics: Systematic Theology*, Volume 1 (Abingdon Press, 2002), 139쪽 이하 참조.

8) 조성기, 《야훼의 밤 제2부 길갈·하》(홍성사, 2002), 149쪽 참조.

9) 송홍근, "아랍인에게 꺾인 아랍 선교의 꿈", 〈주간조선〉 2004년 7월 8일자, 22-24쪽 참조.

10) 이정훈, "김천호와 김선일 그 불우한 만남", 〈주간조선〉 2004년 7월 29일자, 42-43쪽 참조.

11) 전재우, "한국인 참수 위기 충격: 교계 반응과 대책", 〈국민일보〉 2004년 6월 22일자 33면 참조.

12) 스탠리 하우어워스, 김기철 옮김, 《하나님의 나그네 된 백성》(복있는사람, 2008), 52쪽 참조.

13) Craig A. Carter, *The Politics of the Cross: The Theology and Social Ethics of John Howard Yoder* (Brazos Press, 2001), 155-163쪽 참조.

14) 양심에 따른 병역 거부와 한국 기독교에 대한 상세한 이해를 위해서는 김두식, 《평화의 얼굴: 총을 들지 않을 자유와 양심의 명령》(교양인, 2007) 참조.

15) 스탠리 하우어워스, 앞의 책, 58쪽 이하 참조.

16) "하나님은 공화당원도 민주당원도 아닙니다"는 2004년 미국 대선을 앞두고 기독교 잡지 〈소저너즈*Sojourners*〉가 내세운 구호입니다. Jim Wallis, 앞의 책, 8쪽 참조.

4장 콘스탄티누스: 세상을 교회 속으로 끌고 들어온 사람

1) 2005년 5월 28일자 국내 거의 모든 일간지에 보도된 조지 W. 부시의 발언.

2) Roland H. Bainton, *Here I Stand: A Life of Martin Luther* (Meridian, 1995), 67쪽; William R. Estep, *The Anabaptist Story* (Eerdmans, 1975), 182쪽 참조.

3) 알리스테어 키, 이승식 옮김, 《콘스탄틴 대 그리스도: 이데올로기의 승리》(한국신학연구소, 1988), 21쪽 참조.

4) 댄 브라운, 양선아 옮김, 《다빈치 코드 1권》(베텔스만코리아, 2004), 355-358쪽 참조.

5) 김정훈, "이회창 대 노무현: 지적 편력", 〈동아일보〉 2002년 12월 4일자 8면 외 다수의 신문 기사 참조.

6) 에드워드 기번, 김영진 옮김, 《로마제국쇠망사 2권》(대광서림, 2000), 104쪽 이하 참조.

7) 시오노 나나미, 김석희 옮김, 《로마인 이야기 13: 최후의 노력》(한길사, 2005), 128쪽 참조.

8) 에드워드 기번, 앞의 책 2권, 360쪽 참조.

9) James Carroll, *Constantine's Sword: The Church and the Jews* (Houghton Mifflin Company, 2001), 168쪽 이하 참조.

10) James Carroll, 앞의 책, 363쪽 참조.

11) 필립 샤프, 이길상 옮김, 《교회사전집 3: 니케아 시대와 이후의 기독교》(크리스챤다이제스트, 2004), 32-33쪽 참조.

12) 필립 샤프, 앞의 책, 34-36쪽; Johannes Roldanus, *The Church in the Age of Constantine: The Theological Challenges* (Routledge, 2006), 36-37쪽 참조.

13) 에드워드 기번, 앞의 책 3권, 187쪽 참조.

14) Stephen Mitchel, *A History of the Later Roman Empire, AD 284-641: The Transformation of the Ancient World* (Blackwell, 2007), 257-258쪽 참조.

15) 시오노 나나미, 앞의 책, 215쪽 참조.

16) 알리스테어 키, 앞의 책, 33쪽 참조.

17) James Carroll, 앞의 책, 174-175쪽 참조.

18) 아리엘 골란, 정석배 옮김, 《선사시대가 남긴 세계의 모든 문양》(푸른역사, 2004), 431쪽 이하 참조.

19) 피터 마쓰, 최정숙 옮김, 《네 이웃을 사랑하라》(미래의창, 2002), 26쪽 참조.

20) 나무에 매다는 이야기는 에스더서에 자주 등장합니다. 에스더 2:23; 5:14; 7:10; 9:25 등 참조.

21) 엘리자베스 코스토바, 조영학 옮김, 《히스토리언 1권》(김영사, 2005), 61쪽 참조.

22) 시오노 나나미, 앞의 책, 247쪽 참조.

23) 이와 같은 각종 칙령은 유세비우스, 엄성옥 옮김, 《유세비우스의 교회사》(은성출판사, 1990), 493쪽 이하 참조.

24) 롤란드 베인턴, 이길상 옮김, 《세계교회사》(크리스챤다이제스트, 1997), 101쪽 참조.

25) 필립 샤프, 앞의 책, 42쪽 참조.

26) 필립 샤프, 앞의 책, 28-29쪽 참조.

27) 리차드 루벤슈타인(리처드 루벤스타인), 한인철 옮김, 《예수는 어떻게 하나님이 되셨는가》(한국기독교연구소, 2004), 45-52쪽 참조.

28) 롤란드 베인턴, 앞의 책, 103-104쪽 참조.

29) 박용규, 《한국 기독교회사 2: 1910-1960》(생명의말씀사, 2004), 744-745쪽 참조.

30) 박용규, 앞의 책, 752쪽 참조.

31) 박용규, 앞의 책, 804쪽 참조.

32) 박용규, 앞의 책, 735쪽 참조.

33) 주재일, "한국 교회가 신사참배 회개했다고?", 〈복음과상황〉 2005년 4월호 참조.

34) 에드워드 기번, 앞의 책 3권, 213-216쪽 참조.

35) 게리 윌스, 안인희 옮김, 《성 아우구스티누스》(푸른숲, 2005), 141-163쪽 참조.

36) Johannes Roldanus, 앞의 책, 74-79쪽 참조.

37) Johannes Roldanus, 앞의 책, 79-82쪽; 리차드 루벤슈타인, 앞의 책, 100쪽 참조.

38) 롤란드 베인턴, 앞의 책, 107쪽 참조.

39) Bart D. Ehrman, *Lost Christianities: The Battle for Scripture and the Faiths We Never Knew* (Oxford Univ. Press, 2003), 230-231쪽 참조.

40) 후스토 L. 곤잘레스, 이형기·차종순 옮김, 《기독교 사상사 1: 고대편》(한국장로교출판사, 1988), 328-331쪽; 리차드 루벤슈타인, 앞의 책, 248쪽 참조.

41) 리차드 루벤슈타인, 앞의 책, 251-254쪽 참조.

42) 리차드 루벤슈타인, 앞의 책, 292-297쪽; 에드워드 기번, 앞의 책 4권, 286-297쪽 참조.

43) Charles Freeman, *AD 381: Heretics, Pagans, and the Christian State* (Pimloco, 2008), 121쪽 이하; 리차드 루벤슈타인, 앞의 책, 298쪽; 에드워드 기번, 앞의 책 4권, 317쪽 이하 참조.

44) 후스토 L. 곤잘레스, 앞의 책, 342-343쪽 참조.

45) 리차드 루벤슈타인, 앞의 책, 51-52쪽 참조.

46) Paul Ramsey, *The Just War: Force and Political Responsibility* (Rowman & Littlefield, 2002), 18쪽 참조.

47) Craig A. Carter, *The Politics of the Cross: The Theology and Social Ethics of John Howard Yoder* (Brazos Press, 2001), 155-163쪽 참조.

48) Eliezer Berkovits, *Faith after the Holocaust* (KTAV Publishing, 1973), 38-40쪽 참조.

49) 후스토 L. 곤잘레스, 앞의 책, 312-313쪽 참조.

50) 호르스트 푸어만, 안인희 옮김, 《중세의 초대》(이마고, 2003), 337쪽 참조.

51) James Carroll, 앞의 책, 189쪽 참조.

52) René Girard, *Violence and the Sacred* (Johns Hopkins University Press, 1985); Walter Wink, *Unmasking the Powers: The Invisible Forces That Determine Human Existence* (Fortress Press, 1986), 45-47쪽 참조.

53) 이한기, "이명박 시장 수도 서울을 하나님께 봉헌", 〈오마이뉴스〉 2004년 7월 1일자 참조.

54) 김국성, "포항을 기독교 도시로 만들겠다고?", 〈오마이뉴스〉 2004년 11월 4일자 참조.

5장 16세기: 세상이 교회를 지배한 시절

1) 장 오리외, 이재형 옮김, 《카트린 드 메디치: 검은 베일 속의 백합》(들녘, 2005), 355쪽도 같은 내용을 기록하고 있습니다.

2) 니콜로 마키아벨리, 권혁 옮김, 《군주론》(돈을새김, 2005), 30쪽, 212쪽; 시오노 나나미, 《나의 친구 마키아벨리》(한길사, 2002), 429-430쪽 참조.

3) 엘리노어 허먼, 박아람 옮김, 《왕의 정부》(생각의나무, 2005), 50-51쪽 참조.

4) 필립 샤프, 박경수 옮김, 《교회사전집 8: 스위스 종교개혁》(크리스챤다이제스트, 2004), 578쪽 참조.

5) 장 오리외, 앞의 책, 157-165쪽 참조.

6) 그가 정말 이 연설문을 대신 써주었는지에 대해서는 논란이 있습니다. 존 칼빈, 양낙흥 옮김,

《기독교 강요: 1536년 초판 완역》(크리스챤다이제스트, 1988), 23쪽 참조.

7) 필립 샤프, 앞의 책, 278쪽 이하 참조.

8) 장 오리외, 앞의 책, 84쪽 참조.

9) Roland H. Bainton, *The Reformation of the Sixteenth Century* (Beacon, 1985), 166쪽 참조.

10) 필립 샤프, 앞의 책, 732쪽 참조.

11) 하인리히 만, 김경연 옮김, 《앙리 4세 1권》(미래 M&B, 1999), 25쪽 이하 참조.

12) 존 칼빈, 앞의 책, 402쪽 참조.

13) G. F. 영, 이길상 옮김, 《메디치》(현대지성사, 1997), 379-380쪽 참조.

14) Roland H. Bainton, 앞의 책, 165쪽 참조.

15) 장 오리외, 앞의 책, 179쪽 이하; G. F. 영, 앞의 책, 398쪽 이하 참조.

16) G. F. 영, 앞의 책, 430쪽 참조.

17) 다니엘 리비에르, 최갑수 옮김, 《프랑스의 역사》(까치, 1995), 156-157쪽 참조.

18) 볼테르, 송기형·임미경 옮김, 《관용론》(한길사, 2001), 120-121쪽 참조.

19) 앤 서머싯, 남경태 옮김, 《엘리자베스》(들녘, 2005), 325쪽 이하 참조.

20) 앙드레 모로아, 신용석 옮김, 《프랑스사》(기린원, 1998), 168쪽 참조.

21) 앙드레 모로아, 앞의 책, 169쪽 참조.

22) 필립 샤프, 앞의 책, 740쪽 참조.

23) 장 오리외, 앞의 책, 624쪽 참조.

24) 필립 샤프, 앞의 책, 742-743쪽 참조.

25) 다니엘 리비에르, 앞의 책, 160-164쪽 참조.

26) Roland H. Bainton, 앞의 책, 172쪽 참조.

27) 엘리노어 허먼, 앞의 책, 83쪽 이하 참조.

28) 볼테르, 앞의 책, 69쪽 이하 참조.

29) 존 H. 엘리엇, 김원중 옮김, 《스페인 제국사 1469-1716》(까치, 2000), 249쪽 이하 참조.

30) 김영중·장붕익, 《네덜란드사》(대한교과서주식회사, 1994), 100-104쪽 참조.

31) Mark Water, *The New Encyclopedia of Christian Martyrs* (Baker Books, 2001), 667-669쪽 참조.

32) 앤 서머싯, 앞의 책, 439쪽 이하 참조.

33) 앤 서머싯, 앞의 책, 488쪽 참조.

34) 앤 서머싯, 앞의 책, 362쪽 등 참조.

35) 마틴 키친, 유정희 옮김, 《캠브리지 독일사》(시공사, 2001), 108-109쪽 참조.

6장 중세의 이단: 먼저 실험을 시작한 사람들

1) 이와 같은 상식적 수준의 논의에 대해서는 바트 D. 에르만, 민경식 옮김, 《성경 왜곡의 역사: 누가 왜 성경을 왜곡했는가》(청림출판, 2006) 참조. 다소 과장된 면이 있기는 하지만, 그의 책은 성경이

어떻게 만들어졌는지에 대한 기본적인 신학 지식을 쉬운 말로 대중화한 미덕을 지니고 있습니다.

2) 발도파 사람들은 발도파라고 불리는 것을 좋아하지 않았을 것입니다. 발도파는 오직 한 분 예수 그리스도만을 섬긴다고 생각했지, 결코 발도라는 사람을 창시자로 생각하지 않았기 때문입니다. 발도파 내부 문서 어디에서도 발도파라는 표현을 찾아볼 수 없으며, 이 이름을 선호한 것은 오히려 발도파를 박해하던 가톨릭교회였습니다. 이 사람들을 그나마 제대로 표현하려면 '리옹의 가난한 사람들The Poor of Lyons'이라고 부르는 것이 옳습니다. 그들 자신은 기존 가톨릭 교인들과의 구별을 위해 그저 '형제들'이라고 불리기를 원했습니다. Gabriel Audisio (translated by Claire Davison), *The Waldensian Dissent: Persecution and Survival c.1170-c.1570* (Cambridge University Press, 1999), 3쪽 참조.

3) 사실 발도에 대해서는 알려진 것이 거의 없습니다. 그의 성과 이름이 무엇이었는지도 모릅니다. 일반적으로 피에르 발도라고 부르지만, 사도 베드로의 이름을 딴 피에르가 과연 처음부터 그의 이름이었는지, 후대에 붙여진 것인지도 분명하지 않습니다. Waldo, Valdo, Valdès, Vaudès 등 나라마다 학자들마다 표기하는 방법과 근거도 모두 다릅니다. Gabriel Audisio, 앞의 책, 7-9쪽 참조.

4) Gabriel Audisio, 앞의 책, 9쪽 이하; Walter A. Elwell eds., *Evangelical Dictionary of Theology* 2nd ed. (Baker, 2001), 1252쪽; Chas S. Clifton, *Encyclopedia of Heresies and Heretics* (Barnes&Noble, 1992), 132쪽; 롤란드 베인턴, 이길상 옮김, 《세계교회사》(크리스챤다이제스트, 1997), 219쪽; 필립 샤프, 이길상 옮김, 《교회사전집 5: 그레고리우스 7세부터 보니파키우스 8세까지》(크리스챤다이제스트, 2004), 445쪽 이하 참조.

5) Meic Pearse, *The Great Restoration: The Religious Radicals of the 16th and 17th Centuries* (Paternoster Press, 1988), 14-18쪽; Roland H. Bainton, *Christian Attitudes toward War and Peace* (Abingdon Press, 1960), 118-119쪽 참조.

6) Gabriel Audisio, 앞의 책, 129쪽; 제프리 리처즈, 유희수·조명동 옮김, 《중세의 소외집단: 섹스, 일탈, 저주》(느티나무, 1999), 101쪽 참조.

7) Peter Brock, *Freedom from Violence: Sectarian Nonresidence from the Middle Ages to the Great Wars* (University of Toronto Press, 1991), 12쪽 참조.

8) 필립 샤프, 앞의 책 5권, 445-446쪽 참조.

9) Chas S. Clifton, 앞의 책, 132쪽 참조.

10) 제프리 버튼 러셀, 김은주 옮김, 《마법의 문화사》(르네상스, 2001), 122쪽, 130쪽; 제프리 리처즈, 앞의 책, 163쪽 참조.

11) Euan Cameron, *Waldenses: Rejection of Holy Church in Medieval Europe* (Lackwell Publishers, 2000) 참조.

12) 필립 샤프, 박경수 옮김, 《교회사전집 8: 스위스 종교개혁》(크리스챤다이제스트, 2004), 233-234쪽 참조.

13) 나탈리 제먼 데이비스, 김복미 옮김, 《선물의 역사: 16세기 프랑스의 선물 문화》(서해문집, 2004), 194쪽 참조; 베르나르 코트레, 박건택 옮김, 《루터, 칼뱅, 웨슬리》(솔로몬, 2004), 227쪽 참조.

14) 김재성, 《칼빈의 삶과 종교개혁》(이레서원, 2001), 470-471쪽; 콜린 존스, 방문숙·이호영 옮김, 《캠브리지 프랑스사》(시공사, 2001), 166쪽 참조.

15) 리처드 루빈스타인, 유원기 옮김, 《아리스토텔레스의 아이들》(민음사, 2004), 200-234쪽 참조. 이 책은 카타르파의 교리를 자세히 설명할 뿐 아니라, 아리스토텔레스 혁명이 중세에 미친 영향을 흥미롭게 서술하고 있습니다.

16) 자크 르 고프·장-모리스 드 몽트르미, 최애리 옮김, 《중세를 찾아서》(해나무, 2005), 208쪽 참조.

17) Roland H. Bainton, 앞의 책, 115쪽 이하 참조.

18) Malcolm Lambert, *The Cathars* (Blackwell Publishers, 1998), 11-12쪽 참조.

19) 제프리 버튼 러셀, 앞의 책, 106쪽 이하 참조.

20) 제프리 리처즈, 앞의 책, 154-161쪽 참조.

21) Yuri Stoyanov, *The Other God: Dualists Religions from Antiquity to the Cathar Heresy* (Yale University Press, 2000), 288-289쪽 참조.

22) 자크 르 고프, 앞의 책, 227-228쪽 참조.

23) Malcolm Lambert, 앞의 책, 93-94쪽; W. B. 바틀릿, 《십자군 전쟁》(한길사, 2004), 392쪽; 필립 샤프, 앞의 책 5권, 459-460쪽 참조.

24) Malcolm Lambert, 앞의 책, 112쪽 이하; 필립 샤프, 앞의 책 5권, 462쪽 참조.

25) 롤란드 베인턴, 앞의 책, 243-244쪽; 필립 샤프, 이길상 옮김, 《교회사전집 6: 보니파키우스 8세부터 루터까지》(크리스챤다이제스트, 2004), 361-362쪽 참조.

26) 필립 샤프, 앞의 책 6권, 311쪽 참조.

27) 노만 콘, 김승환 옮김, 《천년왕국운동사》(한국신학연구소, 1993), 273쪽 참조.

28) 위클리프 성경에 관해서는 필립 샤프, 앞의 책 6권, 317쪽 이하 참조.

29) Chas S. Clifton, 앞의 책, 81-82쪽; 필립 샤프, 앞의 책 6권, 328쪽 이하 참조.

30) Jenny Teichman, *Pacifism and the Just War* (Blackwell Publishers, 1986), 114-115쪽 참조.

31) 종교개혁의 맹아로서의 롤라드에 대해서는 Ann Hudson, *The Premature Reformation: Wycliffite Texts and Lollard History* (Clarendon Press, 1988); Richard Rex, *The Lollards* (Palgrave, 2002) 참조.

32) 필립 샤프, 앞의 책 6권, 346-347쪽 참조.

33) Peter Brock, *Pacifism in Europe to 1914* (Princeton University Press, 1972), 30-31쪽 참조.

34) Peter Brock, *Freedom from Violence, Sectarian Nonresidence from the Middle Ages to the Great Wars* (University of Toronto Press, 1991), 19-24쪽 참조.

35) Meic Pearse, *The Great Restoration: The Religious Radicals of the 16th and 17th Centuries* (Paternoster Press, 1998), 18-20쪽; 필립 샤프, 앞의 책 6권, 377쪽 참조.

36) 이런 소문의 내용들은 기독교 옹호에 나선 초기 교부들의 기록에 많이 남아 있습니다. 에드워드 기번, 김영진 옮김, 《로마제국쇠망사 2권》(대광서림, 2000), 303쪽 참조.

37) 한스 큉, 배국원 옮김, 《가톨릭교회》(을유문화사, 2003), 101쪽 참조.

38) 베르나르 코트레, 앞의 책, 306쪽 참조.

39) 이 사건을 가장 강하게 비난한 사람은 아마도 스테판 츠바이크일 겁니다. 자세한 것은 스테판 츠바이크, 《폭력에 대항하는 양심: 카스텔리오와 칼빈》(현대사상사, 1993) 참조.

40) 기 베슈텔, 전혜정 옮김, 《신의 네 여자》(여성신문사, 2004), 206-207쪽 참조.

41) 제프리 리처즈, 앞의 책, 116쪽 이하 참조.

42) 롤란드 베인턴, 앞의 책, 221-222쪽 참조.

43) 제프리 리처즈, 앞의 책, 95쪽 참조.

7장 질문 바꾸기: 고통받는 사람들의 친구가 되는 교회

1) Abby Goodnough, "New Hampshire Legalizes Same-Sex Marriage", *New York Times*, 2009년 6월 3일자 참조.

2) Lisa W. Foderaro, "For Same-Sex Couples, It's Not New York Wedding, but It's Close", *New York Times*, 2009년 6월 11일자 참조.

3) 이 이야기는 로버트 M. 브라운의 각색을 다시 각색한 것입니다. 로버트 M. 브라운, 김정수 옮김, 《뜻밖의 소식: 민중의 눈으로 다시 읽는 성서》(한국신학연구소, 1987), 146쪽 이하 참조.

4) 로버트 M. 브라운, 앞의 책, 150쪽 참조.

5) 로버트 M. 브라운, 앞의 책, 137-138쪽 참조.

6) Michael Ford, *Wounded Prophet: A Portrait of Henri J. M. Nouwen* (Doubleday, NY, 1999), 191-194쪽 참조.

7) Michael Ford, 앞의 책, 65-67쪽 참조.

8) O'Laughlin, *Henri Nouwen: His Life and Vision* (Orbis Books, 2005), 85-86쪽 참조.

8장 샬롬의 공동체: 교회의 교회됨을 위하여

1) Jim Wallis, *God's Politics: Why the Right Gets It Wrong and the Left Doesn't Get It* (Harper, 2005), 209쪽 이하 참조.

2) James Wm. McClendon, Jr., *Ethics: Systematic Theology* (Abingdon Press, 2002), 220쪽 참조.

3) Clive Barrett, *Peace Together: A Vision of Christian Pacifism* (James Clarke, 1987), 19쪽; Joseph J. Fahey, *War & the Christian Conscience: Where Do You Stand?* (Orbis Books, 2005), 30쪽 이하 참조.

4) W. 후버. H. R. 로이터, 김윤옥·손규태 옮김, 《평화윤리》(대한기독교서회, 1997), 48쪽 참조.

5) Stanley Hauerwas, *The Peaceable Kingdom: A Premier in Christian Ethics* (University of Notre Dame Press, 1983), 76-91쪽; *Against the Nations: War and Survival in a Liberal Society* (University of Notre Dame Press, 1992), 107-121쪽 참조.

6) Stanley Hauerwas, *The Peaceable Kingdom*, 91쪽 참조.

7) Bob Jones University vs. United States, 461 U. S. 574, 1983 판결 참조.

8) 밥 존스 대학의 설립과 역사에 대해서는 Mark Taylor Dalhouse, *An Island in the Lake of Fire: Bob Jones University, Fundamentalism, and the Separatist Movement* (University of Georgia Press, 1996) 참조.

9) Mary C. Segers, *Piety, Politics, and Pluralism: Religion, the Courts, and the 2000 Election* (Rowman&Littlefield Publishers, 2002), 75-104쪽 참조.

9장 나가는 글: 실험하는 교회

1) 지강유철, "예상 통합 서노회장 차광호 목사님께 드리는 공개편지", 〈뉴스앤조이〉 2009년 9월 4일자; 김용주, "비전의 사람 이재철 목사는 어떻게 이단이 되었나", 〈뉴스앤조이〉 2009년 9월 9일자 참조.

2) Walter Wink, *The Powers That Be: Theology for a New Millennium* (Galilee, 1998), 77쪽 참조.

3) Walter Wink, 앞의 책, 78쪽 참조.

4) Ju Hui Judy Han, "Missionary", *Aether: The Journal of Media Geography*, 2008년 여름호, 73쪽 참조.

5) Walter Wink, 앞의 책, 70쪽 참조.

6) 조한혜정, 《가족에서 학교로 학교에서 마을로: 돌봄과 배움의 공동체》(또하나의문화, 2006), 13쪽 이하 참조.

7) 스탠리 하우어워스, 김기철 옮김, 《하나님의 나그네 된 백성》(복있는사람, 2008), 209쪽 참조.

교회 속의 세상, 세상 속의 교회

Church of the World, Church out of the World

지은이 김두식
펴낸곳 주식회사 홍성사
펴낸이 정애주
국효숙 김경석 김의연 김준표 박혜란 오민택
오형탁 임영주 주예경 차길환 허은

2010. 1. 26. 초판 발행   2021. 3. 15. 15쇄 발행

등록번호 제1-499호 1977. 8. 1.
주소 (04084) 서울시 마포구 양화진4길 3   전화 02) 333-5161   팩스 02) 333-5165
홈페이지 hongsungsa.com   이메일 hsbooks@hongsungsa.com   페이스북 facebook.com/hongsungsa
양화진책방 02) 333-5161

ⓒ 김두식, 2010

ISBN 978-89-365-0814-2 (03230)